Stratégies de vie

Copyright ©1999 Phillip C. McGraw, Ph. D.
Titre original anglais : Life Strategies : Doing what works, Doing what matters

Copyright ©2001 Éditions AdA Inc. pour la traduction française
Cette édition est publiée en accord avec Hyperion, New York, NY

Tous droits réservés. Aucune partie de ce livre ne peut être reproduite sous quelque forme que ce soit sans la permission écrite de l'éditeur sauf dans le cas d'un critique littéraire.

Afin de protéger leur vie privée, les personnes auxquelles Phillip C. McGraw fait référence apparaissent sous un nom fictif.

Révision : Françoise-Laure Burlet, Cécile Rolland, Nancy Coulombe
Traduction : Mathieu Fleury
Typographie et mise en page : François Doucet
Graphisme de la page couverture : Carl Lemyre

ISBN 2-89565-006-3
Première impression : 2001
Dépôt légal : deuxième trimestre 2001
Bibliothèque Nationale du Québec
Bibliothèque Nationale du Canada

Éditions AdA Inc.
172, des Censitaires
Varennes, Québec, Canada, J3X 2C5
Téléphone: 450-929-0296
Télécopieur: 450-929-0220
www.ADA-INC.com
INFO@ADA-INC.COM

Diffusion
Canada : Éditions AdA Inc.
Téléphone: 450-929-0296
Télécopieur: 450-929-0220
www.ADA-INC.com
INFO@ADA-INC.COM

Imprimé au Canada

Données de catalogage avant publication (Canada)

McGraw, Phillip C., 1950-

Stratégies de vie : faire ce qui fonctionne, faire ce qui importe

Traduction de : Life strategies.

ISBN 2-89565-006-3

1. Changement (Psychologie). 2. Succès - Aspect psychologique. I. Titre.

BF637.C4M2914 2001 158 C2001-940689-4

Stratégies de vie

Faire ce qui fonctionne,
Faire ce qui importe

Stratégies de vie

Faire ce qui fonctionne,
Faire ce qui importe

Phillip C. McGraw, Ph.D.

Traduit de l'américain
par Mathieu Fleury

Ce livre est dédié, avec amour et affection,
à ma femme,
Robin,
en remerciement de sa douceur et de son amour,

et à mes deux fils,
Jay et Jordan,
qui m'ont inspiré par leur enthousiasme
et leur énergie.

SI TOUS LES GENS ÉTAIENT SATISFAITS D'EUX-MÊMES, LES HÉROS N'EXISTERAIENT PAS.

— Mark Twain

TABLE DES MATIÈRES

Remerciements

Je remercie Oprah d'avoir éveillé en moi le désir et l'engagement nécessaires pour m'ouvrir et partager avec d'autres ce auquel je crois, avec tant de clarté et de passion. Sans Oprah, il n'y aurait pas de *Stratégies de Vie*, ce qui aurait été pour moi une tragédie personnelle, car je n'aurais jamais connu l'enrichissement d'avoir mené à bien ce projet. Je remercie Oprah d'être une personne si attentive et droite dans ses actions et d'avoir partagé sa tribune avec moi. Elle est vraiment la lumière la plus étincelante et la voix la plus claire aux États-Unis aujourd'hui. Je la remercie d'être une amie si chère et si sincère.

Je remercie mon épouse, Robin, pour son soutien constant tout au long de nos vingt-deux années de mariage et pour tout l'amour et l'encouragement qu'elle a prodigués durant ce projet en particulier. Je la remercie pour le courage dont elle fait preuve en vivant avec trois garçons, tout en sachant rester une vraie dame. Je la remercie d'être cet endroit douillet où je peux m'abandonner. Elle incarne vraiment ce que réussir dans la vie veut dire.

Je remercie mes fils, Jay et Jordan, d'aimer et de croire en leur père, et d'avoir supporté les nuits blanches, les longues heures d'absence et les préoccupations qui ont accompagné ce projet. Leur patience et l'encouragement qu'ils me donnent témoignent d'une maturité bien au-delà de leur âge. Je les remercie d'avoir un sens de l'humour si mordant et de n'avoir jamais permis à leur père d'oublier comment rire et ce qui compte vraiment dans la vie.

Je présente également mes remerciements les plus sincères à mon ami et collègue Jonathan Leach, un homme exceptionnellement passionné et engagé. Il a démontré au cours des dernières années une passion pour mes enfants et leur éducation, et plus récemment pour ce projet. Jonathan a mis plus de travail, d'amour et de sagesse dans ce projet qu'il est possible de le décrire. En plus de mettre de l'ordre dans ma synthaxe et d'organiser le flot de mes pensées, Jon s'est véritablement intéressé et a contribué au contenu de ce livre, avec tout son cœur et toute son âme. Je le remercie pour les interminables soirées durant lesquelles il m'a aidé à transformer un concept en un livre. Je n'aurais jamais pu le faire sans lui.

Je remercie Gary Dobbs, mon partenaire, mon meilleur ami dans la vie et le parrain de mes enfants, pour le soutien sans relâche et l'encouragement qu'il m'offre dans tout ce que je fais. Son honnêteté et sa candeur au cours des deux dernières décennies ont eu un impact immense sur moi et le meilleur de ce que je suis. Peu importe ce que je fais, il est toujours aux premières loges.

Je remercie mon assistante, Tami Galloway, d'avoir mené la logistique de ce projet et d'avoir toujours cherché à faire les choses correctement avec un engagement invincible. Je la remercie de n'avoir jamais été trop fatiguée et de n'avoir jamais dit non. Merci également à Mélodie Gregg et Kimberly Rinehart pour leur assistance dans la transcription et la préparation du manuscrit.

Je remercie ma mère et mes trois sœurs d'avoir su me convaincre durant toute ma vie que je n'étais pas simplement le seul garçon de la famille, mais que j'étais également une personne unique et spéciale. Je remercie mon père défunt d'avoir été un homme passionné et visionnaire, et de m'avoir enseigné à me dépasser. Je remercie Scott Madsen d'avoir toujours été là pour moi.

Merci à Bill Dawson, Chip Babcock, Jan et Steve Davidson, et Paul Vishnesky pour l'amitié, la loyauté et l'engagement qu'ils ont démontrés dans la lecture et la discussion des premières versions ; merci également à Hal Zina Bennett, pour sa contribution éditoriale lors de l'ébauche des premiers chapitres.

Je remercie les milliers de participants aux séminaires qui m'ont fait assez confiance pour me permettre d'avoir un impact sur leur cœur, leur vie et leur âme. Je les remercie de m'avoir enseigné tant de choses sur la vie et sur l'importance de vivre en suivant son cœur.

Je remercie Jeff Jacobs pour la sagesse, l'expérience, et l'expertise dont il a fait preuve en guidant le néophyte que je suis à travers le labyrinthe d'un tel projet. Je le remercie d'avoir été réellement intéressé par ce projet quand il aurait été beaucoup plus facile de ne pas l'être.

Je remercie Bob Miller chez Hyperion d'avoir été réellement enthousiasmé par ce projet et d'y avoir cru. Je le remercie pour son expertise du monde de l'édition et pour avoir mené ce projet à terme en un temps record. Je remercie également Leslie Wells d'Hyperion pour la patience et la minutie qu'elle a démontrées dans l'édition de ce projet, ainsi que pour ses précieux conseils. L'enthousiasme et le dynamisme de Leslie étaient un stimulant quotidien. Une véritable bouffée d'air frais.

Introduction

Les neuf dixièmes de la sagesse consistent
à être sage au bon moment.
—Teddy Roosevelt

Cible : l'enfant chérie de l'Amérique

Oprah descendait silencieusement les marches d'un escalier long et tortueux dans le noir de la nuit. Elle était complètement seule, chose rare étant donné l'horaire chargé que nous suivions à Amarillo. Un hôtel conventionnel aurait été un cauchemar en termes de sécurité, alors nous vivions dans une maison pittoresque de trois étages située aux confins de cette ville de l'ouest du Texas. Les gardes armés qui veillaient vingt-quatre heures par jour sur le périmètre du « Camp Oprah » étaient maintenant assis dans l'obscurité, se blottissant contre le froid. Ils ne pouvaient savoir qu'elle était en mouvement, chaque étage apparaissant sombre, habité seulement par le sommeil. Tout était silencieux, hormis la plainte familière du vent du nord. Dévalant les dernières marches, elle frappa discrètement à ma porte avec un ongle. Je savais que c'était elle, et elle savait que je saurais, alors elle ne prononça pas un seul mot. Minuit avait sonné depuis longtemps. Elle s'était retirée deux heures plus tôt, mais je savais qu'elle aurait un sommeil agité, si seulement elle réussissait à dormir. C'était comme cela pour nous tous, mais surtout pour elle. Nous étions derrière la ligne de l'ennemi, en terre d'élevage de bétail, et nous avions tous le sommeil léger, toujours en état d'alerte, conscients des sentiments hostiles qui enflammaient certaines factions d'Amarillo.

Au cours de la journée précédente, j'avais remarqué un certain changement dans ses yeux. Aux alentours du palais de justice au centre-ville, des gens proféraient des insultes méchantes. De plus, on avait attaqué son personnel dans le but de l'atteindre, elle. Comme une mère lionne dont les petits sont en danger, elle était aux aguets. L'ennemi avait-il été trop loin ?

Quand j'ai ouvert la porte, elle semblait si tristement seule, et son visage trahissait une lutte intérieure pénible, qui la gardait éveillée. Elle avait les larmes aux yeux, mais ce n'était pas ces larmes de compassion et d'amour que des millions de téléspectateurs lui voyaient souvent à la télévision. Vêtue d'un pyjama de flanelle et d'immenses pantoufles, elle avait l'air beaucoup plus jeune que son âge. Elle avait besoin de parler. La nuit serait longue.

Dans sa vie privée, Oprah est très semblable à l'image qu'elle projette à la télévision. Mais on ne l'avait jamais vue dans une situation pareille. D'un côté, ce procès était une expérience nouvelle et étrangère pour elle ; d'un autre, c'était la même épreuve que toujours, mais dans un contexte différent. Il émanait d'Oprah tant de confiance en soi, de force et d'optimisme qu'on oubliait parfois — même moi, qui en étais venu à la connaître si bien — qu'elle était aussi vulnérable aux blessures que nous tous. J'avais compris que deux conditions étaient à la source de cette confiance qui constitue sa marque de commerce et que vingt millions d'Américains admirent quotidiennement : d'abord, Oprah est toujours en contrôle de la situation, même dans des circonstances qui ont l'air spontanées et chaotiques, et ensuite, elle fait ce qu'elle aime. De toute évidence, ces deux conditions n'étaient pas réunies dans la situation où elle se trouvait à Amarillo. Malgré tout, même dans cette situation de crise, elle restait forte et dévouée, toujours active, toujours attentive aux autres.

Toutefois, le visage que je voyais à ma porte me rappelait son humanité et la terrible solitude qu'on peut ressentir lorsqu'on est attaqué. Elle ne s'apitoyait pas sur son sort et ne jouait pas les victimes ; cela ne fait pas du tout partie de sa personnalité. Mais elle était blessée, frustrée et confuse. Nous vivions des moments étranges et extrêmement tendus dans un monde surréel, où il semblait que le temps avait arrêté sa longue marche avant tout progrès social. Les concepts de logique, de justesse et de bon sens semblaient avoir été suspendus. Des membres de notre groupe avaient aperçu des macarons anti-Oprah barrés d'un trait diagonal rouge en travers de son visage. Des autocollants à messages hostiles étaient chose courante, à un point tel, semble-t-il, qu'on les distribuait dans des écoles locales, une image en contraste total avec le respect et l'admiration dont était habituellement constitué le quotidien d'Oprah. Le président de la chambre de commerce locale avait fait circuler une lettre parmi son personnel pour les avertir de ne pas offrir leur soutien à cette « étrangère ». Dans ces circonstances, nous devions être extrêmement vigilants en matière de sécurité, même si des dizaines de milliers de fans avaient accouru à Amarillo pour constituer un rempart de soutien et de protection.

Oprah faisait face à des accusations de fraude, de diffamation et de négligence, sans compter d'autres accusations aux dénominations plus techniques. On l'accusait publiquement d'avoir menti et falsifié la vérité pour faire une histoire à sensation à partir de la maladie de la vache folle et de l'industrie du bœuf, tout cela dans le but présumé d'augmenter ses cotes d'écoute. Son intégrité et son sens de l'éthique étaient mis en doute, bafoués, et ses détracteurs affirmaient aux Américains qu'elle n'était pas ce qu'elle prétendait être. Ils la décrivaient comme une personne cupide qui manipulait la vérité de façon irresponsable. En cour, ses accusateurs clamaient haut et fort qu'elle n'était pas digne de confiance et qu'elle devait être humiliée et pénalisée, pour une somme d'au moins 100 millions de dollars. Qu'on attaque son professionnalisme était certes blessant pour Oprah, mais c'était surtout les attaques dirigées contre son personnel, qu'elle aimait tant, de même que les attaques personnelles contre elle qui se sont révélées les plus douloureuses. Enfin, contrairement à son monde familier, où elle pouvait librement discuter de questions relatives à la vérité, les règles de la cour fédérale l'obligeaient à rester silencieuse, un ordre strict la gardant bâillonnée durant la période des procédures.

Selon moi, les éleveurs millionnaires qui avaient entamé les poursuites et traîné Oprah au Texas pour la piéger dans le filet compliqué d'une loi équivoque, avaient reniflé le sang dans l'eau. À l'aide de manœuvres légales, ils avaient réussi à l'amener sur leur propre terrain, pour l'acculer au pied du mur. Oprah, une femme noire, extrêmement riche, qu'on peignait comme l'ennemie jurée de l'industrie du bœuf était prisonnière à Amarillo, la capitale mondiale du bœuf, dans un monde dominé par des hommes blancs. Tout ce qu'Oprah pouvait dire, tout ce qu'elle était capable de sentir, c'était que c'était injuste : « Je ne peux croire que ceci est en train d'arriver. C'est trop injuste. Impossible que ce soit en train d'arriver à moi. Ce n'est pas vrai. Pourquoi est-ce que c'est en train d'arriver à *moi* ? Il faut qu'il y ait une raison pour tout ceci. »

N'était-ce pas elle qui avait refusé de capituler devant la vague démentielle qui avait balayé tout le circuit des talk-shows ? N'était-ce pas elle qui avait choisi de s'élever au-dessus de tout cela ? En dépit de toute la pression pour augmenter les cotes d'écoute en s'adonnant à des parades grotesques d'humains perdus, dans une course sordide à la bizarrerie, n'était-ce pas elle qui s'était profondément engagée à rester sur le droit chemin ?

N'y avait-il pas de justice ? Les gens ne pouvaient-ils pas voir que toute cette histoire de procès n'était qu'une escroquerie ? Oprah n'arrivait pas à comprendre. Le problème était maintenant que, si elle ne sortait pas bientôt de cet état, c'est elle qui serait sortie du jeu.

Comme c'est le cas pour toute star de la télévision ou du cinéma, l'image d'Oprah fascine. On imagine qu'à chaque moment de sa vie, elle est comme sur le plateau de tournage, surgissant dans la salle, rayonnante et confiante, les bras élancés pour saluer la foule dans ce geste si familier, pendant que la musique enveloppe toute cette scène. On a l'impression qu'elle est plus imposante que la vie même. Elle ne l'est pas. Cependant, même en situation de crise, même sous l'emprise de tourments intérieurs, Oprah Winfrey est restée à la hauteur d'elle-même. Chaque jour, des millions de téléspectateurs s'attendaient à ce qu'elle demeure encore leur rocher solide dans un monde si fou, une brise rafraîchissante de bon sens dans leur quotidien. Et comme de fait, Oprah a honoré cet engagement envers eux, même durant cette période difficile où elle était la cible d'attaques virulentes. Elle continuait à être « Oprah ». Le spectacle devait continuer.

Au mois de janvier, les nuits d'Amarillo sont habituellement glaciales, mais le sympathique « Little Theatre », lui, ne manque jamais de chaleur. Chaque soir, plus de 400 personnes s'entassaient dans la petite salle et il était difficile de savoir si c'était leur excitation ou bien les projecteurs suspendus au plafond qui dégageaient le plus d'énergie. « Hollywood » était en ville. Le bourdonnement d'anticipation fit place au silence quand un producteur avec des écouteurs sur la tête fit un signe de la main ; puis une explosion de cris et d'applaudissements remplirent la salle quand les premières notes de la chanson thème d'Oprah jaillirent de haut-parleurs gigantesques.

Oprah s'avança dans la lumière éclatante de la salle, et en la voyant, personne ne pouvait douter qu'on était en présence d'une star. Tout était parfaitement agencé, du plateau de tournage à la musique en passant par son apparence personnelle : tout était sophistiqué, vivant, élégant et à la fois décontracté et sans prétention ; impossible de ne pas être séduit. Mais, en fait, tout cela n'était qu'un arrière-plan et s'effaçait devant cet incroyable sourire ; un sourire qui révélait une innocente joie de vivre, un amour sincère pour ses spectateurs et pour ce qu'elle faisait. Et durant les deux enregistrements consécutifs d'une heure et demie, l'auditoire lui rendit cet amour sans retenue. Ils crièrent et tapèrent du pied, vague après vague d'applaudissements, dans une manifestation d'amour typiquement texane. C'était de nouveau *son* monde. Elle était en contrôle ; elle faisait ce qu'elle aimait ; elle redevenait Oprah.

Durant ces trois heures au « Little Theatre », tout le monde eut du plaisir, et elle, plus que n'importe qui. Les gens voulaient la toucher, l'embrasser, croyant peut-être qu'en faisant ainsi ils s'approprieraient un peu de son énergie et de sa chaleur. Cette énergie semblait inépuisable. Beaucoup plus tard, l'amphithéâtre était vide, et à l'heure où la majorité de ses spectateurs étaient probablement au lit, elle était encore là, seule avec son équipe, enregistrant des spots promotionnels ; toujours au travail, son sourire toujours aussi lumineux : l'enfant chérie de l'Amérique.

Mais dans le silence de notre maison, aux petites heures de la nuit, je voyais que cette énergie était en train de s'épuiser. Dans la pénombre de la salle de jeu au sous-sol, l'enfant chérie de l'Amérique ne souriait pas. Elle s'assit avec moi sur le plancher, les cheveux en désordre, les bras entourant ses genoux. Comme toutes celles qui avaient précédé, la journée avait été longue. Un mot comme « fatiguée » ne peut suffire pour décrire des journées qui commencent à 5h30 A.M. et qui incluent neuf heures en cour à se faire mitrailler, *avant* d'aller ensuite enregistrer deux émissions complètes d'un talk-show. Et même après tout cela, le sommeil ne venait pas. Assis avec elle dans ce sous-sol, je savais qu'*ils* étaient en train d'avoir le dessus sur elle. Elle se sentait perdue, luttant pour se retrouver.

Les attaques qu'on lui infligeait avaient fait remonter à la surface des émotions négatives des temps passés. En face d'une crise majeure, Oprah s'était perdue. Elle réagissait de façon tout à fait humaine. Mais elle réagissait avec des comportements et des attitudes qui sont devenus une épidémie dans la société américaine d'aujourd'hui. Ce sont des comportements et des attitudes qui peuvent sérieusement handicaper une vie, voire une société entière. Et qu'il s'agisse de vos comportements, de ceux d'Oprah Winfrey, ou encore de la société en général, dans tous les cas ce sont des réactions qui mènent à des échecs désastreux.

En tant qu'ami, j'avais envie de la prendre dans mes bras, de la rassurer et de lui dire que tout s'arrangerait pour le mieux. Mais je savais que ce n'était pas la meilleure chose à faire. Je savais que si elle ne se sortait pas de cet état léthargique, et rapidement, elle allait bel et bien perdre son procès et être étiquetée par un verdict, qu'il fût juste ou non. De plus, je savais qu'il y aurait une meute de plaignants potentiels dans d'autres États qui, attirés par l'appât du gain, attendraient impatiemment leur tour pour l'entraîner dans leurs propres filets judiciaires. Mais je n'étais pas là pour sympathiser avec elle et prêter une oreille complaisante. J'étais là en tant que stratège. Mon rôle était de concevoir un plan qui rallierait l'opinion du jury à notre cause, et conséquemment, qui permettrait de gagner le procès.

Nous avons tous quelque chose que nous savons faire. Il y en a qui construisent des maisons ; moi, je construis des stratégies de vie. Je suis un stratège ; j'étudie la nature humaine et ses comportements. Avec Gary Dobbs, mon partenaire, mon meilleur ami et selon moi le meilleur analyste légal aux États-Unis, je conçois des plans dans le but d'aider les gens à obtenir ce qu'ils veulent dans la vie. C'est tout ce que je fais, et si c'est *votre* vie qui est dans la balance, les enjeux sont élevés. Pour Oprah, les enjeux, financiers et autres, étaient énormes. Arriver second dans un procès de 100 millions de dollars n'est pas une option. J'avais un plan, une stratégie efficace, établie à partir d'une recherche bien étoffée, qui avait pour but de faire jaillir la vérité. Cette stratégie se préparait depuis des mois. Bien sûr,

Oprah y jouait un rôle essentiel. Sans elle, nous pourrions perdre ce procès chez les éleveurs de bétail, et le prix à payer serait monumental.

Nous avions besoin d'elle. Nous avions besoin de cet incroyable réservoir d'énergie et de concentration qui fait partie de son essence même et nous en avions besoin *tout de suite*. Une grande part de ma mission consistait à préparer Oprah et j'avais bel et bien l'intention de le faire. La vérité était de son côté, mais il ne faut pas être dupe, la cour est loin d'être un creuset de vérité. Dans un procès, comme dans la vie, si vous n'avez pas un plan, un très bon plan, vous vous tirez une balle dans le pied. Je ne pouvais plus me permettre d'attendre qu'elle sorte de sa confusion.

Le procès était maintenant en branle, et à chaque jour, les choses allaient en s'accélérant. On prenait des décisions, on exécutait des plans, des témoins entraient et sortaient. Mais, au fond, tout cela n'était qu'un prélude à Oprah elle-même. Tout le monde (les médias, les plaignants, le jury, et même nous, son équipe de défense) attendait qu'elle présente sa version des faits. Pendant ce temps, notre témoin clé était aux prises avec une lutte intérieure qui s'obstinait à dénoncer l'insanité de ce qui se passait. Elle vivait dans le déni, incapable d'accepter que cette expérience paranormale était vraiment en train de se produire. Même Charles « Chip » Babcock, un avocat exceptionnellement doué et spécialisé dans les procès médiatiques, ne réussirait pas à exécuter notre plan sans Oprah et tout ce dont elle est capable. Chaque jour, Chip me répétait : « Est-elle préparée ? Il faut la préparer.» Chip Babcock est un avocat extraordinaire, mais il savait que ce procès était potentiellement dangereux parce qu'Oprah n'était pas dans son élément. Il avait défendu avec succès plusieurs personnages importants du monde médiatique à travers les États-Unis, mais, malgré les nombreuses victoires qu'il avait connues, il restait conscient qu'à l'échelle nationale, 80% de ces procès sont perdus. Il était bon, même très bon. Dans les circonstances, il avait besoin de l'être.

Assis sur le plancher en face de cette femme que j'admirais tant, je me creusais la tête et le cœur pour trouver la meilleure chose à dire. Nous discutions, analysions et travaillions depuis un certain temps déjà, mais Oprah continuait à lutter avec le pourquoi de toute cette histoire. Alors que je savais que, peu importe le « pourquoi », ça ne changeait pas le fait que nous étions ici et qu'elle était dans le pétrin. Finalement, j'ai pris sa main et j'ai dit : « Oprah, regarde-moi dans les yeux. Il *faut* que tu te réveilles, et il faut que tu te réveilles *tout de suite*. C'est en train d'arriver. Tu dois absolument t'en remettre et commencer à agir parce que cette meute de loups est à la veille de te manger tout rond.»

Maintenant, quand vous êtes une des femmes les plus influentes sur la planète, il ne doit pas être très fréquent qu'on vous dise vos quatre vérités en pleine face. J'ai vu un éclair de colère passer momentanément dans ses yeux alors qu'elle se regimbait instinctivement. Mais je comprenais que sa colère n'avait rien à voir avec moi. Oprah méritait que je sois franc avec elle ; faire autrement aurait été malhonnête. Il fallait lui dire la vérité de façon à ce qu'elle l'entende. Je suis généralement une personne assez directe, mais c'était difficile pour moi d'être aussi brusque avec elle. Heureusement, Oprah me connaissait, et elle savait que ses intérêts et les miens étaient les mêmes. Alors, elle me regarda dans les yeux, et avec une détermination plus forte que tout ce que j'avais connu d'elle auparavant, elle dit : « Non, ils ne m'auront pas ».

Je suis convaincu que c'est à ce moment précis que les éleveurs ont perdu leur procès. Jusqu'à cet instant, Oprah était occupée à débattre si sa situation était juste ou injuste, plutôt que d'accepter que, dans un cas comme dans l'autre, c'était en train d'arriver. Elle avait été distraite par des considérations d'ordre philosophique au lieu de se concentrer sur ce qu'elle devait faire pour gagner. Dès le début, elle avait été convaincue de la droiture de ses gestes ; elle croyait passionnément au Premier Amendement selon lequel elle était libre de tenir un débat ouvert sur la santé publique, notamment sur l'approvisionnement alimentaire, que cela plaise à l'industrie multimillionnaire du bœuf ou non. Mais les attaques sur sa personne et sa profession avaient été si virulentes qu'elle en avait été déstabilisée, à un point tel qu'elle avait cessé d'être Oprah Winfrey. Elle se battait avec sa tête, pas avec son cœur. Plusieurs de ses décisions jouaient toutefois en sa faveur : déménager son émission à Amarillo, accepter de se présenter en cour tous les jours, étudier le déroulement du procès chaque soir. Mais elle s'était accrochée à l'idée que, puisque ce procès était injuste, une force quelconque interviendrait et ferait disparaître le problème.

Les attaques incessantes sur son personnel l'avaient également sérieusement distraite, car elle considérait les gens des Productions Harpo comme des membres de sa famille. Préoccupée par le fait que les accusations n'avaient selon elle aucun fondement, elle avait baissé les bras et cédé son pouvoir. Je voyais qu'elle était en train de laisser ces hommes, le système judiciaire et toutes les attaques dont elle était victime lui dérober son identité. Si elle comparaissait à la barre dans un tel état d'esprit, remplie de doute et distraite par ses tourments intérieurs, pour faire face à trois jours de contre-interrogatoire pénible et manipulateur, cela ne présageait rien de bon. Sans un plan stratégique solide qui incluait des objectifs clairement définis, elle aurait probablement envoyé un message très négatif aux membres du jury. Ils se seraient demandé : « Si Oprah elle-même n'est pas sûre d'elle, comment pouvons-nous l'être ? »

Ce soir-là, Oprah fit face à ses démons, certains déchaînés par le procès lui-même — une lutte qu'elle envisagea plus tard comme un microcosme de toute sa vie —, d'autres ressuscités des années passées. Elle avait un choix à faire : soit elle continuait à refuser d'accepter la situation parce qu'elle ne l'aimait pas, soit elle y faisait face, en tenant tête à ses adversaires. Une fois qu'elle se débarrassa de ses œillères et qu'elle accepta de vraiment *faire face* à la situation au lieu de la *débattre*, la véritable Oprah fut de retour. Elle comparut pour témoigner, regarda le jury dans les yeux, dit la vérité, et la dit de façon efficace. Aussi, elle regarda ses détracteurs dans les yeux et leur envoya un message on ne peut plus clair : « Messieurs, si vous avez un problème avec mon émission, c'est *moi* que ça concerne. C'est ici que ça s'arrête. Si vous avez un problème, c'est à *moi* qu'il faut s'adresser, alors *laissez mes gens en paix*. Vous vouliez m'avoir ici, eh bien vous m'avez eue, je suis ici. Je ne fuirai pas, je n'abandonnerai pas et je refuse de me laisser intimider.» Oprah Winfrey est une femme formidable. Oprah Winfrey est une gagnante. Et une fois qu'elle s'était décidée à résoudre le problème et à se défendre, elle et ce en quoi elle croyait, ses adversaires étaient cuits.

CHAPITRE UN

Soyez réaliste

On ne s'occupe pas vraiment des faits quand on est occupé à se contempler soi-même.
—Mark Twain

Je sais qu'il est fort peu probable que vos problèmes et vos défis fassent la une du New York Times ou soient diffusés à CNN, du moins je l'espère. Je sais que vous n'êtes probablement pas une star internationale de la télévision ou du cinéma, dont les tribulations, luttes et batailles sont scrutées à la loupe par les médias du monde entier. Mais, comme Oprah, vous êtes confronté tous les jours à des problèmes et à des défis. Vous croyez peut-être que ce que vous vivez est injuste, et il est possible que vous ayez raison. Comme Oprah, vous pouvez croire que le monde s'en va au diable, oubliant qui sont les bons et laissant les méchants aller trop loin, parfois beaucoup trop loin.

Il arrive que les humains n'agissent pas de façon juste ou charitable, mais cela fait tout simplement partie de la vie. Et c'est triste, mais plus vous avez du succès, plus vous serez la cible d'attaques. Dans un cas comme dans l'autre, juste ou injuste, comme Oprah, il n'y a que *vous* qui puissiez *vous* aider.

Le fait que vos problèmes ne font pas les manchettes ne veut pas dire qu'ils ne sont pas importants, du moins pour vous. Croyez-moi, lorsque je vous dis que si vous ne faites rien pour faire face à vos problèmes et agir pour les changer, personne d'autre ne le fera pour vous. En même temps, je pense que vous découvrirez que la personne à qui vous avez le plus besoin de faire face, c'est *vous-même*. Nous parlerons davantage de ceci plus loin, mais vous devinez peut-être déjà que, dans cette guerre qu'on appelle la vie, c'est *en vous* qu'ont lieu les batailles les plus décisives.

Entre temps, admettons simplement que ce qui rend un problème si énorme, c'est que c'est *le nôtre*. Le vendeur qui travaille dans la boutique à quelques pas du studio d'Oprah ne se soucie sans doute pas beaucoup du fait qu'Oprah vit une crise à Amarillo et que son intégrité est remise en question ; mais Oprah, elle, s'en soucie. De même, vos voisins ne s'inquiètent probablement pas de vos problèmes. Cela ne veut pas dire qu'ils ne vous aiment pas ou qu'ils n'ont pas bon cœur. La nature humaine est simplement ainsi faite : chacun met ses propres préoccupations en premier. Ceci dit, vos problèmes doivent avoir de l'importance pour *vous*. S'ils n'ont aucune importance pour vous, ils n'en auront pas pour personne d'autre ; vous êtes le seul qui puisse y changer quelque chose.

Ne croyez pas que vous devez minimiser l'importance de vos problèmes, ou vous en excuser. Le monde dans lequel on vit nous a conditionnés à ne jamais faire de vagues. On évite les complications et on se garde bien de déranger le cours des choses. Beaucoup trop souvent, on se contente de son sort en silence. Si un problème est important pour vous, c'est suffisant pour dire qu'il est légitime. Il devient important parce que *vous* êtes important.

Ne vous préoccupez pas non plus de savoir si vos problèmes sont insignifiants en les comparant à d'autres. Si je me foule la cheville, et que l'homme à côté de moi à l'hôpital vient de se faire amputer la jambe, c'est terrible pour lui, mais ma cheville n'en souffre pas moins. Si vous avez un problème, c'est tout à fait normal de vous en préoccuper. Gardez-vous également de débattre si le sort qui vous est échu est juste ou injuste. Si c'est injuste, alors c'est injuste, mais ça ne change pas le fait que vous devez vous en occuper.

Votre vie peut vraiment changer : c'est seulement que vous ne possédez pas encore les outils, la détermination et les connaissances nécessaires. Poursuivez votre démarche avec moi, toujours avec l'idée que vos problèmes comptent vraiment et que sans doute il y a quelque chose pour vous dans ce livre, quelque chose que vous méritez. Je réalise qu'à ce stade-ci, vous n'êtes pas encore très sûr de la direction vers laquelle se dirigent toutes ces réflexions. Mais imaginez un instant que ce livre contient peut être vraiment ce dont vous avez besoin pour obtenir ce que vous avez toujours voulu dans la vie. Un esprit fermé et une attitude de résistance pourraient vous voler une chance inouïe d'améliorer votre sort. Si ce que vous faites en ce moment ne fonctionne pas, permettez-vous au moins de considérer une nouvelle approche. Commencez en admettant qu'il est possible que vous ne sachiez pas tout ce dont vous avez besoin pour obtenir ce que vous voulez dans la vie.

Oprah n'avait aucune expérience de la cour de justice. Elle avait beaucoup d'expérience dans la vie, mais pas en cour. Cependant, elle était prête à avouer ce qu'elle ne savait pas et elle était disposée à l'apprendre. Elle n'était pas fermée à l'idée d'apprendre de nouvelles choses et quand elle s'est décidée à apprendre les règles du jeu, elle a créé les conditions de la victoire. Vous le pouvez aussi. Apprenez à jouer ce jeu et vous pourriez être surpris des résultats. L'exemple d'un procès est pertinent, car il représente un microcosme de la vie. Dans tout procès, quelqu'un essaie de prendre quelque chose à quelqu'un d'autre. C'est ainsi dans la vie. Et c'est pourquoi j'ai partagé avec vous l'histoire d'Oprah à Amarillo. Ce drame recèle de façon condensée une série de leçons précieuses.

Les procès reflètent la compétition qui se manifeste dans une grande partie de notre vie. Évidemment, dans un procès, les résultats sont beaucoup plus nets: à la fin, on peut facilement identifier un gagnant et un perdant ; on perd sa liberté ou encore de l'argent. Mais le parallèle le plus éloquent est le suivant : dans la vie, comme dans un procès, quand la compétition se déclare, ou quand le monde se lance à votre poursuite, assurez-vous que vous avez une excellente stratégie et que vous connaissez les règles du jeu pour vous battre. Sinon, vous pouvez être certain que vos adversaires rafleront tout ce que vous avez et se partageront le butin. Ils vont mettre la main sur votre salaire ou encore sur votre douce moitié et ne manqueront jamais une occasion de vous couper l'herbe sous le pied.

Demandez-vous tout de suite : avez-vous vraiment une stratégie pour vous guider dans la vie, ou y allez-vous simplement au jour le jour, acceptant votre lot, prenant ce qui passe ? Si c'est le cas, vous n'êtes tout simplement pas compétitif. Il y a beaucoup de joueurs dans l'arène et piétiner ainsi ne vous mènera certes pas au succès. Les gagnants de ce monde connaissent les règles du jeu et sont équipés d'un plan, de telle sorte qu'ils sont exponentiellement plus efficaces que les gens qui n'en ont pas. Pas un grand mystère, tout cela, seulement des faits.

Vous aussi devez connaître les règles du jeu, et vous équiper d'un plan et d'un itinéraire. Vous devez vous demander : « Est-ce que je me dirige vraiment dans la direction où je veux aller, ou est-ce que je suis simplement en train de me laisser aller à la dérive ? » ; « est-ce que ce que je fais aujourd'hui correspond vraiment à mes intérêts et à ce que je veux réaliser, ou est-ce que je m'y contrains seulement parce que c'est ce que j'ai toujours fait ? » ; « est-ce que ma vie ressemble vraiment à ce que je veux, ou est-ce que je m'en contente seulement parce que c'est facile, sécurisant et moins intimidant que ce que je veux *réellement ?* » Ce sont des questions difficiles, je sais, mais n'en connaissez-vous pas déjà les réponses ?

L'Épidémie

On peut tirer de la situation d'Oprah à Amarillo plusieurs leçons qui peuvent être appliquées dans votre propre vie. Ce qui rend Oprah si chaleureuse et si sympathique, c'est qu'elle est vraie, humaine et qu'elle semble aussi vulnérable que nous tous. Ses réactions initiales aux attaques d'Amarillo et les tendances qu'elle a démontrées par moments durant cette expérience sont identiques à celles que toutes sortes de gens démontrent face à leurs défis quotidiens. En fait, ce genre de comportements s'est répandu comme une épidémie aux États-Unis aujourd'hui, infectant la vie, les ambitions et les rêves de millions de personnes, jeunes ou vieux, éduqués ou non.

La différence est sans doute qu'Oprah est devenue si habile à gérer sa vie qu'il faut vraiment une crise énorme pour la déstabiliser. Pour vous, une crise bouleversante signifie peut être moins qu'un procès de 100 millions de dollars où le monde entier est témoin des attaques faites à votre égard. Mais c'est tout aussi valable. Peu importe où vous en êtes rendu, je peux venir à votre rencontre et vous aider. Que vous ayez une vie tout à fait convenable que vous voulez améliorer ou une vie horrible que vous devez changer, ce livre est conçu de façon à vous donner les outils nécessaires pour vivre de façon stratégique et résolue. Un examen approfondi de vos comportements négatifs et de votre stratégie de vie actuelle, si vous en avez une, sera des plus éclairants : ce peut-être le début d'une nouvelle stratégie de vie! Cet auto-examen de votre vie quotidienne sera extrêmement important, car vous serez et vous êtes déjà *responsable de votre propre vie.*

La plupart des gens, et je parie que vous ne faites pas exception, tentent généralement de vivre en se dupant eux-mêmes : ils évitent de se poser des questions pénibles, refusent de voir leur vraie personnalité et leurs comportements, de telle sorte qu'ils n'abordent jamais les problèmes essentiels qui sabordent continuellement tous les efforts qu'ils font pour réussir leur vie. Ma position est la suivante : laissez donc les autres vivre dans ce brouillard trompeur. Quant à vous, enlevez vos œillères et faites face à la vérité.

Quels étaient ces modèles de comportements qui menaçaient Oprah à Amarillo et qui sont si répandus aux États-

Unis ? Quels sont ces comportements qui sont peut-être en train de saboter vos chances de changer votre vie et d'obtenir enfin ce que vous désirez ?

Premièrement, un des comportements les plus courants est le reniement. Oprah refusait d'accepter qu'elle et son personnel puissent être victime d'une si grande injustice. Mais pendant qu'elle s'occupait à nier la réalité, la réalité, elle, était bel et bien en train d'avoir lieu. Niant sa situation qui ne ferait que s'empirer, Oprah concentra toute son attention sur les bonnes raisons pour lesquelles cela ne devait pas lui arriver, au lieu de gérer cette situation. Sa réaction était tout à fait logique car elle connaissait les faits et elle comprenait les motifs *réels* de ses accusateurs. Mais notre monde est loin d'être toujours logique. Vous êtes souvent forcé de faire face à ce qui *est*, et non à ce qui *devrait être*. Oprah, par exemple, trouvait déplorable d'avoir à participer à cette histoire de quelque façon que ce soit. Elle croyait que c'était improductif et une perte de temps pour tout le monde. Elle n'aurait jamais choisi d'être là. Tout cela faisait partie du « dialogue du reniement ».

Car vous n'avez pas toujours le choix. Par exemple, imaginez que vous arrivez un soir dans un bon restaurant ; la dernière chose à laquelle vous pensez est de vous bagarrer n'est-ce pas ? Mais supposons que vous êtes debout dans le hall d'entrée et qu'à un certain moment un abruti quelconque perd les pédales et s'apprête à vous frapper. Devinez quoi ? Vous voilà dans une bagarre. Et à moins de tenir à faire une petite visite à votre dentiste en pleine nuit, vous avez intérêt à agir maintenant, car cette bagarre est bel et bien en train d'avoir lieu, que vous le vouliez ou non. Le reniement peut se manifester de deux façons : soit on refuse de voir ce qui se passe vraiment, ou encore on voit, mais on y résiste parce qu'on n'aime pas ce qu'on voit. Dans les deux cas, le reniement est extrêmement dangereux. C'est une erreur fort commune qui donne lieu à des résultats fort malheureux.

Le deuxième comportement néfaste consiste à se munir de présuppositions en ne prenant pas la peine de vérifier par la suite si elles sont justes ou adéquates. Si vous adoptez une position, une opinion ou une conviction et que vous ne la vérifiez pas ensuite, d'autres réflexions subséquentes qui pourraient par ailleurs être parfaitement logiques vous conduiront à des conclusions tout à fait erronées. Oprah *présumait* que, parce que le procès contre elle était injuste et malhonnête, on finirait par reconnaître cette évidence et toute cette histoire disparaîtrait d'elle-même. Elle *présumait* que le système de justice décèlerait et révélerait au grand jour l'insignifiance qui sous-tendait toute cette affaire. Elle *présumait* qu'une personne en position d'autorité interviendrait pour dire à ces éleveurs qu'ils n'avaient pas le droit d'abuser du système de justice pour s'enrichir. Elle s'accrochait à ses présuppositions parce qu'elle souhaitait qu'elles soient vraies et qu'elles se réalisent. Mais si elle avait analysé plus tôt ces présuppositions de manière rationnelle et objective, peut-être qu'elle aurait compris plus vite les failles du système de justice et de ses présuppositions. Si vous ne faites confiance qu'à vous et à vos propres opinions, il devient très facile de se fermer l'esprit à d'autres possibilités.

Le troisième problème est l'inertie, c'est à dire la paralysie engendrée par la peur et le reniement. Imaginez par exemple un avion bondé, en cours de vol ; une panne se déclare et l'avion commence à perdre de l'altitude à une vitesse alarmante. Imaginez maintenant le pilote d'avion à l'avant qui resterait complètement immobile sur son siège en se disant: « Nom de Dieu, je ne peux croire que ceci est en train d'arriver. Il va sûrement y avoir une intervention divine d'une minute à l'autre » ; ou encore « C'est moins pire que c'en a l'air, je n'ai jamais fait de crash auparavant. Quelque chose va se produire et nous sauver ». Si vous niez des problèmes parce qu'ils sont trop pénibles à accepter, en laissant leur impact vous enlever toutes vos capacités de réagir de façon efficace et énergique, vous ne pouvez qu'échouer. Oprah Winfrey s'est élevée à la hauteur du défi, mais elle devait d'abord en saisir la nature et la portée. Vous aussi devez bien comprendre vos défis avant de mobiliser efficacement vos efforts. Mais l'inertie vous dépouille de vos meilleures ressources pour le faire.

Un autre comportement typique consiste à porter un masque trompeur. Même Oprah, comme tant d'entre nous, peut porter un masque. Sa personnalité est si fascinante qu'on oublie souvent qu'elle a également des besoins. Parfois, on adopte une image stoïque parce qu'avoir des besoins et l'avouer peut nous apparaître comme une marque de faiblesse. Mais en adoptant cette attitude, vous vous fermez d'emblée à toute forme d'aide potentielle, parce que les autres croient à votre image de force et sont incapables de reconnaître vos besoins.

Beaucoup de gens refusent aussi de reconnaître que choisir un comportement implique qu'on choisit également les conséquences qui en découlent. Si elle avait choisi de continuer à se concentrer sur « l'injustice » de sa situation, Oprah aurait perdu à la fois du temps et de l'énergie, deux ressources précieuses dont elle avait besoin pour *résoudre* son problème au lieu de lui résister. Elle avait choisi ce comportement. Peu importe la justification qui le motivait, elle *choisissait* ce comportement de reniement, et ainsi choisissait ses conséquences, en l'occurrence perdre du terrain dans la lutte qu'elle devait mener pour se défendre devant la justice. Heureusement, dans un revirement de situation spectaculaire, elle choisit de cesser de résister à son problème et de commencer à y faire face. Elle fit le choix de passer à l'action, et par le fait même, elle en choisit la conséquence : la victoire.

Toutes ces erreurs, fort courantes et reliées les unes aux autres, peuvent mener droit au désastre lorsqu'elles sont commises dans des circonstances dangereuses. Évidemment, plus le problème est gros, plus les répercussions seront négatives s'il n'est pas géré efficacement. Pensez aux événements majeurs qui ont marqué votre vie, il y en a sûrement qui se démarquent dans votre mémoire ; quels résultats avez-vous obtenus quand vous avez choisi le déni ou quand vous avez pris des décisions en vous basant sur des présuppositions erronées ? Quelles ont été les conséquences lorsque vous êtes resté inerte devant vos problèmes ou lorsque vous vous êtes caché derrière un masque, empêchant les autres de vous aider ? Et encore plus important : avez-vous fait des choix qui ont donné des résultats que vous ne vouliez pas ou dont vous n'aviez pas besoin ? Est-ce que vos problèmes ont été plutôt banals, ou plutôt graves ?

Vous avez peut-être déjà vu des gens foncer droit dans un désastre et votre première pensée était : « *Mais que peuvent-ils bien avoir dans la tête* ? » Je fais la prédiction suivante : avant même que vous ayez terminé ce livre, vous allez fort probablement examiner votre propre vie avec un certain recul et vous demander : « Comment ai-je pu être aussi aveugle ? Comment ai-je pu penser ainsi ? Comment ai-je pu choisir de tels comportements ? » Une partie de votre défi consiste maintenant à déterminer quel impact ces modèles de comportements ont eu sur votre vie, vos rêves et vos besoins. Sont-ils encore visiblement à l'œuvre, ou sommeillent-ils rageusement en vous, empoisonnant vos rêves, multipliant vos problèmes ?

Même dans le quotidien, on voit des exemples dramatiques de rêves, de vies entières qui s'effondrent à cause d'une attitude de reniement. Ce pourrait être par exemple des parents qui refusent de reconnaître que leur fils consomme de la drogue jusqu'au jour où on découvre son corps mort d'une overdose ; ou encore une femme qui nie le fait qu'elle a une tumeur au sein jusqu'à temps qu'elle s'aggrave au point de n'être plus traitable ; ou l'épouse qui croit sottement que son mari est véritablement un agent du FBI qui doit travailler uniquement les soirs de week-end. Dans tous ces cas, on arrive aux mêmes résultats. Les problèmes et les défis de la vie ne se résolvent pratiquement jamais d'eux-mêmes ; l'inertie ne règle rien. La seule chose qui est pire qu'avoir un enfant drogué, une maladie grave ou un conjoint infidèle, c'est d'avoir ce problème et ne pas le reconnaître, ou pire encore, le savoir mais faire semblant qu'il n'existe pas.

La lecture de ce livre ne doit pas être une expérience passive. À mesure que vous avancez, vous verrez que c'est un processus interactif : les principes clés des chapitres ultérieurs s'appuient sur les thèmes développés dans les chapitres précédents, et à chaque étape vous devez jouer un rôle actif.

Exercice n°1 : *Dans ce premier exercice, vous aurez à remettre en question vos croyances. Faites une liste en ordre d'importance de cinq choses que vous avez toujours eu peur de vous avouer à vous-même. Vous devez pour cela adopter une nouvelle façon de penser. Peut-être vous dites-vous : « Si je les connais, c'est donc que je ne les nie pas », ou « si je ne m'avoue pas quelque chose à moi-même, comment puis-je l'écrire?» Une nouvelle façon de penser disais-je... Posez-vous ces questions difficiles auxquelles vous n'aimeriez mieux pas réfléchir. Écrivez-les, car vous en aurez besoin plus loin. Quels sont ces problèmes que vous refusez de reconnaître ou qui sont si douloureux que vous évitez d'y penser ?*

Sachez que vous aurez à écrire beaucoup au cours de votre lecture. Je vous suggère donc de vous procurer une sorte de journal personnel dans lequel vous pourrez compléter tous les exercices qui surviendront au fil de notre cheminement. Je vous recommande un cahier à spirales, qui permet de conserver toutes les pages ensemble. Ce journal est extrêmement personnel et confidentiel et ne devrait être accessible qu'à vous. De cette façon, vous sentirez que vous avez la liberté d'être totalement honnête.

Revenons à votre liste. Je parie que tout ce qui s'y trouve est le résultat de vos propres actions, du moins en partie. Je soupçonne également que la différence majeure entre vos problèmes et les situations tragiques dont on entend parler dans les médias est l'*issue*, et non l'action elle-même. À bien y penser, les comportements qui donnent lieu à ces issues tragiques ne sont-ils pas les mêmes que dans votre vie ? Conduire trop vite dans un quartier résidentiel ; laisser vos enfants sans supervision pendant que vous courez chez le voisin « pour une minute seulement » ; prendre le volant après un cocktail bien arrosé, alors que plus de sagesse vous aurait incité à remettre vos clés d'auto à quelqu'un d'autre ; avoir une relation sexuelle non protégée ; falsifier votre déclaration d'impôts. Les « histoires d'horreur » qu'on lit dans les journaux sont souvent à propos de gens qui ont fait exactement la même chose que vous. Mais à cause d'une issue tragiquement différente, ils finissent en prison, ils assistent aux funérailles de leur propre enfant, ils contractent le VIH.

Il se peut que vous ayez conduit ivre ou à toute vitesse dans un quartier résidentiel et qu'absolument rien ne soit arrivé, contrairement à l'individu à la télévision qui a tué un enfant. Peut-être que vous ne ferez jamais l'objet d'un contrôle financier, contrairement à votre voisin qui s'est fait prendre. Vous pourriez retrouver vos enfants en parfaite sécurité après votre petite course chez le voisin. Mais ça ne veut pas dire que vous avez mieux agi ou que vous avez fait des meilleurs choix ; ça veut seulement dire que vous vous en êtes tout juste tiré. Car si vous avez l'habitude de gérer votre vie de façon aussi négligente, vous jouez avec le feu. En fait, vous ne vous en tirez peut-être pas aussi bien que vous le pensez.

Votre vie, vos choix et vos actions n'ont pas lieu dans le néant. Ils ont lieu dans un contexte qu'on appelle le monde. Étant donné l'état dans lequel se trouve notre monde aujourd'hui, une attitude naïve ou insouciante ne peut que vous apporter des problèmes. Vous ne vivez pas dans un conte de fées, parce que ça n'existe pas. De nos jours, quand vous entendez des gens utiliser le mot « coke » dans une conversation, il est fort probable qu'on ne parle pas de boisson gazeuse. Si vous emmenez votre douce moitié prendre un petit bain de minuit, il est possible que vous finissiez en prison pour avoir mis le pied sur une propriété privée, ou pire, que votre corps prenne une couleur fluo pour avoir fait trempette dans une mare de déchets toxiques qui vous avait semblé « pure ». Ou encore, faites une petite balade dans un parc ou une ruelle en admirant le soleil couchant et demain vous vous réveillerez peut-être ailleurs que dans votre lit douillet (vêtu d'une de ces désagréables blouses d'hôpital). Et, avant de quitter la maison, n'oubliez pas d'écrire votre nom sur votre bras, au cas où — mieux encore, écrivez-le sur votre jambe, car vos bras risquent de se barbouiller si vous décidez de vous défendre…

Les temps ont changé. Il ne fait pas de doute que le monde est devenu une jungle dangereuse. Je suis désolé si je parais cynique, mais vous savez que j'ai raison. Ce monde que nous avons créé est totalement différent de celui dans lequel vivaient nos parents et nos grands-parents. Qui sait si la vie a déjà été facile, mais une chose est sûre, ce n'est certainement pas le cas maintenant. À l'aube d'un nouveau millénaire, nous vivons dans une société qui est aux prises avec les changements les plus rapides dans l'histoire de l'humanité. Notre monde ressemble à un missile non guidé, propulsé à une vitesse ahurissante, mais sans contrôle.

Chose certaine, nous avons entre nos mains un fouillis total. Et il n'est pas nécessaire d'avoir un doctorat en sciences du comportement pour voir que, dans presque toutes les dimensions du fonctionnement humain, l'Amérique est, à divers degrés, en train d'échouer. Certains experts évaluent le taux de divorce aux États-Unis à près de 57.7%, et la longueur moyenne des nouveaux mariages se situe autour de 26 mois. 62% de notre société est obèse. Les cas rapportés d'enfants qui ont souffert de négligence émotionnelle se sont accrus de 330% depuis dix ans. Le taux de suicide augmente de façon exponentielle. Au moins une personne sur six fera une dépression grave et débilitante durant sa vie ; il n'est donc pas étonnant que l'industrie des antidépresseurs et des médicaments contre l'anxiété fasse des affaires d'or, se calculant en milliards de dollars.

La violence est omniprésente dans notre société, non seulement dans la rue, mais également à la maison. Chaque année, près de 40 millions de crimes ont lieu: 74% d'entre nous serons victimes d'un crime visant nos biens et 25%, de crimes violents. Nos adolescents sont également sur la mauvaise voie. Des jeunes entre 14 et 17 ans commettent approximativement 4000 meurtres par année. Chaque année, plus de 57% des directeurs d'écoles primaires et secondaires rapportent aux autorités des incidents à caractère criminel. Enfin, la statistique sans doute la plus triste : en 8e année, 45% des enfants américains ont consommé de l'alcool et 25% ont expérimenté la drogue.

En tant que société, nous sommes en train de perdre la carte. Nous ne savons plus comment gérer notre vie émotive et montrer à nos enfants comment gérer la leur, mais nous prétendons obstinément le contraire. Nous projetons une image de « ça va, pas de problème, je m'en sors bien» parce que nous avons peur d'être jugés. Eh bien, ça ne va pas du tout. Il est grand temps de changer le monde, ne serait-ce qu'une vie à la fois, car Dieu seul sait ce que ce nouveau millénaire nous réserve. Et la vie dont vous devez vous occuper en premier, c'est la vôtre. Si vous voulez être un gagnant au lieu d'une statistique, il n'y a rien pour vous arrêter, vous en êtes capable. Mais retroussez vos manches et préparez-vous, parce que ce ne sera pas facile.

Dans toutes les églises que j'ai fréquentées, les gens qui avaient des vrais problèmes les cachaient au lieu de chercher de l'aide, et ceux qui ne les cachaient pas regrettaient de ne l'avoir pas fait après avoir subi la culpabilité, le jugement et l'aliénation des autres. Nous cachons nos problèmes et jugeons ceux qui ne le font pas ou qui ne peuvent le faire. Mais réveillons-nous, cette méthode ne fonctionne pas! Nous avons oublié les lois fondamentales de la vie, et particulièrement de la vie en société, à un point tel que nous les violons constamment.

Je suis convaincu que les lois fondamentales qui gouvernent notre monde et déterminent les résultats de nos actions n'ont pas changé. Bien sûr, certaines caractéristiques du jeu ont changé, mais ce sont toujours les mêmes lois qui dictent les résultats de notre conduite. Naturellement, le choix de vivre en ignorant ou en ne tenant pas compte de ces lois a engendré d'immenses problèmes et nous voilà maintenant dans une société qui attend désespérément des réponses, une direction et des connaissances à propos de l'expérience humaine. Et comptez sur nous, en tant que société, pour tenter de satisfaire cette soif avec des réponses souvent nocives et farfelues, ou les deux à la fois.

Si vous voulez savoir pourquoi notre société est en train de perdre le contrôle, examinez quel genre de solutions nous sont offertes actuellement. Par exemple, je n'aime pas beaucoup la façon dont se pratique la psychologie, de nos jours. Selon moi, elle est devenue trop floue, trop confuse, trop intangible, et règne dans un monde de l'opinion et de la subjectivité. Peut-être que cela peut vous convenir si vous habitez dans une tour d'ivoire et que vous avez le loisir de pontifier sur des principes abstraits et ambigus. Mais je ne crois pas que ce soit ni ce que vous voulez ni ce dont vous avez besoin. Vous vivez dans le vrai monde, vous avez de vrais problèmes et vous avez besoin de vrais changements. Ce n'est pas suffisant de comprendre vos problèmes davantage ; vous avez besoin d'y apporter des solutions, et tout de suite.

Prenez par exemple l'industrie de la « croissance personnelle» qui domine maintenant notre culture. En fait, elle a peu à voir avec la croissance, et beaucoup à voir avec les priorités de quelqu'un d'autre. Cette approche est souvent vague, paresseuse, politiquement correcte, gadgétisée, et surtout, rendue l'objet d'un commerce, souvent au détriment de la vérité. Cette meute de gourous semble avoir tout à offrir sauf des verbes d'action dans leurs phrases. Pendant que vous essayez de payer le loyer et de diriger vos enfants vers l'université au lieu de la prison, ils veulent que vous jouiez avec votre « moi intérieur » ou encore avec vous-même ; le choix de mots est peut-être discutable, mais tout à fait approprié.

On vous vend le « mieux-être » de la même façon qu'on vous vend tout le reste : en cinq étapes simples et faciles et, bien sûr, vous ne pouvez faire autrement que réussir car vous êtes une personne fantastique et douée ; non seulement cela, vous obtiendrez des résultats Illico presto! Mais nous payons chèrement, et de plusieurs façons, cette avalanche polluante de psycho-babillage. Je dis polluante, parce qu'au lieu de nous dépouiller de nos excuses habituelles et de nous forcer à faire face à la vraie vie, ces insignifiances nous fournissent une toute nouvelle gamme d'excuses. Résultat : encore plus de distractions, encore plus de problèmes.

Et la situation est devenue si grave que, dans la mesure où la psychologie peut réellement identifier des troubles de comportements légitimes, les termes pour les désigner sont utilisés de façon si abusive qu'ils en sont venus à masquer les cas authentiques. Une mère qui désespère du comportement de son enfant gâté se fait dire qu'il est « hyperactif » ou encore que ce sont des « manifestations négatives de son désir d'attirer l'attention ». Des élèves qui ont des comportements inacceptables en classe sont systématiquement classés comme souffrant de « troubles de déficit de l'attention ». Si vous vous piquez, si vous sniffez ou vous picolez, c'est que vous souffrez d'un problème « d'abus de substance ». Quand une femme dans la quarantaine sent qu'il manque quelque chose à sa vie, aspire à plus et se procure un livre qui lui promet enfin des réponses, ce livre lui dit que ces réponses se trouvent dans un passé exotique et lointain, dans ses incarnations antérieures. Dites-leur ce qu'ils veulent entendre, ce n'est pas leur faute, ils sont des victimes. Mais le plus déconcertant dans tout cela, c'est que *nous participons activement* à cette triste farce, avalant volontiers toutes ces illusions. Imaginez qu'un bateau est en train de couler de plus en plus rapidement, ou encore qu'il s'éloigne de plus en plus de son trajet, ne pourrait-on pas s'attendre à ce que quelqu'un se lève enfin pour dire : « hé tout le monde, il y a quelque chose ici qui ne fonctionne pas! »

Eh bien, moi, je le dis. Je le hurle même. Vous avez gravement besoin d'une nouvelle stratégie. Ce n'est peut-être pas très à la mode ou politiquement correct de tenir un tel discours, mais je n'ai guère envie de vous débiter une série de vagues déclarations philosophiques, une rhétorique insignifiante, un jargon branché ou des solutions rapides qui expliqueraient comment devrait être la vie ou pourquoi elle devrait changer. Ce qui m'intéresse, en revanche, c'est de vous aider à développer une stratégie claire, établie à partir de connaissances pertinentes, qui fera de vous un gagnant, en vous permettant de vaincre vos problèmes, vos modèles de comportements et vos obstacles afin que vous puissiez enfin obtenir ce que vous voulez dans la vie, pour vous et ceux que vous aimez.

« Gagner» peut avoir plusieurs significations selon vos choix : soigner une relation ou un cœur brisé, changer d'emploi, améliorer votre vie familiale, affiner votre silhouette, retrouver une certaine paix intérieure ; peu importe vos objectifs, vous avez besoin d'une stratégie pour y arriver et des conseils pour la concevoir. Pourquoi m'écouter ? D'abord, je ne suggère pas que vous substituiez mon jugement au vôtre, loin de là. Au contraire, je vous invite à remettre en question chacune de mes paroles. Mais d'abord, entendez-les. J'ai étudié les différentes Lois de la Vie, les ai regroupées en un seul recueil et je vais vous les expliquer, le plus clairement possible je l'espère.

J'ai eu le privilège, au cours des années, de concevoir des stratégies gagnantes pour des milliers de clients, des gens issus de toutes sortes de milieux, aux prises avec toutes sortes d'inquiétudes. J'ai abordé leurs problèmes de la même façon que j'aimerais que vous abordiez les vôtres : avec une attitude réaliste centrée sur les *résultats*, et non sur les intentions. Vivre de façon stratégique est une science. À une époque aussi complexe que la nôtre, ne pas connaître cette science est comparable à ne pas savoir lire. En fait, je ne concevais pas ces stratégies *pour* mes clients, mais bien *avec* eux, et c'est ce que j'ai l'intention de faire avec vous.

Ceci dit, qui suis-je ? Je ne serais pas étonné si mon background était relativement semblable au vôtre, bien que nous ayons sans doute suivi des cheminements personnels et professionnels différents. Mes parents ont grandi dans la pauvreté et ont tous les deux passé leur jeunesse à faucher du coton au centre du Texas. Ils ont été élevés par des parents honnêtes mais peu instruits. Quand mon père annonça à son retour de la Deuxième Guerre qu'il profiterait du « GI Bill » pour aller à l'université, sa famille se moqua de lui ouvertement, ridiculisant l'idée qu'il voulait « jouer à l'étudiant » et gaspiller sa vie dans des livres plutôt que de se trouver un vrai boulot. Mais, en dépit de ces objections et au prix de maints sacrifices, il persévéra et obtint un doctorat en psychologie, une profession qu'il pratiqua pendant 25 ans. Un dimanche matin, en 1995, il s'effondra au milieu d'un cours qu'il donnait à son église et mourut. Ma mère, avec qui il a été marié pendant 53 ans, possède un diplôme d'études secondaires et a travaillé de façon intermittente toute sa vie. Elle nous a élevés, mes trois sœurs et moi, avec amour, affection et par des sacrifices : une noble femme.

Durant mes études secondaires, mon père et moi, séparés du reste de notre famille pendant qu'il complétait son stage, habitions des logements souvent sans services, faute d'argent. Étant à l'époque assez superficiel et préoccupé par mon statut social, j'avais honte d'être pauvre et j'étais encore trop ignorant pour comprendre que ce n'était pas important. Parmi mes amis, j'étais toujours celui sans beaux vêtements, sans voiture, sans argent, sans perspectives d'avenir. Je vivais avec une liberté presque totale, avec très peu de supervision, et si ce n'avait été des sports, je n'aurais probablement jamais terminé mes études secondaires. Comme plusieurs familles, nous avions de la difficulté à boucler les fins de mois, nous nous déplacions dans des vieux tas de ferraille et nous avions appris à nous priver. Mais à travers cela, l'amour nous gardait unis et entretenait notre passion pour la vie.

Si je n'avais pas obtenu une bourse d'études grâce au football, je ne serais probablement jamais allé à l'université, et ne serais pas en train d'écrire ce livre. J'ai choisi de devenir psychologue, mais j'ai rapidement découvert que je préférais les stratégies aux thérapies ; avec cela en tête, j'ai commencé à chercher et à mettre sur pied des tribunes où je pourrais enseigner à des gens comment changer leur vie et atteindre leurs objectifs en utilisant les dix Lois de la Vie. Je n'ai jamais passé beaucoup de temps à me concentrer sur les raisons qui motivaient les gens, les compagnies ou les clients à agir d'une certaine façon, à moins que ces motivations aient une incidence directe sur les modalités du changement à venir. Je préférais plutôt les aider à concevoir un plan concret qui les inciterait à bouger et à aller de l'avant.

Comme c'était à prévoir, cette approche nous permit d'envisager des solutions beaucoup plus rapidement. Elle plaçait les véritables problèmes au centre des discussions. Trop souvent, ces problèmes sont mis de côté parce qu'ils sont difficiles à regarder en face et il semble tellement plus facile de ne pas le faire. Je dis bien « semble » car, si confronter des problèmes entraîne une douleur aiguë et facilement identifiable, les nier entretient une douleur peut-être plus subtile, mais d'autant plus profonde. Si vous faites partie de cette vague épidémique de vies mal gérées, vous vous retrouverez peut-être dans l'une de ces catégories d'existence :

— Vous êtes frustré de ne pas faire plus d'argent dans votre emploi ou votre carrière.
— Vous êtes capable d'accomplir bien plus que ce que vous faites.
— Vous êtes embourbé dans une routine et incapable d'obtenir ce que vous voulez dans la vie.
— Vous êtes lassé de vous-même.
— Vous endurez en silence une vie ou un mariage émotionnellement stérile.
— Vous avancez comme un somnambule à travers une carrière sans défis et peu stimulante.
— Vous accumulez les échecs dans la poursuite de vos objectifs.
— Vous traversez votre vie comme un automate, sans passion, sans ambition, sans but.

— Vous vivez dans un monde imaginaire où vous vous croyez invincible quand en réalité vos actions comportent des risques terribles.
— Vous vivez dans une zone de confort qui a trop peu de défis, trop peu de ce que vous voulez, et trop de ce que vous ne voulez pas.
— Vous vous isolez dans une vie de solitude avec peu d'espoir de changement.
— Vous êtes accablé par des fardeaux financiers trop lourds pour vous.
— Vous vivez continuellement avec des sentiments de culpabilité, de frustration ou de dépression.

C'est inadmissible de se résigner à vivre en portant de tels fardeaux. Le but de ce livre est de vous montrer comment viser plus haut, de manière *stratégique*. Vous avez à la fois le droit et la capacité de le faire. Mais d'abord, vous devez éliminer tous ces comportements qui relèvent de la vague épidémique qui engloutit notre société. Notre pays souffre d'une terrible obsession avec la théorie de la relativité. Einstein était loin de se douter qu'une société appliquerait un jour sa pensée scientifique à des normes sociales. Les Américains se comportent comme si tout est relatif ; il n'y a plus d'absolu. Plus de bien et de mal, plus de norme d'excellence à laquelle se mesurer. Tout est un compromis. Pensez au nombre de fois que vous avez prononcé ou entendu les commentaires suivants :

« On réussit *relativement* bien ».

« Ce n'est pas vraiment ce que je veux, mais que voulez-vous, c'est la vie. »

« Je fais mon possible, mais vous savez, c'est difficile. »

« Eh bien, en comparaison avec ce qu'on aurait pu avoir à endurer, on ne s'en tire pas trop mal ».

Une telle idéologie est séduisante, parce qu'en écartant toute norme, en éliminant d'emblée tout objectif clair à atteindre, vous pouvez faire semblant que vous n'êtes pas un perdant même quand vous êtes en train d'échouer. On préfère le vague, car c'est plus facile de s'y cacher. Mais bien qu'elle soit séduisante, cette façon de penser est un mythe. La vérité est claire et simple : vous êtes soit un gagnant, soit un perdant. Vous vivez dans un monde compétitif, où les résultats sont déterminés par les Lois de la Vie, que j'aimerais vous révéler.

La réalité, c'est que les semaines, les mois et les années vont passer, que vous preniez votre vie en main ou non. L'eau va couler sous les ponts, que vous appreniez les Lois de la Vie ou non.

Dès maintenant, prenez la décision que vous ne vivrez plus selon la croyance que le salut est dans l'ignorance, car, en vivant ainsi, vos choix et vos comportements vous causent plus de peur et de souffrance que de paix et de joie. Vous n'avez peut-être pas envie d'entendre parler des Lois de la Vie, de questions difficiles et de décisions, mais que ça vous plaise ou non, c'est la seule façon de vous en sortir.

Une dose de vérité

Exercice n° 2 : *Il est maintenant temps pour vous de faire un petit exercice, pour voir si vous êtes capable de reconnaître les excuses et la logique que vous employez habituellement pour justifier vos échecs. Alors, assoyez-vous et écrivez une petite fable qui aura pour titre : « L'histoire que je vais me raconter si je ne fais pas des changements importants et durables dans ma vie après avoir lu et étudié ce livre. »*

Soyez honnête. Vous connaissez vos modèles de comportements. Vous connaissez les excuses, les rationalisations et les justifications typiques dont vous vous armez pour faire face à l'échec. Imaginez-vous d'avance dans la situation et identifiez quelles excuses viendront à votre rescousse ; ensuite, écrivez-les dans un récit. Je vous suggère de commencer par la phrase suivante : Après avoir lu et étudié ce livre, je n'ai pas fait des changements importants et durables dans ma vie parce que... »

En complétant cet exercice, je veux que vous soyez créatif, vigilant et d'une honnêteté brutale quant aux histoires que vous allez vous raconter pour justifier votre échec. Vous connaissez vos propres ruses, celles que vous employez pour vous décharger de toute responsabilité quand les choses vont mal. C'est un test qui vous permettra de voir à quel point vous êtes disposé à reconnaître tous ces mensonges qui sabotent votre vie. Il révélera si vous êtes capable d'affronter la vérité ou si vous voulez seulement continuer à vivre avec les mêmes vieilles excuses usées, préférant avoir raison au lieu d'être heureux.

Maintenant que vous avez terminé d'écrire, réfléchissons à ce que vous avez fait. Vous venez de reconnaître vos limites. Vous venez de consigner une liste des pensées et des croyances que vous utilisez habituellement pour saboter vos efforts dans tout ce que vous entreprenez. Là, sur papier, se trouvent les mêmes pensées et croyances que vous allez fort probablement employer pour empêcher que ce livre change votre vie pour le mieux. Sachez toutefois que plus vous avez été honnête dans cet exercice, plus vous avez été critique, plus il vous rendra service. Les excuses suivantes vous semblent-elles familières ; font-elles partie de votre liste ?

— C'était trop difficile.
— Il ne me comprend pas vraiment.
— Tout cela, c'est pour les autres, pas pour moi.
— Je ne pouvais pas vraiment m'investir dans cette démarche à cause de mes enfants et de mon emploi.
— Il est trop brusque ; j'ai besoin d'une approche plus sensible.
— Mes problèmes sont différents.
— J'ai besoin de relire le livre.
— Il faut que mon conjoint le lise aussi ; sinon, je perds mon temps.

— J'ai raison et il a tort.

Essayez quelque chose de nouveau pour un temps. À tout le moins, pendant la période où vous lirez ce livre, vous bénéficierez énormément du fait d'évaluer votre vie, vos comportements et vos idées de façon complètement différente. Au lieu de vous demander si votre façon de vivre, de vous comporter et de penser est « bonne », j'aimerais que vous vous demandiez si elle *fonctionne* ou ne *fonctionne pas*.

Selon moi, si les choix que vous avez faits ne fonctionnent *pas*, c'est déjà un indice que votre vie mérite des changements. Ceci devrait vous paraître parfaitement logique, à moins, bien sûr, que vous préfériez avoir raison plutôt qu'avoir du succès. Si, au contraire, votre priorité est de réussir et d'avoir ce que vous voulez dans la vie, alors préparez-vous à changer votre façon de voir tout, absolument tout dont il sera question dans ce livre, au moins pendant le temps que durera la lecture.

Vous pouvez toujours retourner à votre ancienne façon de faire les choses ; mais prenez donc la résolution suivante : si ce que vous faites ne fonctionne pas, soyez disposé à changer votre façon d'agir. Je ne dis pas cela au sens figuré, mais bien au sens littéral. Par exemple, si votre mariage ne fonctionne pas, changez votre façon d'agir. Si votre gestion personnelle ne fonctionne pas, changez votre façon de faire. Si votre façon de « gérer » vos enfants ne fonctionne pas, changez votre manière d'agir, même si vous êtes absolument certain que vous avez raison. Qu'avez-vous à perdre ? Oubliez pour une fois votre volonté d'avoir raison ou encore de gagner la discussion à propos de qui a raison. Tout simplement, si votre façon de faire ne fonctionne pas, changez-la. Désormais, évaluez vos idées et vos comportements avec cette mesure très simple: est-ce que ça fonctionne ou ça ne fonctionne pas ? Vous avez eu raison assez longtemps ; maintenant, essayez donc autre chose : le succès.

Maintenant que vous avez lu ce qui précède, vous voilà arrivé à un carrefour. Dans les prochains instants, vous aurez à prendre une des décisions les plus importantes de votre vie.

Ferez-vous le choix d'apprendre les Lois de la Vie, de les intégrer dans une stratégie et de commencer à vivre avec détermination, ou allez-vous juste continuer à déambuler dans la vie, les mains dans les poches, acceptant tout ce qui passe, et vous lamentant sans cesse à propos de ce qui vous manque ?

Il n'y a jamais de « bon moment » pour commencer ; en fait, il n'y a pas meilleur moment que *maintenant*. Il n'y a pas de meilleur endroit qu'*ici*. Ce livre s'adresse aux gens qui se disent : « J'en ai assez. Je veux que ça change. Montrez-moi les Lois de la Vie, comment vivre stratégiquement et comment créer les conditions pour obtenir ce que je veux dans la vie. Je suis prêt. »

La partie ne fait que commencer. Il n'est pas trop tard. Peu importe votre situation, que votre vie soit un fouillis total ou qu'il manque seulement un petit quelque chose à votre bonheur, il existe une stratégie qui fera de vous un gagnant.

En travaillant avec moi, vous deviendrez une personne efficace, débrouillarde et rompue aux lois de la jungle. Il est grand temps d'arrêter de blâmer des faux coupables comme les « mauvais chromosomes », la « malchance » ou le « mauvais *timing* ». Il n'en tient qu'à vous. Mais vous devez avoir le courage d'affronter la vérité à propos de vous-même. Vous pouvez très bien décider que cette démarche est trop brutale et blessante, mais vous serez de retour à la case de départ. Considérez les deux réalités suivantes : premièrement, vous avez tout ce qu'il faut pour découvrir la vérité et bâtir une stratégie, et vous en valez bien l'effort ; deuxièmement, sachez que personne d'autre ne va le faire pour vous. Mais il n'y a là rien d'alarmant : ce n'est pas une greffe de cerveau ou de colonne vertébrale qu'il vous faut pour agir! Tout ce dont vous avez besoin est déjà *en vous*.

Quand j'ai confronté Oprah cette nuit-là en lui montrant les responsabilités et les conséquences qui tourbillonnaient autour d'elle, elle s'est réveillée sur le coup. Décidée à ne plus être spectatrice de sa propre désintégration, elle devint dès lors totalement engagée et concentrée. Elle se libéra sur le champ des comportements et des attitudes endémiques qui allaient l'empêcher de surmonter les obstacles qui l'attendaient. De plus, et c'est tout aussi important, elle adopta et mit en pratique systématiquement les Lois de la Vie qui gouvernent notre monde. Alors que nous cheminerons ensemble vers la prise en charge stratégique de votre destin, vous aussi aurez l'occasion d'apprendre ces Lois, et, je l'espère, de les incorporer dans votre vie.

Les Lois de la Vie sont les règles du jeu. Personne ne vous demandera si ces Lois sont justes ou si vous croyez qu'elles devraient exister. Comme la loi de la gravité, elles *sont*, tout simplement. On ne vous donne pas un droit de vote sur le sujet. Vous pouvez les ignorer et continuer votre petit bonhomme de chemin, vous demandant pourquoi vous ne parvenez jamais à réussir dans la vie ; ou vous pouvez les apprendre, vous y adapter, façonner vos choix et vos comportements en conséquence, et vivre de façon gagnante. Les Lois de la Vie sont au cœur de ce que vous devez apprendre dans ce livre pour acquérir les connaissances essentielles à l'élaboration d'une stratégie de vie personnelle.

CHAPITRE DEUX

Il y a ceux qui comprennent et il y a ceux qui ne comprennent pas

Nous n'aimons pas leur son et
la musique acoustique est sur son déclin.
—Un cadre de Decca Records parlant des Beatles, en 1962

Loi de la vie nº 1 : Il y a ceux qui comprennent et il y a ceux qui ne comprennent pas

Votre stratégie : devenez l'un de ceux qui comprennent. Vous allez devoir déchiffrer le code secret de la nature humaine afin de comprendre ce qui fait réagir les individus, donc découvrir pourquoi vous et les autres individus agissez, ou n'agissez pas, lors de certaines circonstances.

C'est une Loi si fondamentale par sa vérité que vous devriez la considérer comme un défi personnel pour développer votre propre stratégie de vie. Ce que vous voulez en premier lieu, si cela n'est pas déjà fait, c'est évidemment faire partie des rares individus qui possèdent les clefs du succès. Dans presque toutes les situations, il y a deux types de personnes aisément discernables : celles qui ont les atouts pour réussir et celles qui ne les ont pas. Les personnes possédant ces atouts récoltent le fruit de leur savoir tandis que celles qui en sont démunies semblent perdues et sont constamment frustrées. Vous trouverez souvent ces dernières se cognant la tête sur les murs en se plaignant que rien de bon ne leur arrive. En revanche, celles qui ont les connaissances nécessaires au succès sont en mesure d'exercer un contrôle sur leur milieu. Vous ne verrez jamais ces gens commettre des erreurs stupides parce qu'ils ont compris qu'il y a une formule définie pour le succès. Ils ont déchiffré le code, ils ont la formule. Ces personnes auront invariablement du succès car elles ont acquis le savoir dont elles ont besoin pour créer les résultats voulus. En bref, elles ont ce qu'il faut.

Ce dont vous avez besoin reste variable selon les situations vécues et l'époque où elles le sont, mais chacune d'entre elles renferme des éléments en commun. C'est dans vos relations interpersonnelles, dans votre gestion personnelle ou peut-être au cœur de la concurrence professionnelle que vous devrez découvrir et combler vos lacunes. Peu importe le nombre ou la gravité de ces manques, dès que vous comprendrez vraiment les mécanismes de la vie, vous acquerrez une position de force créée par le savoir. Ceci est d'autant plus bénéfique que vous ferez partie de la « minorité informée », laissant le reste du troupeau au pitoyable jeu aveugle des essais et des erreurs.

Si vous enfreignez la Loi, celle qui prohibe les attaques à main armée par exemple, vous serez contraint de payer une amende ou même de séjourner en prison. De même, si vous violez une loi de la physique, comme celle de la gravité par exemple, vous vous exposez à des blessures et, selon la hauteur d'où vous avez commis cette violation, voire même à la mort. Les Lois de la vie sont régies par les même mécanismes, et si vous les enfreignez vous risquez d'être pénalisé, voire sévèrement défavorisé. Vous avez sûrement déjà payé cher les erreurs commises au cours de votre vie.

C'est en agissant sans l'information et les aptitudes nécessaires à l'obtention des résultats voulus que vous enfreignez la Loi de la vie. Lorsque vous ne connaissez pas les règles du jeu (exemple : tel comportement entraînera tel résultat) ou que vous n'avez pas élaboré une stratégie adéquate, vos chances de succès ne peuvent être qu'amoindries par votre ignorance des conditions de la réussite. En compétition avec la « minorité informée », autrement dit celle qui possède les aptitudes, qui connaît les règles et qui a élaboré une stratégie, vous n'êtes même pas une menace, vous n'êtes qu'un pion. En plus d'être non compétitif, en ne comprenant pas le fonctionnement de la vie, vous risquez de vous placer sans retour possible dans une position conflictuelle avec des figures d'autorité. Si vous ne vous conformez pas aux règles du jeu, vos patrons et vos autres connaissances qui détiennent le pouvoir ou une supériorité hiérarchique vont facilement vous exclure ou vous pénaliser de votre manque de préparation.

La survie de tous ces gens qui trébuchent constamment me semble gravement compromise. Il est attristant de les voir agir lorsque nous savons pertinemment que leur sort est déjà fixé. Ils s'efforcent vainement de réaliser leurs rêves mais le résultat sera indéniablement négatif. Si vous faites partie de ces gens, ne serait-il pas temps d'ajuster votre tir ? N'êtes-vous pas las d'échouer avant même d'avoir commencé ? Les contrevenants aux Lois de la vie ne comprennent pas les causes de leur inefficacité et courent fatalement à leur perte. En revanche, ceux qui les respectent seront très attentifs et pourront par conséquent faire les ajustements requis. En grandissant, j'ai eu de nombreuses occasions d'observer et d'étudier ces Lois, et ceci bien avant mon éducation scolaire. Je me suis fais rabattre plus d'une fois parce que j'étais inapte ou non adapté. J'ai appris durement que, plus j'étais en accord avec mon environnement, moins il m'était nocif. Mais j'ai surtout appris à être plus attentif.

Durant mes années d'étude à Kansas City, je travaillais de nuit pour la compagnie de cartes « Hallmark » située au centre-ville. Je finissais mon quart de travail vers deux ou trois heures du matin. Ce monde était très différent de celui auquel la plupart des gens sont habitués. Nous étions des oiseaux de nuit qui cherchions les ennuis, et nous les trouvions facilement. Un de mes amis et collègue de travail possédait une rutilante *Chevy*

Chevelle pouvant produire plus de 400 chevaux-vapeur. Après notre travail, nous adorions parcourir les rues désertes de la ville à des vitesses affolantes espérant trouver un autre fou du volant prêt à parier une centaine de dollars sur une course.

Une certaine nuit, durant les vacances de Noël, deux passagers s'étaient joints à nous pour notre promenade nocturne : un ami de longue date venu d'un petit village pour me visiter et un ami du conducteur que je n'avais jamais rencontré auparavant. Appliquant ma théorie d'alors selon laquelle la stupidité est une vertu, nous parcourions la rue principale à plus de 160 km/h ; lorsque soudainement, non loin du centre-ville de Kansas City, une voiture patrouille fantôme apparut dans notre rétroviseur et vint appuyer son pare-chocs contre le nôtre. La voiture de l'officier de police était apparemment aussi rapide que la Chevy. Mais celui-ci ne semblait pas vouloir faire la course, j'étais à peu près sûr qu'il n'avait pas de bière à partager et je vous jure qu'il n'était pas là pour rigoler.

Il ne prit même pas la peine d'appliquer les mesures courantes : il n'appela pas de renforts et ne mit pas les gyrophares en marche. Il nous força à nous immobiliser et bondit hors de sa voiture en claquant sa portière si fort que le choc nous fit tressaillir. Le policier, ce soir-là, m'apparut tel un géant et sa lourde démarche me sembla un sûr présage de tempête.

Dès que l'officier se dirigea vers notre véhicule, l'ami du conducteur fut pris de panique. Il se glissa par la fenêtre arrière, tomba tête première sur le trottoir et prit ses jambes à son cou. L'officier n'était pas très bien disposé à notre égard, mais à partir de ce moment, il le fut encore moins. C'était déjà grave d'avoir violé la loi sur son territoire, mais le fait que l'un de nous se soit enfui rendait l'affaire plus grave. Non seulement nous l'avions insulté, mais nous avions également défié son autorité.

L'officier ouvrit brusquement la portière du conducteur, empoigna mon ami par le col, l'extirpa de la voiture et nous ordonna d'en sortir également. Retenant toujours mon ami par le col, il dit : « Je vais poser la question une @!&Z$ fois : qui est le garçon qui s'est enfui ? »

D'un ton des plus hargneux et sarcastiques, mon ami répondit : « Eh bien, son nom est… Sam Saucisse, pourquoi tu veux savoir ? »

Avec le recul, je me rends compte qu'à ce moment-là j'ai identifié la première Loi de la vie et peut-être l'ai-je même formulée car je me rappelle avoir pensé : « Eh l'ami, tu n'y comprends rien ». L'officier de police l'a frappé si fort que j'ai cru que mon nez aussi y était passé.

Jusque-là, tout ce qu'on risquait, c'était d'avoir à payer une amende ou de retrouver la voiture à la fourrière. Vu la tournure des événements, ces deux dernières éventualités auraient été des cadeaux divins. Apparemment, l'officier n'était pas un adepte du travail de bureau. Mon ami d'enfance était le prochain sur sa liste. Détail aggravant : aucun de nous ne connaissait le nom du fuyard. Le policier se livra au même manège, agrippa mon ami (qui aurait bien voulu retourner chez sa mère), le regarda droit dans les yeux et dit : « Je vais poser la question une @!&Z$ fois : qui est le garçon qui s'est enfui ? »

Même s'il ne pouvait répondre à cette question, mon ami était toutefois bien informé quant aux mauvaises réponses possibles. Sans faire de manière et avec une sincérité désarmante, il répondit : « Monsieur, je vous jure sur la tombe de ma mère (qui était bien sûr vivante et se portait bien) que j'ignore le nom de ce garçon, mais je peux affirmer une chose : je suis absolument certain que ce n'est pas Sam Saucisse. »

Malgré ma peur, j'ai immédiatement pensé : « Eh ! eh ! lui il a compris. Nous allons peut-être nous sortir de là indemnes. ». Je n'ai pas dit un mot, laissant l'officier de police réfléchir à la situation. Mon père m'a enseigné qu'il y a des moments dans la vie où il ne faut surtout pas rater une bonne occasion de se taire. Celui-ci en était un.

Manifestement, le premier garçon ignorait le code, résultat ? Il embrassait le pavé et allait devoir, pendant quelques semaines, soigner deux yeux au beurre noir. Par contre, l'autre garçon, lui, connaissait le code et c'est pour cette raison qu'il se tenait sur ses jambes et qu'il voyait toujours clair. Tout un contraste. Je peux vous assurer que nous n'avons plus jamais circulé au-delà de 40 km/h sur le territoire de ce policier. La vie va tellement mieux quand vous faites partie des gens qui ont ce qu'il faut.

Maintenant vous devez vous demander : « Je ne veux pas embrasser le pavé, alors qu'est-ce que je ne comprends pas dans les différents domaines de ma vie, mais surtout comment puis-je acquérir cette compréhension ? » Évidemment, vous devez vous ouvrir à de nouvelles connaissances afin de faire de meilleurs choix et de prendre de plus justes décisions. Pour éviter « d'embrasser le pavé », vous devez être volontaire dans l'apprentissage des Lois et des mécanismes de la vie afin de les appliquer à votre propre vie.

Ces Lois indéniables de la vie vous permettront d'éliminer le côté aléatoire dans vos prises de décision. Cette première Loi et les neuf suivantes vous éclaireront sur les événements de votre vie et les résultats qui s'y rattachent ; vous croyez que certains de ces résultats sont dus au hasard ou à la chance ?

Sachez ceci : si vous apprenez ces dix Lois de la vie, vous ferez nécessairement partie de la « minorité informée ». Vous n'échouerez plus jamais à cause de votre manque de connaissances sur vous-même et sur le monde. Ces Lois de la vie vous apprendront comment ; et elles vous expliqueront pourquoi.

Une longueur d'avance

Le savoir que je veux vous transmettre est celui qui vous permettra de faire la différence entre la vie et la survie. Survivre est instinctif et involontaire ; ce n'est qu'une réaction d'auto-protection qui a pour but premier de vous garder en vie jour après jour sans égard pour la qualité de la vie. L'existence est plutôt la mise en oeuvre d'aptitudes et d'habiletés acquises, d'un savoir-faire appris que vous maîtrisez et que vous avez aiguisé. Votre but premier est de posséder une expérience de qualité, unique et gratifiante. Ces habiletés dont vous avez besoin pour créer une qualité de vie supérieure sont celles qui vous permettront de comprendre et de contrôler les relations entre les causes et les effets : en d'autres mots, vous apprendrez comment utiliser votre savoir pour que les choses marchent à votre façon, et vous serez en mesure de mieux comprendre vos comportements et ceux des autres. Cette compréhension vous donnera une incroyable longueur d'avance dans la compétition de la vie.

En y réfléchissant bien, je suis sûr que vous pouvez penser à une multitude de situations où une plus grande connaissance, permettant de prédire et de contrôler vos actions et celles des autres, aurait été utile. Nous vivons dans un monde social. Lorsque vous agissez, vous êtes presque toujours en interaction avec d'autres individus. Lors d'un achat à la boulangerie, au travail, en famille, en colocation ou simplement en naviguant dans les dédales de la vie, les interactions avec d'autres individus sont inévitables.

Il y a tant d'exemples d'interactions que les énumérer toutes paraîtrait simpliste. Si vous avez postulé pour un emploi en informatique et que vous savez faire fonctionner un ordinateur, votre savoir vous confère le pouvoir d'accomplir ce travail, mais encore faut-il que vous convainquiez la personne responsable de l'embauche. Si vous vous retrouvez seul loin en forêt mais que vous savez comment en sortir : alors bravo ! c'est une bonne chose pour vous. Par ailleurs, si vous et plusieurs personnes êtes loin en forêt et que vous êtes le seul à savoir en sortir : alors là, bravo deux fois ! c'est vraiment une bonne chose pour vous. Cette connaissance fait de vous une personne en situation de contrôle. Vous êtes devenu celui que tout le monde suit, celui qui profite d'une confiance et d'une tranquillité d'esprit créées par votre indépendance. Cette situation ne résulte pas de vos charmes, de votre richesse ou de votre belle personnalité, mais du fait que vous avez « ce qu'il faut ». Le savoir, c'est le pouvoir.

Vous n'avez qu'à observer les gens qui gouvernent le monde : ces personnes ont du succès en affaires, en politique, en sport, en amour ou même dans leur vie en général. Je suis certain que presque tous ces gens savent quelles ficelles tirer afin de réunir les autres autour de leurs idées, de leurs valeurs et de leurs croyances. Ils peuvent également prévoir si telle ou telle personne est susceptible de faire telle ou telle chose parce qu'ils ont une compréhension aiguë des facteurs qui déterminent le comportement humain. La capacité de prédire les comportements d'autrui est presque aussi grande que celle de les contrôler. Cette capacité est garante du succès de votre quête pour accéder à un meilleur contrôle sur vous-même. L'acquisition de celle-ci devrait être votre principale source de motivation.

Par exemple, si vous compreniez subitement les raisons qui vous poussent à abandonner un projet avant d'atteindre les résultats voulus et si vous aviez le pouvoir d'enrayer ce cercle vicieux, votre vie serait inévitablement meilleure. Les applications de cette Loi sont sans fin. Si vous saviez pourquoi votre épouse ou votre mari a tel ou tel comportement et que vous aviez la capacité de changer ces comportements, vous auriez fait un pas en avant vers l'amélioration de votre mariage. Ne sous-estimez pas les avantages que vous procurerait cette capacité : elle s'avèrera extrêmement précieuse pour l'éducation de vos enfants, la concurrence au travail, pour vous mettre en valeur, pour rendre attrayant un produit et pour gagner la confiance et l'affection de ceux qui vous sont chers et que vous respectez. C'est cette capacité de prévoir et d'influencer les comportements qui vous donnera une longueur d'avance sur autrui.

Parce que vous connaissez les règles du jeu et que vous savez où frapper pour obtenir les résultats voulus, vous atteindrez la maîtrise nécessaire au succès. En sachant quel comportement apporte quel résultat, vous éliminez tous les risques d'erreur. Qui gagne ? C'est vous.

Je veux souligner que ces habiletés sont apprises et découlent de connaissance acquises. Même si vous êtes brillant, personne ne s'attend à ce que vous parliez russe sans qu'on vous l'ait enseigné. Même si vous êtes très intelligent, si vous n'êtes pas formé, on ne pourra pas vous mettre aux commandes d'un 747, vous lancer sur la piste et exiger que vous possédiez les connaissances nécessaires au pilotage de cet avion. C'est parce que personne ne vous a enseigné les règlements du jeu de la vie que vous faites face à tant de problèmes. On vous a laissé deviner ces règles par vous-même.

En observant le modèle des comportements des Nord-Américains d'aujourd'hui, je ne me demande pas pourquoi notre société est en déclin. Je me demande plutôt pourquoi elle ne l'est pas. Dans nos vies, ce n'est pas avec un manque flagrant de préparation que nous pourrons accéder à la réussite.

Nous sommes presque totalement illettrés en ce qui a trait au fonctionnement humain, à tel point que nous sommes incapables d'identifier les problèmes. Pensez-y. Pourquoi tant de mariages échouent ? *Parce que personne n'a appris à vivre en couple.* On ne nous apprend pas comment choisir un partenaire, ni pourquoi nous devrions préférer un partenaire à un autre ; nous ne savons même pas comment régler les conflits matrimoniaux. On n'enseigne pas aux gens mariés les raisons pour lesquelles ils se comportent et se sentent de telle ou telle manière. Personne ne nous a appris les règles fondamentales. Pour quelle raison avez-vous plus de chance d'être obèse si vous êtes un Nord-Américain ? Parce que personne ne vous a appris à contrôler vos pulsions. Personne ne vous a appris à vous comporter en fonction de votre bien-être et de votre santé. Pourquoi nos enfants, de plus en plus jeunes, se tournent-ils vers les drogues ? C'est parce que personne n'a appris aux parents comment éduquer leurs enfants pour que ceux-ci n'aient pas besoin de drogues pour vivre en accord avec eux-mêmes.

Nous sommes contraints de nous rabattre sur les modèles présents dans notre vie, puisque la société semble incapable de nous fournir une éducation de base propre à nous servir de guide. Il convient toutefois de nous demander si nos parents étaient bel et bien en mesure de nous transmettre ce savoir ? N'avons-nous pas été élevés par des parents qui ignoraient presque tout du fonctionnement humain ? Les personnes des générations antérieures étaient laissées à elles-mêmes, sans l'information nécessaire pour résoudre leurs problèmes personnels. Rappelez-vous ce pilote du 747, sans les connaissances requises, personne ne peut agir adéquatement. Si nos parents n'ont pas eu l'éducation de base pour être de bonnes mères, de bons pères et de bons époux, quels genres de modèles sont-ils pour nous ? En fait, je crois que si vous avez eu la chance d'avoir de bons modèles dans votre vie, vous et ces modèles devriez remercier la Providence, la fortune aveugle, voire même la technique d'« essai-erreur », mais je peux vous assurer que ni l'éducation ni la préparation n'en sont la cause. Pour simplifier, cela veut dire que vous ignorez peut-être certaines informations cruciales et que l'information sur laquelle vous vous basez peut être erronée. Oublier ce qu'on a déjà appris s'avère parfois beaucoup plus difficile que d'apprendre quelque chose de nouveau.

Exercice n° 3: *Adoptez une attitude nouvelle, remettez en question tout ce que vous pouvez identifier dans votre vie qui a été adopté et assimilé aveuglément : les traditions, l'histoire ou toute autre croyance. À l'aide de votre journal personnel, établissez une liste de tous ces éléments, en portant une attention particulière à des modèles comportementaux qui reviennent fréquemment dans votre vie personnelle, professionnelle et familiale. Je crois que vous allez être surpris du grand nombre de modèles comportementaux que vous avez* *empruntés à d'autres personnes qui, faute de connaissances adéquates, n'étaient pas en mesure de faire les bons choix. Vous allez, bien sûr, trouver certains de vos comportements qui résistent à cette remise en question : quoi qu'il en soit, vous devez continuer d'appliquer ces comportements. Par ailleurs, vous identifierez des comportements qui ne résisteront pas à ce questionnement : ces comportements devront être modifiés, voire même éliminés.*

Évidemment, les seules occasions où vous vous révélez compétent sont celles où vous connaissez les règles du jeu. Je voudrais toutefois vous mettre en garde : il vous reste beaucoup à apprendre et ce que vous savez déjà est peut-être faux. Les neufs prochaines Lois de la vie sont organisées de façon à vous procurer un savoir de référence que vous ne pourriez retrouver dans d'autres livres, mais qui reflètent vraiment le fonctionnement du monde. Maya Angelou a dit avec éloquence : «Vous avez fait de votre mieux, mais lorsque vous en savez plus, vous avez fait mieux.» Il est temps pour vous d'en savoir plus.

Bien sûr, vous n'êtes pas nécessairement perdu dans ce monde, mais soyez vigilant et conservez un sain discernement envers ceux qui alimentent votre information. Plusieurs idiots munis de diplômes aux mentions sophistiquées préfèrent rester sous l'orage plutôt que de se mettre à l'abri. Pourtant il y a beaucoup de gens, sages et perspicaces, qui ne possèdent pas ce genre de formation. Il existe aussi un plus petit nombre de personnes qui détiennent sagesse et éducation. C'est à vous de choisir des professeurs solides et dignes de confiance. Non pas pour substituer leur pensée à la vôtre, mais pour l'ajouter à votre propre savoir.

Si vous avez participé à une organisation quelconque, vous saurez immédiatement de quoi je parle. La force de l'autorité découle parfois d'un nom inscrit sur une plaque en or collée à une porte, mais le pouvoir peut aussi provenir de la connaissance des « ficelles » de l'organisation. Cette connaissance leur confère un pouvoir simple mais puissant.

Votre travail, bien entendu, consiste à trouver ces sources d'information et d'influence qui ne tirent pas leur pouvoir d'un nom sur une belle plaque en or, mais qui prouvent qu'ils connaissent « les ficelles » de l'organisation, peu importe comment ils ont acquis cette connaissance. C'est une chance extraordinaire que d'avoir ce genre de personnes autour de soi. Je suis certain que vous en avez rencontrées par le passé et que ces personnes « connaissaient les ficelles » de différentes situations et solutions dans votre vie.

Examinez votre passé. Au début d'un nouvel emploi, lorsque vous étiez encore « le petit nouveau », quelqu'un vous a possiblement dit : « Tiens-toi proche de ce vieux loup là-bas. Il connaît les ficelles ici. » Ce que les personnes respectent chez ce vieux loup, c'est qu'il comprend ce système particulier et sait comment le faire travailler pour et non contre les personnes qui en font partie : mieux que quiconque, cette personne connaît les règles, les croyances, les penchants et les lignes directrices qui régissent ce système. Même si les murs de votre bureau sont tapissés de diplômes, que le prix de vos vêtements dépasse aisément le salaire mensuel du vieux loup, aussi reluisant que peut être votre passé, peu importe la qualité de l'expertise que vous croyez apporter par votre nouvelle position, vous vous êtes rendu compte assez rapidement que le vieux loup, lui, possédait la sagesse.

S'il se produit une panne de courant ou que le réseau informatique flanche, n'appelez pas les spécialistes, demandez plutôt au vieux loup : il saura qui appeler et quoi dire. Lorsque la compagnie de réparation du photocopieur vous informe qu'elle ne pourra pas remettre la machine en service avant une semaine, faites appel au vieux loup : il sait comment et à quelle porte frapper pour obtenir les résultats voulus. Lorsqu'il y a des rumeurs de congédiement, il y a fort à parier que le vieux loup sera le premier à connaître les détails de l'affaire.

Pendant que certaines personnes croient savoir des « choses », l'expertise du vieux loup lui permet de mettre en rapport ces « choses » avec les comportements humains qui gouvernent le lieu de travail. Dès le début de ce nouvel emploi, vous aviez déjà compris que le fait d'avoir accès au savoir du vieux loup vous éviterait d'enfreindre une règle (écrite ou non) ou de vous placer dans une position embarrassante susceptible de vous mettre votre patron à dos. Cet homme sait ce que les patrons recherchent chez leurs employés, ce qu'ils veulent entendre à votre sujet pour qu'ils vous considèrent utile à l'entreprise. Il peut vous renseigner sur les « règles du jeu », celles écrites et surtout celles qui sont souvent les plus importantes, les règles non écrites. Il peut même vous livrer d'importants secrets vous permettant d'avoir une longueur d'avance sur les autres.

L'expérience du vieux loup lui a donné le savoir et ce savoir a fait de lui quelqu'un de puissant. Il a appris le fonctionnement du système, ce qui a fait de lui un homme sage. Il sait ce que vous ne pouvez pas faire et ce qui est permis. Il a étudié le manuel des politiques de la maison. Mais plus important encore, il a observé le fonctionnement du vrai monde. Le vieux loup a déchiffré le code.

Peut-être êtes-vous cette personne dans votre lieu de travail ou peut-être connaissez-vous une telle personne ? Il y a un vieux loup dans presque chaque endroit. On le voit dans les films qui se déroulent en prison : c'est le vieil homme aux yeux scrutateurs, qui longe les murs et qui ne dit que peu de mots. Il est aussi présent dans les films policiers, au sein de la Mafia et dans les films de guerre. Il connaît les politiques et il sait très bien quand en prendre ou en laisser. Il sait comment rester en vie. Vous le trouverez aussi bien dans la cafétéria d'une institution ou vivant sous un pont avec les sans-abri. Il y aura toujours et dans chaque milieu cette personne digne de confiance qui vous dira :« Je me fous de ce qu'ils disent, de ce que vous pensez, de ce qu'on vous a appris à l'école ou de comment vous pensiez que c'était ; je vous dis simplement comment les choses sont réellement. »

Quand j'imagine ce vieux loup, je le vois m'expliquant le fonctionnement des choses, partageant avec moi le genre de sagesse pratique qu'on ne retrouve pas dans les livres. Rien de sophistiqué, simplement les petites choses que nous ne pouvons savoir que par l'expérience et en étant très attentifs. Il n'est pas nécessairement érudit, mais nous savons qu'il comprend la vie. Vous pourrez l'entendre dire :

La Sagesse du Vieux Loup

C'est un fait : « Il n'y a pas de Père Noël ni de petites pouliches et Elvis est mort depuis belle lurette. Si votre vie doit devenir meilleure, c'est vous qui la rendrez meilleure. Vous pouvez prier, mais n'arrêtez pas de pagayer vers le rivage. »

C'est un fait : « Avant de remettre votre vie sur le droit chemin, vous devez vous arrêter, regarder autour de vous pour savoir que vous êtes sur la mauvaise voie. »

C'est un fait : « Vous n'avez pas à mettre votre main dans un malaxeur électrique pour savoir que ce n'est pas une chose intelligente à faire. »

C'est un fait : « Faites-vous un plan et respectez-le, ne changez pas de plan comme vous changez de vêtements. »

C'est un fait : « Ils vous utiliseront si vous les laissez faire. Lorsqu'ils vous coupent l'herbe sous le pied ou qu'ils pigent dans la poche d'autrui, adoptez une expression sérieuse et décidée, puis arrêtez-les. »

C'est un fait : « La vie est une compétition. Votre score est affiché et il y a une minuterie. »

Vous et Moi

Dans ce livre, le système dont nous parlons est votre vie, vos relations interpersonnelles, votre carrière, votre vie familiale, votre vie spirituelle, votre participation dans la société et, ce qui est des plus importants, votre relation avec vous-même. À moins d'avoir gagné le concours de la meilleure entité jamais créée ou d'être venu au monde avec la science infuse, vous devrez absolument apprendre le fonctionnement de ce système ou faire une croix définitive sur le succès. Cela ressemble à un cliché, mais la vie est un voyage et comme dans toute autre expédition, si vous n'avez ni cartes, ni plans, ni échéance, vous vous perdrez à coup sûr. Par contre, si vous disposez d'un plan sérieux, réaliste et longuement réfléchi, vous serez agréablement surpris des résultats. Si vous n'avez aucune idée des méthodes d'élaboration d'une stratégie de vie, vous n'êtes pas idiot pour autant. Il existe une science pour cela et vous pouvez l'apprendre. Vous aurez toutefois besoin d'un guide qui connaît le système de la vie et sa science, d'un guide capable de vous révéler la vraie nature des choses, même si ces choses sont difficiles à entendre.

Je ne suis pas aussi grisonnant qu'un vieux loup, mais si vous désirez apprendre, je suis prêt à vous dire comment les choses sont vraiment. J'ai enrichi mes connaissances et j'ai travaillé d'arrache-pied pour posséder ce savoir. Je veux vous épargner les essais et les erreurs que j'ai moi-même expérimentés pour en arriver où je suis. En admettant que la vie a son propre manuel de politiques et de règlements, je me suis mis à le lire exhaustivement, de long en large, afin d'approfondir ma compréhension des forces contrôlant le comportement humain. J'ai porté une attention toute particulière aux tensions sociales qui affectent votre vie présentement.

Par exemple, le fait d'avoir participé à l'élaboration de stratégies concernant des centaines de poursuites judiciaires – dont celle à laquelle faisait face Oprah – ou d'avoir aidé des milliers d'individus à échafauder une stratégie de vie, tout cela m'a appris qu'il était possible de modifier et de changer complètement certaines situations. La victoire peut sembler impensable face au désastre, mais je peux vous jurer qu'elle ne l'est pas. J'ai également appris qu'il est facile de se baigner dans des eaux tranquilles, n'importe qui peut y arriver ; il est autrement plus difficile de garder la tête hors de l'eau pendant les orages, et ceux et celles qui y arrivent connaissent le succès. Je veux vous apprendre ce que savent ces personnes. Je veux que vous fassiez partie de la « minorité informée ». Tout comme vous comprenez facilement un tour de magie lorsqu'on vous l'explique lentement, vous serez surpris de la facilité avec laquelle vous changerez radicalement vos résultats quand vous aurez appris les dix Lois de la vie.

Le défi de créer une stratégie pour le procès d'Oprah est un exemple prouvant combien la longueur d'avance que procure le savoir peut être utilisée pour engendrer les résultats voulus. J'ai dû développer une stratégie qui rallierait les jurés autour de la version d'Oprah. Pour ce faire, je devais savoir ce qui était important pour les jurés et sur quoi mettre l'accent pour qu'ils arrivent à la bonne conclusion. Comme nous l'avons déjà vu, la pente que nous avons dû gravir était fort raide : nous étions chez les cow-boys (certains jurés élevaient du bétail !). J'ai quand même plongé et j'ai gagné ce défi de taille avec passion. Ma stratégie n'était pas de tromper les jurés ou de fabriquer une supercherie qui les auraient induits en erreur. Ma stratégie était de convaincre douze personnes intelligentes et morales de passer outre la loyauté mal placée envers certains industriels millionnaires pour se concentrer sur la stricte vérité.

Concevoir les plans de cette stratégie implique le même genre de connaissances que lorsque vous élaborez des stratégies pour persuader les gens de soutenir vos buts et vos objectifs. Dans chaque stratégie qui implique les autres, il y a toujours au moins deux choses que vous devez faire : vous devez vaincre leur résistance et invalider leurs prétextes, pour ensuite les amener à accepter votre point de vue du monde. À Amarillo, j'ai dû trouver une façon de surmonter la puissante tendance humaine qui est celle de « l'esprit de clan ». Oprah était à leurs yeux l'étrangère s'opposant aux gens du coin. Je savais que le jury n'avait pas de parti pris avoué, mais un penchant inconscient peut être potentiellement plus dangereux qu'une prise de position consciente et affirmée.

Je connais le Texas, et je sais que les personnes y sont en général très suspicieuses envers les gens qui ne vivent pas, ne travaillent pas, ne prient pas et n'ont pas grandi avec eux. Nous devions aller chercher le jury et le persuader d'accepter notre version des faits. Avant de pouvoir communiquer avec quelqu'un, vous devez le comprendre et savoir ce qui le fait réagir. Il faut pouvoir déceler des similarités entre vos valeurs et les siennes. Telle est la base des relations entre êtres humains. Aussi devions-nous posséder le même genre de connaissances que celles que vous devrez acquérir vous-même pour faire face efficacement aux personnes que vous voulez influencer dans votre vie : que ce soient vos enfants, votre épouse ou votre époux, votre patron ou toute autre personne. Vous devez connaître les gens pour les influencer. Vous devez les convaincre que vous n'êtes pas un fou à lier avec des idées étranges.

Que devez-vous savoir pour vraiment comprendre quelqu'un ? Quelles informations vont vraiment vous dire qui il est ? Si je veux véritablement comprendre une personne ou un groupe de personnes pour tirer profit de ce qui est susceptible de les intéresser, il me faudra découvrir ceci :

1– Qu'est-ce qui a le plus de valeur dans leur vie : l'éthique est-elle importante ? Est-ce l'argent ou le succès qui les définissent ? La force ou la compassion ont-elles de la valeur à leurs yeux ? Que nous apprend leur vision de la vie pour comprendre ce qu'ils considèrent comme important ?
2– Quelles sont leurs attentes, comment croient-ils que la vie devrait être ?
3– Quelles réticences ou prédispositions (peurs, penchants, préjugés) ont-ils ?

4– Quelles positions, approches ou philosophie seraient-ils prêts à accepter ou à rejeter ?
5– Qu'ont-ils besoin d'entendre sur une personne pour conclure que celle-ci est fondamentalement bonne et peut donc être digne de confiance ?
6– Quel genre de choses trouvent-ils pertinentes ?
7– Comment se sentent-ils par rapport à eux-mêmes ?
8– Que veulent-ils par-dessus tout dans la vie ?

Si vous faites un travail consciencieux pour apprendre les raisons qui poussent les gens à adopter certains comportements, vous trouverez que beaucoup d'éléments différents régissent les comportements de différentes personnes. La troisième Loi de la vie décrit les différentes catégories de récompenses qui contrôlent les comportements, mais j'en parlerai plus tard dans cet ouvrage. Cependant, il existe d'importantes vérités communes qui sont fondamentales au fonctionnement humain.

Ces vérités communes s'appliquent dans la vaste majorité des cas et devraient donc constituer votre savoir de base. Bien sûr, si vous connaissez ces caractéristiques communes du fonctionnement humain, vous pourrez les utiliser dans votre planification stratégique ou pour celle des autres. J'utilise constamment ces caractéristiques communes dans la fabrication de stratégies, non seulement celles qui impliquent des jurés, mais aussi celles qui interpellent des gens de tous milieux. Écrivez-les à l'intérieur de votre main s'il le faut : la maîtrise de ces caractéristiques, appliquées à vos interactions sociales, va changer le cours de votre vie et ce, dès aujourd'hui. Les dix caractéristiques communes les plus significatives que j'ai identifiées sont :

1– La plus grande peur, chez tous les gens, est le rejet.
2– Le plus important besoin est donc celui d'acceptation.
3– Pour gérer efficacement les gens, vous devez toujours agir soit afin de protéger, soit afin d'augmenter leur amour-propre.

4–Tout le monde, mais vraiment tout le monde, aborde chaque situation en pensant à l'intérêt plus ou moins grand qu'il pourrait en retirer.
5–Tout le monde, mais vraiment tout le monde, préfère parler de ce qui le concerne personnellement.
6– Les gens n'entendent et n'assimilent que ce qu'ils comprennent.
7– Les gens aiment, ont confiance et croient ceux qui les aiment.
8– Les gens agissent pour des raisons autres que les raisons apparentes.
9– Les gens qui réussissent peuvent être, et sont souvent, petits et mesquins.
10–Tout le monde, mais vraiment tout le monde, porte un masque social. Vous devez regarder derrière ce masque pour savoir qui chacun est vraiment.

Après avoir lu cette liste, vous vous dites peut-être : « Mon dieu, cet homme a une vision pessimiste de la nature humaine. » C'est faux, je suis seulement réaliste. Je ne fais que vous montrer la réalité et si vous regardez honnêtement votre propre expérience, vous réaliserez que, tout comme moi, vous êtes une preuve vivante que ces dix observations sont exactes.

Ces deux listes (l'information personnelle nécessaire pour véritablement comprendre quelqu'un et les dix traits les plus communs chez les individus) sont exactement le genre d'outils dont vous avez besoin pour établir une stratégie de vie ; cette stratégie nécessite que vous convainquiez autrui de voir à votre manière les faits. À cette seule condition, vous parviendrez à la réussite. Peu importe si cela implique votre conjoint, vos enfants, un client, une figure d'autorité, un employé, un collègue de travail ou vous-même, en utilisant ces listes comme guides comportementaux, vous agirez avec un plan d'approche qui vous donnera une longueur d'avance.

Ne pas tenir compte de ces listes de traits et de caractéristiques du comportement humain serait faire fausse route et, par le fait même, vous condamnerait à échouer avant d'avoir commencé. L'échec n'est pas un accident. On se prépare pour réussir, ou on échoue. Vous éviterez l'échec en utilisant ces informations pour mieux gérer les autres et vous gérer vous-même. L'utilisation de ces deux listes constitue en soi une stratégie, ainsi vous pourrez dominer les situations plutôt que de simplement y réagir. Mais ces listes ne sont qu'une base, un commencement dans la compréhension du fonctionnement des gens et, par conséquent, du monde.

Cela signifie que vous devez volontairement devenir un étudiant de la nature humaine. Nous vivons dans un monde social et nous sommes des animaux sociaux. Je me rends bien compte que c'est la troisième fois que je le répète depuis le début de votre lecture, mais je souhaite ardemment que cette idée pénètre votre conscience : si vous comprenez pourquoi le reste du troupeau fait ou ne fait pas telle ou telle chose, vous ne serez pas pris au dépourvu par vos actions ou celles de toute autre personne.

Je vous ai déjà dit que les neuf prochaines Lois vous expliqueront en détail le fonctionnement de notre monde. Vous devez être motivé à apprendre ces Lois et aller au-delà de ce que ce livre peut vous enseigner, en devenant un élève attentif qui recueille de l'information jour après jour au fil de votre vie. Tout est une question d'attitude. Demain, ouvrez vos yeux avec la ferme intention d'être attentif aux raisons qui poussent les gens à agir ; soyez attentif à la manière dont ils agissent. Utilisez vos deux listes comme point de départ pour vous comprendre et mieux connaître les gens que vous fréquentez.

Demain, tentez une expérience simple en testant quelques-unes des premières caractéristiques communes de la liste. La caractéristique n° 2 : « Le plus important besoin chez tous les gens est celui d'être accepté », peut être testée aisément. Si vous vous rendez dans un restaurant, un magasin ou si vous êtes en interaction au travail avec les autres, prenez le temps d'amorcer une discussion avant d'aborder le sujet qui vous amène. Vous pouvez leur dire combien ils travaillent fort, ou que leur travail semble compliqué. Ceci leur donnera le sentiment d'être acceptés : immédiatement leur attitude envers vous se modifiera favorablement.

Si, par exemple, vous êtes au restaurant et que le service est un peu lent, lorsque le serveur arrivera finalement à votre table, dites-lui : « Mon Dieu, je n'arrive pas à croire qu'ils vous font courir aussi vite aujourd'hui. Vous allez si vite que bientôt vous aurez besoin de patins à roulettes. Nous apprécions vos efforts. » Aussi superficiel que cela puisse paraître, essayez-le. Je crois que vous conclurez que je n'ai pas mis par hasard la liste des dix caractéristiques communes dans ce livre.

Vous savez que certaines personnes ont du succès et que d'autres n'en ont pas. Tentez de voir ce qui les différencie. Cherchez des explications sur ces différences.

Étant enfant, j'ai toujours fantasmé d'être Superman et d'avoir sa vision « rayon x ». Comme j'étais un garçon sain et vigoureux, vous devinez probablement comment j'aurais utilisé ce pouvoir. (Indice : ce n'était sûrement pas pour voir qui était enfermé dans le sous-sol.) N'est-ce pas ce dont nous parlons ici : voir ce que les autres ne peuvent pas voir ? Ce n'est peut-être pas aussi amusant que la vision « rayon x », mais grandement plus utile. Vous atteindrez un autre niveau de compréhension du fonctionnement humain et, si vous êtes attentif, cela vous rapportera beaucoup.

Vous pensez sûrement que je vous apprends à être un fin manipulateur. Vous avez raison. La manipulation, en soi, n'est pas une mauvaise chose. En fait, je tente de vous manipuler en ce moment même. Je le dis librement et ouvertement et je ne m'en excuse pas. La manipulation n'est une mauvaise chose que si elle est insidieuse, égoïste et se révèle nuisible à vos objectifs. Mais si je peux vous manipuler de telle sorte que vous appreniez à être de meilleurs individus, pères, mères, époux, quel mal y a-t-il ? Ce genre de manipulation est une bonne chose, particulièrement si je vous l'avoue d'entrée de jeu.

N'oublions pas que d'une certaine façon, la manipulation règne et gouverne le monde. Plus important que de posséder le savoir permettant de prédire les actions d'autrui, est de posséder ce qui permet de contrôler et de prédire vos propres actions. Savoir comment gérer efficacement les autres peut vous aider, mais vous gérer efficacement est encore plus important. Peu importe l'endroit ou dans quelle circonstance vous rencontrez des gens, que ce soit à la maison, au travail ou dans vos loisirs, le dénominateur commun de toutes ces situations, c'est vous.

La personne avec laquelle vous passez le plus de temps, c'est vous. La personne que vous devez le plus influencer et contrôler, c'est vous. La personne possédant des caractéristiques et des modèles comportementaux négatifs ou positifs que vous devez, selon le cas, soit minimiser ou éliminer, soit maximiser, c'est vous. Que les caractéristiques soient la dépression, l'insécurité, la colère, l'apathie, la solitude ou toute autre caractéristique, vous êtes la seule personne qui puisse les minimiser ou les éliminer. Pour ce faire, un certain savoir est nécessaire. Vous aurez besoin de connaissances sur les origines de ces mauvaises caractéristiques, savoir pourquoi elles persistent et, plus important encore, comment les remplacer par des caractéristiques plus positives.

Combien de fois dans votre vie avez-vous regardé quelqu'un et pensé : « J'aimerais bien être aussi heureux que lui. J'aimerais bien être aussi sûr de moi. J'aimerais bien pouvoir former un couple aussi complice ? » Si vous êtes honnête avec vous-même, je suis sûr que vous vous êtes, au moins occasionnellement, dit ce genre de chose. Ce n'est pas grave, chaque jour n'est pas un bon jour. Et ce n'est certes pas une mauvaise chose que de percevoir chez d'autres des qualités et des caractéristiques que vous voudriez imiter. Mais la chose la plus importante, c'est de comprendre de fond en comble comment vous fonctionnez, ce qui vous fait sentir comme vous vous sentez.

Pour apprécier l'importance d'être parmi ceux qui ont le savoir, vous n'avez qu'à vous rendre compte du changement d'état dans lequel vous êtes probablement maintenant. Même si le contraire du savoir est sans doute l'ignorance, il est beaucoup plus dangereux de mal gérer ce savoir ou d'être mal informé.

Il est souvent plus difficile de reconnaître ce fait chez nous que chez d'autres personnes. Combien de fois avez-vous rencontré quelqu'un qui n'était absolument pas au courant des valeurs de ses interlocuteurs et qui n'avait aucune idée de l'impact de ses paroles chez ceux-ci ? Cet imbécile va se mettre dans une position embarrassante avec son comportement insouciant, avec ses paroles blessantes et ne comprendra pas qu'il soit, par la suite, objet de plaisanterie. Les gens font des grimaces et des sourires agacés comme s'ils étaient en présence d'une mauvaise odeur, mais notre imbécile pensera qu'il a impressionné la galerie. Cet individu ne comprend vraiment rien à rien.

Comparons cet imbécile avec une personne qui a étudié la nature humaine. Cette personne a habilement et efficacement suscité le genre de réactions qui lui ouvrent le chemin du succès. Les gens recherchent ce genre de personne parce qu'ils savent qu'ils seront bien traités ; leur rencontre les laisse sur un bon sentiment d'eux-mêmes et ils sont contents d'avoir eu cette interaction. La morale de cette histoire est facile à deviner : en étant attentif au fonctionnement du monde, il est primordial d'accorder une attention toute spéciale aux réactions des gens envers vous.

Nous ne pouvons pas clore le sujet sur la puissance du savoir sans mentionner un genre d'imbéciles : « Je sais tout ». Ces gens qui croient tout savoir sont une belle illustration d'un manque d'humilité. Non seulement ces insupportables emmerdeurs sont ennuyeux et dangereux pour les autres, mais ils se neutralisent eux-mêmes : s'ils savent déjà tout ce qu'il y a à savoir, pourquoi auraient-ils la décence d'être ouverts et sensibles aux possibilités d'acquérir de nouvelles informations ? Ils possèdent déjà toute l'information, ils n'ont donc aucune raison d'en chercher davantage. Tout effort destiné à leur expliquer quelque chose de nouveau est voué à l'échec et ils se renferment, telle une tortue dans sa carapace, sur eux-mêmes. Ils sont complètement fermés à toute possibilité d'apprendre des choses qui pourraient contredire fortement leurs croyances aux fondements fragiles. Ils sont à l'état de fossiles, pris dans une mauvaise façon de penser et sont fiers de l'être. Cette paralysie, avec le temps, crée des préjugés, des fanatismes et des comportements basés sur des jugements obtus. Ils recueillent des informations erronées sur des groupes d'individus ou des groupes ethniques et ils chérissent ce savoir, le prônant parfois même comme une religion. Leur slogan est :«Pas toujours dans la vérité, mais jamais dans le doute.» C'est un trait humain très commun qui crée des guerres raciales et toutes sortes d'autres souffrances humaines depuis des siècles.

En d'autres mots, ne croyez pas que cette Loi s'applique à tout le monde, sauf à vous.

Soit vous comprenez, soit vous ne comprenez pas. Une des pires façons de ne pas avoir ce qu'il faut est de croire que vous l'avez lorsque vous ne l'avez pas. Adoptez les attitudes proposées dans ce chapitre et plongez dans le processus d'apprentissage des neuf prochaines Lois pour faire partie de la « minorité informée ». J'ose espérer que vous ne ferez plus partie de ces gens qui répondent « Sam Saucisse » , que ce genre de réponse ne fera plus partie de votre répertoire.

Tout comme le savoir est le pouvoir, l'ignorance ou le fait de se baser sur des informations erronées constitue un handicap majeur, vous met sur une fausse route et peu s'avérer dangereux. Appliquez-vous à recueillir des informations sur les raisons qui vous motivent et qui amènent les gens à poser les actions qu'ils posent. Je ne peux concevoir un meilleur point de départ pour mettre en action ce plan que d'apprendre les neuf prochaines Lois. Laissez-les devenir le berceau de votre savoir.

CHAPITRE TROIS

Nous créons notre propre expérience

Le semeur peut se tromper et semer ses pois au hasard ; les pois ne commettent pas d'erreurs, ils sortent à leur guise et affichent les erreurs du semeur.
— Ralph Waldo Emerson

Loi de la vie n° 2 : Nous créons notre propre expérience
Votre stratégie : Reconnaissez et acceptez la responsabilité de votre vie. Comprenez le rôle que vous jouez dans la création de résultats, dans la création de votre vie. Apprenez à mieux choisir pour avoir le meilleur.

Cette Loi est simple : vous êtes responsable de votre vie. Le bon comme le mauvais, les réussites comme les échecs, le bonheur et le malheur, le juste et l'injuste : vous avez du pouvoir sur votre vie.

Vous êtes maintenant responsable ; vous allez toujours être responsable. C'est comme ça. Ce n'est peut-être pas ce que vous voulez, mais les choses sont ainsi.

Comprenez-moi bien, je ne vous fais pas une proposition que vous pouvez appliquer ou non. Je n'avance pas une quelconque théorie. Je vous dis que vous êtes seul à créer les résultats dans votre vie, non seulement dans certaines occasions précises, mais à chaque instant. Si vous n'aimez pas votre travail, vous êtes responsable. S'il y a des froids dans vos relations, vous êtes responsable. Si vous faites de l'embonpoint, vous êtes responsable. Si vous ne faites pas confiance au sexe opposé, vous êtes responsable. Si vous êtes malheureux, vous êtes le seul responsable de cette situation. Peu importent les circonstances qui vous ont amené où vous êtes présentement, en acceptant cette Loi, vous ne pourrez plus nier votre responsabilité de l'état de votre vie. La responsabilité n'est pas simplement une affaire de mots. Dire : « D'accord, je suis responsable », ne règle absolument rien au problème.

Laissez-moi vous expliquer pourquoi il est si important de reconnaître ses responsabilités. Si vous n'acceptez pas votre responsabilité, vous établirez de mauvais diagnostics sur tous vos problèmes. En diagnostiquant mal, vous ne trouvez pas le traitement adéquat. Si vous ne traitez pas bien un problème, il ne se règlera pas. Même si vous êtes convaincu qu'il n'y a aucun lien entre vos problèmes et vous-même, prenez tout de même pour acquis que j'ai raison et creusez plus profondément pour trouver votre rôle dans ces problèmes. Ce rôle est bien présent, je vous l'assure. Faites-moi confiance.

Même si vous ne l'aimez pas, cette Loi est d'une vérité absolue, puisqu'elle est la base du fonctionnement du monde et, si vous la reniez, vous vous enfermerez dans un monde imaginaire. En vous convainquant que vous êtes une victime, vous êtes certain de ne jamais connaître le progrès, la guérison et la victoire. En acceptant vos responsabilités, vous préviendrez les mauvais coups et vous serez prêt à prendre le contrôle de votre vie. Si vous voulez véritablement changer et que vous acceptez de créer votre propre expérience, vous devez analyser les actions ou les inactions qui ont créé ces résultats indésirables. Véritablement accepter votre responsabilité veut dire que vous êtes prêt à vous poser les questions suivantes :

Quelles sont les circonstances que je n'aime pas dans la vie ?

Qu'ai-je fait pour améliorer la situation, pour aboutir à un résultat ?
Qu'ai-je fait pour rendre ces résultats possibles ? Je suis conscient d'avoir fait quelque chose, mais qu'ai-je fait au juste ?
Ai-je fait confiance aveuglément ?
Ai-je ignoré des signes de danger importants ?
Ai-je vraiment demandé clairement ce que je voulais ?
Me suis-je menti parce que je voulais que cela soit la vérité ?
Quels sont les choix que j'ai effectués et qui m'ont amené à ces résultats négatifs ?
Ai-je choisi les mauvaises personnes ou le mauvais endroit ?
Est-ce de mauvaises raisons qui m'ont poussé à faire ce choix ?
Ai-je mal choisi le moment ?
Que n'ai-je pas fait qui m'a amené à des résultats non voulus ?
Ai-je posé les actions nécessaires ? Et si oui, quelles actions ?
Ai-je omis de faire valoir mes droits ?
Ai-je vraiment demandé ce que je voulais ?
Me suis-je vraiment donné à fond ?
Ai-je omis de dire à quelqu'un « d'aller se faire voir ailleurs » ?
Me suis-je traité avec dignité et respect ?
Quelles actions devrai-je poser pour changer cette situation ?
Dois-je adopter certains nouveaux comportements ?
Dois-je éliminer certains comportements ?

Nous devons faire une pause à ce moment-ci, parce que je veux que vous saisissiez les enjeux. Si vous reniez cette Loi et continuez de vous percevoir comme une victime, croyant que vous êtes « correct » et que vous n'êtes certainement pas la source du problème, vous ne pourrez créer avec succès des changements significatifs dans votre vie.

Ne voyez pas ceci comme de la rhétorique banale qu'on retrouve souvent dans les livres. Lisez ceci comme si je m'adressais à vous en personne : si pour quelque raison que ce soit dans votre vie, vous vous sentez en colère, blessé ou frustré, vous êtes le détenteur de ces sentiments et vous en êtes responsable.

Il y a plus d'une façon de jouer la victime. Vous pouvez insister sur le fait que quelqu'un est méchant ou injuste envers vous. Une autre façon, qui est la plus commune, est de croire que votre position est juste et que celle des autres est erronée, niant toute responsabilité pour l'impasse où la situation est rendue. Même si vous avez raison et qu'ils ont tort, vous avez tout de même un problème sur les bras. J'aurais une question pour vous : « Si vous avez raison et si vous êtes brillant, pourquoi n'êtes-vous pas capable d'atteindre les résultats voulus ? »

Vous pouvez toujours répondre : « Ils ne veulent rien entendre. » Je vous rétorquerais alors que vous êtes responsable du fait qu'ils ne veulent rien entendre. Qu'ils ne vous écoutent pas est le résultat direct de votre incapacité à vous faire écouter.

Conclusion : vous n'êtes pas une victime. Vous ne faites que créer les situations dans lesquelles vous vous retrouvez ; vous créez également les émotions qui découlent de ces situations. Ceci n'est pas une théorie, c'est la vie. Vous devez vouloir changer de position et, aussi difficile ou bizarre que cela puisse être, accepter que vous êtes la source du problème. Il n'y a pas que des mauvaises nouvelles. Avouer votre rôle dans vos problèmes et accepter que vous soyez responsable de ceux-ci prouve que vous avez ce qu'il faut pour réussir. Cela prouve que vous comprenez que vous possédez les solutions. Pendant que tous les autres blâment les gens qui ne sont pas responsables des résultats qu'eux-mêmes ont obtenus, vous atteignez la cible, comme un missile à tête chercheuse, en travaillant sur les choses qui vont véritablement changer votre vie. Cette attitude vous donne une incroyable longueur d'avance pour découvrir des solutions. Qu'aujourd'hui soit un jour d'éveil pour vous. Arrêtez de chercher les réponses aux mauvais endroits.

Renier cette Loi serait comme de briser un engagement. De grâce, ne dites pas : « O.K., Phil, j'accepte cette Loi et je vais créer ma propre expérience. » Vous êtes dans la bonne direction, mais il y a certaines choses à améliorer. Vous devez réaliser que depuis toujours, *vous avez* créé votre propre expérience. Pour vraiment réaliser la signification de mes propos, vous devez sonder votre passé, réévaluer la réalité en tenant compte de votre responsabilité dans les résultats que vous avez obtenus. Vous devez comprendre quels choix vous ont amené vers quels résultats. Quels comportements avez-vous adoptés et quelles décisions avez-vous prises qui vous ont mené où vous êtes ?

Exercice nº 4 : *Si vous voulez examiner votre vie en tenant compte de votre responsabilité, exercez-vous en réévaluant les situations où vous étiez, selon vous, une victime. À l'aide de votre journal personnel, faites une liste des cinq situations les plus significatives où vous vous êtes senti victime, mal ou injustement traité au cours de votre vie. Décrivez ces situations avec beaucoup de détails afin que l'émotion du moment se sente. Laissez assez d'espace entre chaque situation pour écrire d'autres choses plus tard.*

Dans les espaces que vous avez laissés, je veux que vous inscriviez comment, dans chacune de ces situations, vous étiez en réalité responsable des mauvais résultats. C'est peut-être ce que vous avez fait, c'est peut-être ce que vous avez omis de faire ou la façon dont vous vous y êtes pris pour le faire ou c'est tout simplement ne pas avoir été attentif aux signes de danger. Peu importe ce que c'est, entraînez-vous à réévaluer ces cinq situations de votre vie où vous étiez certain d'être la victime d'un monde injuste. Il ne faut pas que vous considériez cet exercice ni comme un devoir superficiel, ni comme un travail ardu. Commencer à vivre comme une personne responsable signifie que vous commencez à penser comme une personne responsable. Cet exercice s'avèrera important afin de créer des stratégies pour votre vie future qui vous placeront sur le siège du conducteur plutôt que sur celui des passagers.

Je veux que cette Loi ait un impact immédiat sur vous : je veux qu'elle vous porte à chercher à la bonne place, et non à des millions de mauvais endroits, les solutions à vos problèmes. Vous devez arrêter de dire : « Pourquoi me font-ils ça ? » Vous devez maintenant dire : « Pourquoi me fais-je cela ? » Quelles pensées, quels comportements et quels choix puis-je modifier afin d'obtenir des résultats différents ? Comme la série de questions précédentes le suggère, vous ne commencez pas maintenant à créer votre expérience ; vous étiez déjà en train de la créer : vous étiez déjà responsable de vos résultats, bons ou mauvais. Maintenant, vous le savez, vous avez volontairement pris conscience de cet état de choses, vous pouvez désormais choisir activement et adéquatement de changer les résultats et les expériences que vous créez.

Au fil de votre lecture, nous allons créer et préparer votre vie de façon délibérée ; nous créerons une approche stratégique pour vivre la vie que vous voulez et pour obtenir les résultats désirés. Reconnaître votre responsabilité est la pierre angulaire dans la construction de votre stratégie. Laissez pénétrer cette pensée jusqu'au plus profond de votre âme. Mettez en pratique cette résolution dans les événements de votre vie et ensuite dans les choix que vous ferez.

Concentrez-vous sur ce qui importe : sur vos choix présents et vos comportements actuels. En agissant ainsi, vous ne vous demanderez plus pourquoi votre vie est telle qu'elle est ; vous vous demanderez plutôt : « Pourquoi pas ? Comment pourrait-elle être autrement ? » Une fois que vous comprendrez les Lois qui régissent votre vie et que vous les utiliserez, vous vous direz : « Je n'ai aucune raison de penser que ma vie devrait être autrement que ce qu'elle est présentement. Grâce à ma compréhension actuelle, je sais pourquoi je suis déprimé, je comprends pourquoi je suis un alcoolique, je peux voir pourquoi j'ai été marié trois fois, je peux comprendre pourquoi je suis coincé dans un emploi minable. Je me suis programmé pour l'échec et non pour la réussite. Un point c'est tout »

Je sais que cette ligne de pensée est contraire à la pensée conventionnelle. Elle contredit certainement toutes les explications du comportement que la société actuelle propose. Après tout, il est plus simple de mettre la faute sur nos parents, sur nos professeurs ou de prétendre que c'est le résultat de la mauvaise chance ou d'une quelconque force cosmique. Quand j'affirme qu'il est plus simple de rejeter la faute sur les autres, je dis seulement qu'il est beaucoup plus simple de n'être pas responsable. C'est plus simple si la responsabilité incombe à quelqu'un d'autre. De cette manière, vous n'avez aucun effort à faire parce que vous êtes une victime.

Il existe une abondance de livres qui traitent des familles intoxiquées et en dysfonction, de la vie tragique des enfants abusés, que ces abus soient sexuels, verbaux ou physiques. Ces livres prétendent que l'enfance a été volée, que l'enfant est enfermé et qu'il faut le libérer. Même si les auteurs le cachent, le message qu'ils véhiculent dans ces livres prône la non-responsabilité de l'individu. La personne est donc, pour un moment, soulagée. Nous voulons désespérément croire ces livres parce qu'ils allègent nos souffrances. Ils semblent avoir du sens, du moins superficiellement, parce que dire que nous sommes responsables porte à confusion. Vous êtes incapable de vous blesser volontairement, il est donc évident que quelqu'un d'autre est en tort. Lorsque vous clamez que quelqu'un d'autre a tort, aucune argumentation n'est possible. Vous avez mal ; quelqu'un a causé ce mal ; ce ne peut pas être vous, donc ce sont nécessairement les autres qui vous ont fait du mal. Après tout, vous ne vous feriez jamais mal. Cela peut sembler extrêmement sensé, mais ce n'est pas du tout le cas. Si vous êtes un adulte, que vous êtes indépendant, affranchi de toute démence, sans tumeur au cerveau ou tout autre trouble mental, *vous* êtes responsable.

Vous avez de la difficulté à accepter ce fait ? Vous n'êtes pas le seul. La grande majorité des patients que j'ai traités, des participants au séminaire que j'ai entraînés, de mes amis qui sont venus pleurer sur mon épaule ou me demander conseil, ont tous blâmé quelque chose ou quelqu'un pour leur malheur. Ne perdez pas de vue votre but. Aussi effrayant et désagréable que cela puisse être, si vous voulez véritablement avoir un longueur d'avance, si vous voulez véritablement vous plier à la réalité de cette Loi, vous devez être un réaliste pur et dur qui prend les choses comme elles sont et non pas telles que vous voulez qu'elles soient. Agir autrement rend votre efficacité boiteuse ; vous ferez fausse route et vous vous éloignerez dans votre quête de réponses et de solutions.

Le problème naît parce que blâmer les autres est une réaction ancrée au cœur de la nature humaine ; tenter de se soustraire à notre responsabilité est une réaction fondamentale d'auto-protection. On ne veut pas être responsable, donc on rationalise les événements et on se justifie à l'extrême afin de prouver son innocence. Cette dynamique s'applique particulièrement aux moments de votre vie où vos émotions sont à fleur de peau. Pensez-y. Combien de fois avez-vous entendu quelqu'un en instance de divorce décrire son époux ou son épouse comme une personne vile, injuste, vicieuse, responsable de tous ses maux ? Lorsque la colère ou les blessures psychologiques sont présentes, votre objectivité cède la place à l'auto-protection. Pendant que vous blâmez passionnément quelqu'un, votre habileté à vous diagnostiquer s'effrite. Donnez-vous toutes les chances d'avoir un véritable contrôle sur votre vie : arrêtez immédiatement ce genre de réflexions. Ne tentez pas de mettre la responsabilité sur quelqu'un d'autre car vous continuerez de contrecarrer tous les efforts que vous faites pour réussir.

Imaginez que vous perdez vos clés et que vous les cherchez partout dans la maison. Vous regardez dans chaque tiroir, poche, coin et recoin, partout. Vous déployez des efforts phénoménaux afin de trouver ces clés, vous vous transformez en un chasseur expert de clés. Supposez maintenant que ces clés soient, en fait, sur le contact de votre véhicule. Aussi méticuleusement que vous vous appliquiez et peu importe la durée ou l'acharnement avec lesquels vous les cherchez, vous ne les trouverez jamais dans la maison, parce qu'elles n'y sont pas. De même, si vous tentez de trouver les causes de vos problèmes chez les autres, vous ne les trouverez jamais parce qu'*elles ne sont pas là*. Elles sont en vous.

Dans un monde compétitif, avouer sa propre responsabilité peut vous donner une longueur d'avance. En acceptant que vous soyez le seul à pouvoir vous sortir du pétrin, vous arrêterez d'embrasser tous les crapauds à la recherche du crapaud magique et vous commencerez à régler les vrais problèmes.

Vous ne règlerez jamais, au grand jamais, vos problèmes en blâmant les autres. C'est une attitude de perdant. Ne jouez pas à l'imbécile seulement parce que cela est pénible d'admettre la vérité. Vous êtes l'instrument de votre propre malheur. Le plus tôt vous l'admettrez, le plus tôt vous améliorerez votre vie. Soyons sincères. Peu importe qui vous voulez blâmer :*

Je ne suis pas dogmatique ou répétitif, mais je connais l'efficacité qu'a cette technique sur vous. Reconnaître et accepter cette Loi a pour effet de vous dépouiller de votre plus importante stratégie de défense. Si cela vous semble rude et injuste de vous débarrasser de ces comportements, vous devez comprendre un point important de cette Loi : je n'ai jamais dit que vous étiez à blâmer. J'ai seulement dit que vous étiez responsable. Il y a une immense différence entre blâme et responsabilité. Pour mériter un blâme, vous devez intentionnellement commettre des actes ou agir sans vous soucier des conséquences. Au contraire, être responsable veut

* Voir le tableau à la p. 86.

Vous avez fait le choix.
Vous avez prononcé les paroles.
Vous vous êtes fâché.
Vous vous êtes contenté de peu.
Vous vouliez des enfants.
Vous vous êtes traité comme un moins que rien.
Vous vous êtes laissé séduire par cette petite garce.
Vous vouliez ce maudit chien.
Vous avez fait confiance à cet idiot.
Vous avez choisi le siège arrière ce soir-là.
Vous l'avez laissé entrer.
Vous l'avez marié.
Vous l'avez dorloté.
Vous l'avez invité.
Vous avez choisi vos sentiments.
Vous avez décidé que vous ne valiez pas la peine.
Vous avez abandonné.
Vous les avez laissés revenir.
Vous avez abandonné vos rêves.
Vous avez choisi cet emploi.
Vous les avez laissés vous traiter comme un moins que rien.
Vous vouliez déménager.
Vous l'avez laissé au réfrigérateur.
Vous avez acheté cette maudite chose.
Vous le haïssez.
Vous vous êtes laissé embarquer dans cette aventure.
Vous lui avez demandé.
Vous l'avez cru.

simplement dire que vous êtes en contrôle. La responsabilité n'implique pas les intentions ni l'insouciance ; cela veut simplement dire que vous l'avez fait ou vous l'avez laissé faire, peu importent les résultats obtenus.

Si je fais du tapage avec des amis, que je saute sur une chaise à pieds joints et que je la brise, j'ai agi sans me soucier de la propriété d'autrui. Je suis donc responsable et je peux, à juste titre, être blâmé pour cet acte. Maintenant, supposez que je me sois simplement assis sur cette chaise et qu'elle se soit brisée. Je suis responsable des dommages. J'ai utilisé cette chaise correctement et je n'avais aucune intention de la détruire. Je ne suis donc pas à blâmer comme si j'avais malicieusement voulu la détruire. Mais je suis tout de même responsable.

Alors je ne dis pas que vous devriez être blâmé pour les mauvais comportements que vous avez eus ou les mauvais choix que vous avez faits. Je vous mets seulement au défi de reconnaître que vous avez fait ces choix et que vous avez eu ces comportements et que, par conséquent, vous, et vous seulement, êtes responsable des résultats.

Rappelez-vous les commentaires de Maya Angelou sur les actions passées : « Vous avez fait de votre mieux, mais lorsque vous en saviez plus, vous avez fait mieux. » Je veux que vous soyez rendu à cette étape dans votre évaluation personnelle. Quoi que vous ayez fait par le passé, vous avez fait de votre mieux avec les connaissances que vous aviez à ce moment-là : vous l'avez fait, vous êtes responsable de ces actes. J'espère qu'au fil de cet ouvrage, en travaillant ensemble, vous allez acquérir de meilleures connaissances afin d'accomplir de meilleures actions. De toute manière, vous êtes et vous serez toujours responsable.

Qu'en est-il des expériences que j'ai vécues dans mon enfance ? Je réalise qu'au cours de l'enfance, nous pouvons être en contact avec des réalités particulièrement horribles et dégoûtantes. Je ne suggère pas que, en tant qu'enfant, nous choisissons de vivre tous ces événements de notre vie. Nous ne sommes pas responsable d'être violé, abusé ou molesté. Je ne dis pas cela. Ce que je vous dis, c'est que vous n'aviez probablement pas, étant enfant, les connaissances requises ni le pouvoir de faire certains choix et par conséquent, vous n'êtes pas responsable de ces événements. En tant qu'adulte, néanmoins, vous avez la capacité de choisir vos réactions face à ces événements de votre enfance. Vous devez accepter la prémisse selon laquelle ce qui importe vraiment, c'est maintenant. Le passé est révolu et le futur n'est pas encore arrivé. En ce moment même, en tant qu'adulte, vous, et seulement vous, pouvez choisir vos réactions en ce qui a trait à votre vie passée.

Si, malheureusement, on vous a violé ou maltraité étant enfant, les statistiques révèlent que c'est probablement par un membre de votre famille ou un ami de confiance. Cela signifie que plusieurs agressions, qu'elles soient physiques, psychologiques ou émotives, ont été commises simultanément. Si aujourd'hui vous décidez de vous sentir sale, de ne plus faire confiance à personne, de vous soustraire à toute forme d'intimité et à une saine sexualité à cause de ces événements, c'est votre choix et vous êtes responsable des résultats de votre vie d'adulte. Est-ce juste que cela vous soit arrivé ? Non. Est-ce juste que vous ayez à fonctionner avec un tel passé ? Non. Est-ce juste que vous ayez à gérer ce problème et à vivre avec lui ? Non. *Êtes-vous tout de même responsable de la gestion de ce problème et êtes-vous responsable de votre façon de vivre ce problème ?* Absolument.

Je suppose que votre responsabilité est à la fois une bonne et une mauvaise nouvelle. La mauvaise nouvelle, c'est que le fardeau est sur vos épaules. La bonne nouvelle, c'est que vous avez le choix.

Nous avons parlé, à un certain moment, de comportements endémiques. L'obligation d'être responsable de nos actes, et en particulier, d'être responsable de ces comportements, peut se faire sentir de deux façons. Les rêves, les plans, les occasions et la dignité personnelle peuvent s'évanouir en un éclair ou s'effriter lentement, morceau par morceau. J'ai été témoin de la rapidité de la première réaction autant en cour que dans la vie.

Dans la salle d'audience, dans le laps de temps requis pour dévoiler le verdict, les résultats de tous vos mauvais choix vous apparaissent d'un coup. Vous êtes écrasé par le poids de votre responsabilité et, en un seul coup de marteau irrécusable, des libertés sont perdues, des fortunes changent de mains. C'est souvent dramatique, voire même spectaculaire. On se retrouve en manchette des quotidiens ; le journal télévisé en parle et on croirait que tout le monde est au courant.

Après avoir dévoré les gros titres, nous hochons la tête puis nous reprenons le cours de notre vie normale. Mais pour ceux qui sont responsables de leurs mauvais choix, pour ceux qui ne possèdent pas de stratégies adéquates, la vie ne sera plus jamais la même. Je l'ai aussi observé dans la vie en général. Lorsque des destinées sont transformées, apparemment en un éclair : un amoureux en colère appuyant sur la gâchette, une mauvaise décision prise par un pilote d'avion, un jeune homme complètement ivre faisant monter à bord de sa voiture sa fiancée pour la dernière balade de leur vie. La prise de conscience alors de sa propre responsabilité s'avère rapide, rude et sans porte de sortie.

Mais il existe une deuxième façon de percevoir sa responsabilité. Vous allez probablement la reconnaître. Elle est beaucoup plus lente et silencieuse que la première, insidieuse par sa subtilité, mais tout aussi catastrophique. C'est un effacement à long terme, jour après jour, d'une vie. Aucune caméra de télévision n'est présente pour immortaliser les détails ; aucun journaliste de tabloïd ne relate les faits saillants de l'histoire. Il n'y a pas vraiment, dans ce processus, d'événements assez tragiques pour sonner l'alarme. Vous êtes le seul témoin d'une existence perdue ; vous accumulez les mauvais choix, reconnaissant que vous vous êtes compromis et que vous stagnez, regardant vos rêves s'effriter et vous voyant devenir vieux. Pendant des semaines, des mois, des années, ces questions vous rongent : « Comment ai-je pu me faire cela ? Comment ai-je pu en arriver là ? Qu'est-il arrivé à ma vie et à mes projets ? Pourquoi suis-je dans ce cul-de-sac ? » Rampant lentement et silencieusement vers vous, tel un fauve affamé, cette deuxième sorte de prise de conscience de votre responsabilité est dévastatrice.

À cause de la nature fondamentale de cette Loi de responsabilité et de sa grande importance dans la détermination des résultats, nous devons examiner la méthode adéquate pour créer notre propre expérience. Vous créez votre propre expérience par et au moyen des choix que vous faites chaque jour. Ces prises de décision créent votre propre expérience, parce que de toutes ces décisions découlent certaines conséquences. Et plus spécifiquement :

—lorsque vous adoptez un comportement, vous en acceptez les conséquences ;

—lorsque vous adoptez une ligne de pensée, vous en acceptez les conséquences ;

—lorsque vous adoptez une ligne de pensée, vous en acceptez les modalités ;

Simplement dit : « Si vous jouez, vous devez payer. » Peu importent les choix que vous faites en ce monde, ils vous apporteront nécessairement des résultats. Ces résultats s'accumulent et forment l'expérience que vous avez de ce monde. Ces résultats *sont* votre expérience. Si vous adoptez un comportement vraiment stupide, vous devrez sûrement faire face à des conséquences sévères et négatives. Si vous choisissez de vivre de manière insouciante, sans tenir compte de votre propre sécurité, vous courrez la chance de vous heurter à des conséquences telles que vous blesser et de souffrir. Si vous décidez de rester avec une personne violente et malsaine, vous choisissez des conséquences telles que souffrir dans votre vie émotive. Si vous choisissez d'abuser des drogues et de l'alcool, vous allez créer une expérience noire et malade.

Vos *pensées* sont également des actes. Choisir des lignes de pensée contribue à vos expériences parce que, en choisissant ces pensées, vous choisissez également de faire face aux conséquences créées par ce choix. Si vous choisissez des pensées qui vous minent ou vous déprécient, vous choisissez des conséquences telles une perte de confiance en vous-même et la perte de votre estime personnelle. Si vous choisissez des pensées contaminées par la colère et l'amertume, vous allez créer une expérience aliénante, isolée et hostile.

Nous ne pouvons pas non plus parler des conséquences sans mentionner le rapport entre le corps et l'esprit. Lorsque vous choisissez vos pensées, vous choisissez par le fait même les événements physiologiques qui sont associés à ces pensées. Pour chaque pensée que vous formulez, un événement physiologique survient simultanément. Imaginez-vous en train de mordre dans un cornichon à l'aneth croustillant et vinaigré. Imaginez le bruit de votre première bouchée. Imaginez l'explosion de saveur d'aneth et de vinaigre dans votre bouche. Que se passe t-il en vous ? Je crois que vous commencez à saliver, n'est-ce pas ? Vous ressentez en ce moment un *changement physiologique* dans votre bouche.

Prenons un autre exemple : vous est-il déjà arrivé de marcher seul la nuit dans une ruelle complètement obscure ou d'avoir à parcourir un stationnement complètement désert et noir pour vous rendre à votre voiture ? Si oui, essayez de vous rappeler si vous n'auriez pas, dans ce genre de circonstances, entendu un bruit soudain derrière vous. Si oui, vous avez sûrement remarqué que votre corps a réagi immédiatement. Vos cheveux se sont dressés sur votre tête, les poils sur vos bras se sont érigés, votre rythme cardiaque a accéléré radicalement et vous vous êtes retrouvé dans un état de vigilance intense, comme si votre corps était un nerf à vif. Personne ne vous a touché, rien ne vous a été fait ; vous avez tout simplement pensé : « Je suis en danger. » Les pensées abstraites ont le pouvoir de produire des réactions physiologiques tangibles et dramatiques. Il serait ridicule de nier qu'il y a une réaction physiologique pour chaque pensée.

Une puissante connexion relie l'esprit au corps. Votre physiologie détermine votre niveau d'énergie et vos possibilités d'action. Si vous avez un dialogue interne négatif, une réaction physiologique négative se produira simultanément. Vos pensées déprimantes anéantissent votre énergie et contraignent l'action. Votre corps se conformera à ce message de l'ordinateur central. Vous vous programmez mentalement et physiologiquement pour vivre d'une façon particulière. Pensez à la puissance avec laquelle vos pensées vous programment. Nous nous engageons tous dans des dialogues avec des gens dans une journée, mais le plus constant dialogue, nous l'entretenons avec nous-même. Nous pouvons passer une journée avec dix personnes différentes mais nous sommes avant tout avec nous-même, et ce, tous les jours. Nous nous parlons et nous nous programmons tout au long de notre vie. Certaines personnes ont dans leur tête un magnétophone qui rejoue sans arrêt la même cassette. Il joue la cassette du début à la fin, puis recommence invariablement. Ce monologue interne programme négativement ; est-ce étonnant que nos performances soient si faibles ? Si votre dialogue interne contient des pensées négatives, vous vous créez des obstacles dont vous n'avez pas besoin. Voici quelques énoncés négatifs courants :

Je ne suis pas assez intelligent.
Ces personnes sont bien plus intéressantes et informées que moi.
Je ne suis pas aussi bon qu'eux.
Je ne peux pas et je ne vais pas réussir.
J'abandonne toujours.
Peu importe ce que je fais, cela ne change jamais rien.
Ils se sont déjà fait une idée, je ne peux rien y changer.
Je me laisse porter par la vague ; rien ne change jamais.
Ils se rendront compte à quel point je suis stupide.
Je suis une femme et ils n'écoutent jamais les femmes.
Je suis trop jeune pour faire cela.
Je suis trop vieux pour faire cela.

Exercice nº 5 : *Écrivez sur une carte et dans votre journal personnel la liste de vos dix pensées négatives les plus fréquentes. Conservez la carte sur vous. À chaque fois que vous avez une pensée négative, inscrivez-la sur votre carte. Il peut devenir utile de rafraîchir votre carte après quelques jours. Observez à quelle fréquence vous avez ce genre de pensée dans une journée. Je vous répète qu'il ne suffit pas de lire ceci, vous devez le faire. Écrire cette liste est un élément clé de votre expérience d'apprentissage.*

Nous avons posé comme principe général que choisir un comportement implique nécessairement de choisir les conséquences qui en découlent. Examinons maintenant quelques mécanismes spécifiques des interactions qui créent des résultats dans votre vie. Je me concentrerai sur les choix les plus communs que vous pourriez faire et sur la manière dont ces choix créent des résultats dans votre vie. En d'autres mots, je ne veux pas seulement dire que lorsque vous adoptez un comportement, vous en acceptez les conséquences sur un plan purement théorique. Je veux parler des vrais choix du vrai monde.

Vous choisissez où vous êtes.
Vous choisissez votre façon d'agir.
Vous choisissez vos paroles.
Vous choisissez vos actions.
Vous choisissez avec qui vous êtes.
Vous choisissez ce sur quoi vous vous concentrez.
Vous choisissez vos croyances.
Vous choisissez quand vous vous inclinez.
Vous choisissez quand résister.
Vous choisissez à qui vous faites confiance.
Vous choisissez qui vous évitez.
Vous choisissez vos réactions par rapport à tel ou tel stimulus.
Vous choisissez ce que vous pensez à propos de :
vous-même,
des autres,
des risques,
de vos besoins,
de vos droits.

Un des plus importants choix que vous avez à faire, et vous le faites tous les jours, est celui qui consiste à savoir comment vous vous présentez aux autres, comment vous vous définissez par rapport à eux. Chacun de nous a une « façon d'être dans le monde ». Nous avons tous une allure, une attitude ; nous jouons tous un rôle, nous suivons tous une certaine ligne de conduite dans nos relations avec les autres. Certains disent que c'est la personnalité tandis que d'autres vont parler de style. Ceci est particulièrement important car nous savons qu'en approchant les gens d'une certaine façon, ils réagiront souvent d'une façon qui est reliée à la nôtre. Ainsi, chaque jour, en faisant ces choix, et des centaines d'autres d'ailleurs, vous contribuez à augmenter votre expérience du monde. Ces choix déterminent à leur tour comment le monde réagira envers vous. Examinons attentivement le fonctionnement de ce processus.

La réciprocité

Le principe de la réciprocité est simple : « vous recevez ce que vous donnez ». L'attitude, le style et le niveau avec lesquels vous approchez les gens détermineront leur façon de vous répondre.

Vous expérimentez quotidiennement la réciprocité à différents niveaux. Vous rencontrez par hasard quelqu'un que vous connaissez et cette personne vous dit : « Bonjour, comment ça va ? » Vous lui répondez : « Très bien et toi ? » Elle vous répondra probablement : « Bien, très bien, merci. » Il n'y a rien d'étonnant à cela. Rien que des échanges polis, de convenance, superficiels. Il est peu probable dans une interaction de la sorte que l'un de ces deux interlocuteurs fonde en larmes en expliquant qu'il a trouvé sa femme la nuit dernière au lit avec un briseur de couple. Ce type d'échange serait tout à fait déplacé. On ne raconte pas ce genre de chose à quelqu'un qui vous a simplement fait des politesses superficielles. Prévisible et typique, vous recevez ce que vous donnez.

La même interaction pourrait se produire à un tout autre niveau. Vous pourriez commencer la conversation en disant : « Seigneur, tu sembles fâché. Quelque chose ne va pas ? » Vous avez placé l'interaction à un niveau plus profond et vous allez sûrement avoir une réponse plus authentique. Parce que vous avez approché cette personne à un niveau plus intime, vous pouvez vous attendre à participer à un échange plus intime.

Il existe un nombre infini de styles, de façons et de niveaux avec lesquels nous pouvons interagir avec les autres et nous pouvons en choisir des différents selon les situations. Mais il y a invariablement un modèle qui vous définit aux yeux du monde. La somme totale de ces interactions définit les réactions des autres envers vous et, par conséquent, votre expérience du monde.

Les gens ont un style. Vous avez un style également, une façon d'être. Les gens décrivent souvent d'autres personnes en soulignant leur façon d'être : c'est un grand fonceur, ou encore, ce client est vraiment « cool ». Certaines personnes ont une approche combative de la vie : elles sont hostiles, voire même explosives. D'autres sont des mauviettes qui attendent de se faire, et se font généralement, piétiner. L'attitude que vous adoptez dans votre approche dicte ce que vous recevrez en retour. Vous pouvez vous plaindre de la réaction des gens à votre égard mais, croyez-moi, vous l'avez créée tout comme chacun crée les réactions qu'il suscite chez les autres.

En évaluant sincèrement votre style d'approche, vous commencerez à comprendre pour quelles raisons vous récoltez tel ou tel genre de réactions. Afin de vous aider, voici quelques exemples de styles d'approche qui amènent des réactions prévisibles. Peut-être vous reconnaîtrez-vous dans une de ces catégories, ou vous devrez créer la vôtre.

Le Porc-Épic

Ces personnes semblent avoir des pics sur les épaules. Elles abordent chaque situation en craignant d'être agressées. Elles sont déterminées à trouver des torts à qui que ce soit ou à quoi que ce soit qui les entoure. Elles vont vite percevoir n'importe quel acte ou énoncé comme une offense à leur sensibilité . Elles sont armées d'épines. Tenter de se rapprocher de ces personnes équivaut à étreindre un porc-épic. Les gens qui fréquentent ces personnes doivent les prendre avec des pincettes et se tenir à une longueur de bras. Le gens perçoivent les interactions avec les Porcs-Épics comme perdues d'avance. Les Porcs-Épics se plaignent régulièrement de la froideur des gens qui les entourent ; ils sont déconcertés par la réserve de leur entourage. Les Porcs-Épics ne semblent pas réaliser qu'ils agissent ainsi et que les gens ne font que répondre à leur comportement.

Les Soumis

Nous avons tous déjà vu de ces chiens maltraités qui, lorsque nous les approchons, s'effondrent sur le sol, roulent sur le dos et se retrouvent les quatre pattes en l'air en signe de soumission. Certaines personnes se comportent de la même façon : « C'est de ma faute. J'ai tout gâché. Je mérite d'être fouetté. » Elles font comprendre que, dans toutes les situations, elles sont condamnables, condamnées et elles attendent le châtiment. Ces personnes suggèrent au monde de les passer à tabac. Les Soumis sont convaincus qu'ils sont à la base d'une hiérarchie, destinés à toujours subir des réprimandes et des punitions pour leur éternelle faute. Les gens sont contents de les conforter dans cette opinion.

Le Roi ou la Reine du bal

Ces personnes sont celles qui font clairement comprendre aux autres qu'ils ne sont que de vulgaires paysans malpropres qui devraient être reconnaissants d'être en leur exquise présence. Elles se considèrent comme des légendes. Ces individus parlent de ce qu'ils font comme si c'était de la plus haute importance pour tous. Dire de ces personnes qu'elles sont arrogantes et égoïstes ne serait pas assez fort ; les Rois et les Reines du bal sont vraiment convaincus que le monde tourne autour d'eux. En réaction, le monde les traite amèrement. Les membres de la famille et les collègues de travail de ces rois et de ces reines vont souvent se débarrasser d'eux par un comportement agressif mais passif. Par exemple, lorsqu'il se met à pleuvoir, personne ne fait remarquer à sa majesté que les vitres de sa voiture sont restées ouvertes. Les Rois et les Reines du bal n'ont pas la moindre idée que leurs départs sont une joie, une célébration.

Les Poseurs

Les Poseurs pourraient aussi bien être des mannequins dans une vitrine de magasin à rayons. Ils agissent de la façon la plus superficielle qui soit. Ils se comportent comme si la stupidité était une vertu et la superficialité, divine. Leur but étant de mieux paraître que vous et de vous le faire savoir, ils passent la plus grande partie de leur temps à prendre des poses avantageuses et se critiquent faussement afin que fusent les compliments à leur égard. Tenter de sécuriser un Poseur équivaut à tenter de remplir un puits sans fond. Parce qu'ils persistent dans une approche superficielle du monde, les Poseurs créent une expérience démunie d'authenticité et d'intimité.

Les Mangeurs d'homme

Les Mangeurs d'homme n'ont qu'un seul but assez simple : contrôler tout le monde et toute chose. Ils ont l'intention de gérer votre vie, la leur, et tout ce que vous avez malheureusement mis à leur portée. Ils dominent toutes leurs interactions avec autrui. Les Mangeurs d'homme vont vous dicter ce que vous devez penser et ce que vous devez ressentir. Ils se serviront de vous et de tous ceux qui les entourent afin d'avoir ce qu'ils veulent. Si vous, ou toute autre personne devenez inutile, ce n'est qu'un inconvénient mineur pour eux : les Mangeurs d'homme vont simplement trouver quelqu'un d'autre. À cet égard, les Mangeurs d'homme ont un appétit insatiable. Parce qu'ils ont une telle approche du monde, les Mangeurs d'homme n'ont que des relations unilatérales, sans tenir compte du mal qu'ils font à autrui. La réaction des gens envers ces individus est caractérisée par la rébellion, le rejet ou une résignation passive. Finalement, l'expérience de la vie des Mangeurs d'homme en sera une d'isolement et de solitude.

La Reine du dramatique

Pour ces hystériques, aucun événement de la vie n'est ordinaire, même les plus banals. Tous les « bobos » de Mademoiselle ou de Monsieur sont les pires que le docteur n'ait jamais vus. Un simple accrochage en trottinette devient, dans leurs souvenirs, une tragédie aérienne. Tout commentaire qui leur est adressé est soit la plus chaleureuse, la plus douce chose qu'ils aient jamais entendue, soit la plus rude, la plus vicieuse attaque imaginable. Ces gens pourraient même trouver quelque chose de dramatique à regarder de la peinture sécher. Ils ont une telle approche du monde qu'ils en perdent toute crédibilité. Les gens qu'ils côtoient s'aperçoivent rapidement de leurs exagérations émotives et ne tiennent plus compte de ce qu'ils disent. Il ne reste plus rien pouvant être pris au sérieux chez ces Reines du dramatique. Leur expérience est marquée d'inefficacité et remplie de petits sourires en coin.

Les Victimes

Ces personnes ne sont aucunement responsables de ce qui leur arrive. Les choses leur arrivent. Ces personnes ne sont ni les agents, ni les complices, ni les bénéficiaires des actions. Les Victimes se considèrent captives dans le train d'enfer de la vie et tous les passagers ne veulent qu'avoir leur peau. Les Victimes sont des chialeurs, des pleurnichards et blâment autrui pour leurs malheurs. Les gens se lassent rapidement de leur attitude de chien battu et n'ont aucun respect pour ces êtres à la dignité humaine absente. L'expérience de ces derniers est marquée par la passivité, un manque de contrôle et une incapacité à franchir des obstacles.

Les Petits Einstein

Ces « Je sais tout » incarnent la maxime selon laquelle « l'analyse paralyse ». Disséquant chaque situation jusqu'à la monotonie complète, l'essence de ces situations leur échappe et, par conséquent, celle de la vie également. Leur approche du monde fait en sorte qu'ils sont considérés intelligents mais intraitables. Parce que leurs suranalyses ennuient les gens, on évite généralement ces petits Einstein. Ils se créent une expérience caractérisée par une vie fade et une absence de liens affectifs.

Les Conspirateurs potiniers

Les Conspirateurs potiniers surveillent toujours leurs arrières et vont vous chuchoter à l'oreille une quelconque « vérité prenante » qu'ils sont les seuls à connaître. Ils vont la partager avec vous, mais uniquement avec vous ! Ils ont une réputation de personne aux desseins louches à qui il ne faut pas faire confiance. Le monde se rend compte rapidement que « s'ils vous le disent, ils le diront à propos de vous ». Les gens agissent, en leur compagnie, avec une grande prudence ; personne ne veut leur procurer des informations qui pourraient devenir le sujet de leur prochaine rencontre « top secret ». Finalement, ces Conspirateurs potiniers sont couverts de honte. En essayant de bâtir des liens de confiance et d'intimité sur le dos des autres, ils causent leur propre perte.

Les « Oui, mais... »

De tous les animaux qui marchent verticalement et qui se servent de leurs pouces, ces gens sont sûrement les plus frustrants. Peu importe ce que vous direz, peu importe la solution que vous proposerez ou votre participation, leur réponse sera toujours : « Oui, mais... » S'ensuivra une myriade de raisons expliquant l'inutilité de vos contributions. Parce que leur présence peut être si frustrante, les gens les fuient comme la peste. Ils provoquent des frustrations et ils deviennent frustrés. Ils se créent une expérience qui les met en conflit avec le monde et, par le fait même, avec tous les gens qui y vivent.

Les Scarlett O'Hara

Lorsque des difficultés surviennent, ces personnes tentent par tous les moyens possibles de les éviter. Elles disent : « Je m'en occuperai demain » ou « Demain est un autre jour ». Le monde ignore ces Scarlett O'Hara, les gens les perçoivent comme étant irréalistes et des endormis au volant. Aussitôt qu'on s'aperçoit qu'il est futile de s'efforcer d'aider ces Scarlett O'Hara qui ne veulent pas régler leurs problèmes, on renonce à tout effort vain.

Le Masque

Ironiquement, c'est l'énergie que déploient ces personnes pour cacher « quelque chose » dans leur vie qui rend évident qu'elles ont quelque chose à cacher. Mais lorsque les gens déploient eux-mêmes des efforts pour voir derrière ce masque, ils se butent inévitablement à des replis et à encore plus d'artifices. Les gens arrivent donc vite à la conclusion que ce qu'ils voient n'est pas du tout ce qui est. Les gens ne font vraiment pas confiance à ces Masques, et c'est ce qui empêche ces derniers d'atteindre le succès. Pour le Masque, les relations significatives sont virtuellement impossibles.

Le Docteur Jekyll et Monsieur Hyde

Comme leur nom l'évoque, ces personnes sont totalement imprévisibles. La même personne à qui, la veille, vous avez dévoilé votre vulnérabilité peut fort bien, aujourd'hui, s'avérer indigne de votre confiance émotive. Les gens apprennent que la transformation de Monsieur Hyde en Docteur Jekyll peut se produire à tout instant, ce qui crée une barrière de peur et de non-confiance. Cette barrière apporte d'immenses problèmes pour tous les Jekyll et Hyde de ce monde.

Les Bonasses

En réalité, le monde ne comporte pas seulement des gens purs de cœur et d'intentions. Mais ces Bonasses ignorent complètement cette réalité. On croirait qu'ils sont déterminés à être innocents, et ne veulent assumer aucune des obligations qu'une élémentaire sagesse commanderait. Ils se tortillent d'embarras lorsqu'ils entendent des blasphèmes aussi horribles que « mon Dieu » ou « Seigneur Jésus ». Ils se comportent si prudemment qu'ils sont complètement exclus du courant principal de la vie. Je ne parle pas ici de gens véritablement moraux mais plutôt de ceux qui tentent de s'imposer ou d'imposer aux autres des objectifs irréalistes.

Les Perfectionnistes

Ces personnes, contrairement aux autres, ont décidé qu'elles seraient parfaites. Elles considèrent cet objectif comme une vertu. Elles doivent être parfaites. En réalité, l'énoncé de leur « mission » est caractérisé par l'arrogance et la condescendance. Elles n'attendent pas de vous que vous soyez parfait, elles l'attendent seulement d'elles-mêmes. Conséquemment, elles sont bien meilleures que vous : « Vous pouvez commettre des erreurs, mais, moi, je dois rester parfait. » Parce que la perfection en ce monde n'existe pas, ces personnes sont constamment frustrées. Elles n'atteignent jamais leurs objectifs. Bien que leurs journées soient caractérisées par une dégradation personnelle constante, irréelle et peu joyeuse, elles se vantent tout de même en disant : « Je suis un perfectionniste. » Le monde leur répond :« Faites quelque chose de votre vie ! »

Les Fatalistes

La fin du monde est proche et ces gens le savent. Que ce soit au travail, à la maison, dans leurs relations, dans l'économie ou le climat, un désastre est imminent et aussi vrai que Dieu est au paradis, ce sera terrible. Ces personnes sont anxieuses et pressées. Elles vivent d'une manière désabusée. Elles vont d'une catastrophe imaginaire à une autre. Les gens trouvent irritantes et fatigantes leurs exagérations émotionnelles destinées à la création d'effets dramatiques.

Les Pleurnicheurs

Pour ces gens, rien, mais vraiment rien, n'est à leur goût. Soit trop chaud, soit trop froid. C'est trop loin ; ils sont trop fatigués ; c'est trop dur. Ces gens réussiraient même à se plaindre de la corde utilisée pour se pendre. Personne n'est attentif à leurs besoins, personne ne s'occupe assez d'eux ; la vie est injuste. Ils n'ont pas eu le même traitement ou le même prix spécial que tous les autres. Ils chialent, ils chialent, ils chialent. Ces gens ont une expérience du monde agonisante et voient ce qu'ils vivent comme une dure épreuve personnelle.

En réponse à ces comportements, les personnes qui les côtoient voudraient les gifler et leur dire : « Taisez-vous et faites avec ! Mais principalement, taisez-vous ! »

Les Marchands de culpabilité
Ces gens ont compris que la culpabilité est une arme qui peut servir à manipuler et à contrôler les autres. Ils utilisent la culpabilité pour que les autres s'inclinent. Ils peuvent se plaindre, jouer les martyrs, mais quoi que vous fassiez, vous les avez blessés tragiquement. Pour avoir commis une chose aussi terrible, vous êtes condamné à vous sentir coupable pour ce que vous pensez ou ressentez et à avoir honte de ce que vous êtes.

En parcourant cette liste, vous vous êtes peut-être reconnu ou du moins vous y avez sûrement trouvé certaines images qui décrivent votre type d'interaction avec autrui. Ce que je veux que vous compreniez, c'est que votre style d'interaction façonne votre expérience du monde. Vous avez certainement reconnu plusieurs personnes de votre entourage dans cette liste. J'espère que cela vous a donné un bon aperçu des raisons qui amènent les gens à avoir différentes expériences du monde.

En comprenant et en acceptant cette deuxième Loi, vous n'êtes plus une victime. C'est comme si vous étiez seul dans un véhicule en mouvement ; vous ne pouvez pas vous attendre à autre chose qu'un accident si vous ne prenez pas les commandes du véhicule. Prenez les commandes. Créez consciemment et activement les expériences que vous voulez et ne souffrez plus des expériences indésirables.

Je voudrais revenir sur un sujet que nous avons déjà abordé dans le premier chapitre de ce livre, qui pose comme principe que vous ne pouvez pas *ne pas* choisir. Ne pas choisir demeure un choix. Par conséquent, vous ne pouvez pas dire : « Phil, je ne veux pas de cette responsabilité de choisir les conséquences. Je souhaiterais que tu ne me dises pas ce genre de chose. » Je vous le dis de toute façon. De plus, cette Loi s'appliquait bien avant que je vous en fasse part. Je veux seulement que vous en soyez conscient pour créer des expériences différentes dans votre vie. Réalisez que vous ne pouvez pas *ne pas* choisir et faites que chaque jour soit un jour où vous avez décidé, par vos comportements et vos pensées, de choisir votre expérience. Faites-le en gardant à l'esprit que vos comportements et vos pensées modèlent votre expérience personnelle et celles que vous avez du monde. *Conclusion* : Vous êtes responsable de la vie que vous menez, de ce que vous ressentez et de votre façon de réagir.

Nécessairement, en cheminant vers des changements, vous entreprendrez des actions que vous n'avez jamais menées. Cela veut dire que vous êtes en terre nouvelle, qu'elle vous est inconnue et qu'elle ne fait pas partie de votre momentum de vie ; par conséquent, vous n'allez probablement pas l'apprécier d'emblée. C'est une triste vérité : la nature humaine fait en sorte que nous résistions et combattions les choses nouvelles ou les choses que nous ne comprenons pas. Mais si vous êtes convaincu du bien-fondé de l'entreprise, vous pouvez vous dérober à cette tendance humaine. Adoptez consciemment une attitude volontaire. Tentez volontairement de nouvelles expériences.

Je ne vois aucune situation dans ma vie où j'ai enrichi mon expérience en disant « non ». Mais je me souviens très bien de douzaines d'occasions où ma vie s'est améliorée simplement parce que je me suis dit : « O.K., pourquoi pas : j'essaye. » Peu importe si je disais *oui* à une invitation pour un film que je ne pensais pas devoir aimer ou si je disais *oui,* je vais aller au collège, j'ai découvert ces nouvelles possibilités seulement parce que j'étais volontaire. Je n'ai jamais acquis quoi que ce soit en laissant ma nature apathique et paresseuse prendre le dessus.

Soyez un « esprit volontaire ». Allez de l'avant. Cela ne veut pas dire qu'en tant qu'« esprit volontaire » vous devez mettre votre jugement de côté ou que vous devez prendre des décisions sans évaluer les risques. Si quelqu'un vous dit : « Prends un peu de cocaïne ; tu vas adorer ça. » Ce n'est certainement pas le bon temps d'être volontaire. Dites-lui plutôt « d'aller se moucher ailleurs ! » Vous comprenez ce que je veux dire. Sortez de votre stagnation. Sortez de votre trou et regardez autour de vous. Vous pourriez être vraiment surpris. Plus vous avez été enfermé longtemps dans un style de vie irrationnel et blessant, plus il vous sera compliqué d'en créer un autre. Parfois il vous faudra vous en sortir lentement, pas à pas, parfois une fenêtre peut s'ouvrir devant vous et vous n'avez qu'à profiter de cette occasion pour en faire une sortie de secours.

Jennie

Dans un de mes séminaires, il y a quelques années, j'ai rencontré une femme qui avait été, durant sa jeunesse, molestée et violée à plusieurs reprises par son grand-père. À cinquante ans et après trente années de mariage, Jennie m'avoua qu'elle se sentait encore sale et brisée par les événements de son enfance et qu'elle ne se croyait pas digne de son mari. Les yeux remplis de larmes, cette femme d'une beauté frappante m'expliqua que lorsqu'elle se regardait dans un miroir, elle n'y voyait qu'une vaurienne : sa sexualité la dégoûtait et elle haïssait son corps. Elle m'avoua également qu'elle était parfois si dégoûtée d'elle-même qu'il lui arrivait de se mutiler les bras et les jambes avec des lames de rasoir, des couteaux ou des cuillères chauffés à blanc.

L'intimité physique et émotionnelle dans son mariage a toujours été virtuellement impossible puisqu'elle considérait que le sexe est une chose dégradante et sale. L'emprise de son grand-père était si puissante que le simple fait de penser à lui ou à tout autre homme ravivait en elle toutes ces vieilles émotions. À chaque fois que son mari l'approchait, la menace de cette proximité causait chez elle des spasmes et des nausées.

Malgré la patience infinie et l'amour de son mari, Jennie croyait que son grand-père l'avait marquée d'une tache indélébile. À un niveau intellectuel, elle comprenait que la sexualité est un précieux présent de l'amour et de la confiance que partagent un homme et une femme. Mais, dans son âme, Jennie était convaincue que son grand-père lui avait dérobé ce présent. Plus elle tentait d'enterrer sa souffrance et sa culpabilité, plus sa plaie s'ulcérait, empoisonnant son mariage et son image personnelle. Elle ne pouvait pas confronter son problème ou même penser à son grand-père, mort depuis, parce que « cela faisait trop mal ».

Elle se rappelait avoir tenté de dire à sa mère ce qui se passait. La réponse de sa mère avait été outrageuse ; Jennie fut punie pour avoir eu des « pensées odieuses » sur son grand-père qui « l'aimait tant ». Apeurée, seule et sans solution, Jennie se replia sur elle-même et souffrit, en silence, de culpabilité ; après tout, « une mauvaise fille se doit de souffrir ». Dans son esprit, Jennie était une saleté et le serait toujours. Affolée à l'idée que quelqu'un pourrait voir ou sentir ce mal en elle et convaincue qu'elle avait fait des choses répréhensibles, Jennie se sentit jugée et, par conséquent, condamnée à juste titre.

Jennie m'a dit qu'elle se sentait enfermée dans une pièce noire et froide. Elle se sentait petite, seule et apeurée. Puisque la souffrance s'était abattue sur elle et non sur son grand-père, il était évident, à ses yeux, qu'elle était « la personne mauvaise ». Lors des funérailles de son grand-père, même « l'homme de Dieu » s'était levé pour faire l'éloge de sa droiture de caractère, de son honnêteté et de sa décence. Elle se rappelait avoir voulu se lever et crier :« Non, non, ce n'est pas vrai ! Il m'a fait du mal. » Mais à cette occasion et pour le reste de sa vie, elle avait gardé le silence, seule avec sa souffrance et sa honte.

Il y avait une lueur d'espoir dans tout ce récit, Jennie admettait qu'elle voulait désespérément sortir de cette pièce noire et froide. Elle avouait délibérément qu'entre son mari et elle se dressait un mur, un mur qu'elle haïssait. Après six difficiles jours d'interaction dans mon séminaire, j'ai aidé Jennie à comprendre que son grand-père, définitivement un homme vil et malade, la contrôlait toujours, même de sa tombe.

La confrontation directe fut très difficile pour Jennie. Après plusieurs longues journées de dur labeur, Jennie a commencé à enrayer certains comportements endémiques de sa vie. Ces expériences d'enfance étaient devenues le sujet de bruyants reniements. Jennie refusait de l'admettre et de se l'admettre. Parce qu'elle avait essentiellement éliminé le sexe dans son mariage, les stimuli qui ravivaient d'horribles sentiments n'étaient presque plus, ou plus du tout présents. Émerger de ce monde de reniements était pour elle apeurant et ce qu'elle désirait par-dessus tout, c'était de s'enfuir.

Étant une femme vive et belle, Jennie s'était définie dans le monde comme une femme forte. C'était chez elle que ses amis venaient prendre des conseils quand ils éprouvaient des problèmes émotifs. On se tournait vers elle quand tout allait de travers. Pour révéler au monde ou pour s'avouer qu'elle était en fait une « guérisseuse blessée », elle devait ôter son confortable masque social.

Vaincre son inertie fut probablement sa plus difficile tâche. Ses expériences d'enfance devenant le sujet principalement traité dans son cheminement à travers mon séminaire, Jennie était dévastée par la peur. Mais elle a persévéré, forçant le passage, certaine que c'était son tour, que son heure avait sonné. Son voyage la mènerait dans des passages obscurs où elle devrait combattre des monstres très réels. Même avec tout l'amour et l'aide de ceux qui l'entouraient, ces passages, Jennie devrait les franchir seule.

Elle a commencé à réaliser qu'elle avait perdu ses forces, permettant à son grand-père d'exercer sur son mariage et sur son image un terrible contrôle. Elle s'aperçut que de se plier à ce contrôle revenait à dire que les viols persistaient. Il continuait, jour après jour, de lui dérober ses sentiments de bonté et d'estime de soi.

La difficulté majeure était que cela faisait tellement longtemps que la peur la tenait captive que Jennie avait perdu presque tout espoir. Tête penchée et pleurant, elle semblait si petite, si seule, que je voulais la prendre dans mes bras et la réconforter. Je voulais le faire, mais je me suis abstenu. Le réaliste en moi savait pertinemment que si elle devait s'échapper de sa prison d'émotion et retrouver sa dignité et son pouvoir, elle devait le faire seule, se battre avec ses propres armes et décider qu'elle ne serait plus jamais la victime de son grand-père. Après une de nos conversations, je l'ai mise au défi de répondre à cette liste de questions :

« Et si vous méritiez à cette époque, et méritez à présent, beaucoup mieux ? »
« Et si vous aviez tort, et que ce n'est pas de votre faute ? »
« Et si votre mère était simplement trop faible pour vous croire et vous protéger ? »
« Et s'il n'est pas trop tard ? Et s'il y a des outils de changements à votre disposition ? »
« Et si c'est vous, et non lui, qui vous êtes enfermée dans cette prison toutes ces années ? »
« Et si la porte de cette pièce froide et noire se verrouille de l'intérieur et non de l'extérieur ? »
« Et si je pouvais vous dire maintenant et ici même comment vous libérer : le feriez-vous, aussi effrayant et aussi menaçant que cela puisse être ? »

Ces questions l'ont évidemment troublée mais je pouvais voir dans les yeux de Jennie une lueur d'espoir : « Et si cela marchait, et si cela pouvait marcher… » La réalité rencontrerait peut-être ses espoirs. Elle devait faire face à la possibilité qu'*elle* était la personne qui gardait la porte de la prison close et qu'elle serait la seule personne qui ouvrirait cette porte. Ma stratégie était de l'amener à clamer son droit d'avoir ces sentiments pour qu'elle puisse ensuite revendiquer son droit de vivre avec dignité et respect. Jennie avait travaillé d'arrache-pied pendant six longues et difficiles journées. Elle avait réussi à créer une fenêtre dans un des murs de sa prison ; j'ai prié pour qu'elle ne la laisse pas se refermer.

Ma question suivante était d'une importance capitale :« Êtes-vous dégoûtée de cette situation au point d'en mourir, ou au contraire dégoûtée au point où vous êtes prête à vous défendre et à déclarer votre droit à une meilleure vie ? Peu importe à qui vous devrez faire face, peu importe ce que vous aurez à faire ? Allez-vous saisir votre chance ?

Jennie tremblait et elle sanglotait, des larmes lui ruisselaient sur le visage mais elle m'a, pour la première fois, regardé droit dans les yeux et elle m'a dit : « Oui, si mon heure a sonné, si mon tour est arrivé, eh bien je le veux, je le veux immédiatement. »

Les autres participants ont été témoins de ce cheminement. J'avais recruté, à l'insu de Jennie, un volontaire ressemblant en tous points, jusqu'à la forme de ses lunettes, à la description qu'elle avait faite de son grand-père. Également à l'insu de Jennie, j'avais placé cet homme directement en arrière d'elle. Alors, j'ai dit à Jennie : « Si vous êtes si dégoûtée de cette situation, si vous ne tolérez plus d'être une seule minute de plus dans cette prison, eh bien dites-le-lui, maintenant, ce qu'il vous a fait. » Et sans avertissement, je l'ai retournée vers l'homme.

Il serait difficile pour moi de vous décrire l'intensité de ce qui s'ensuivit. Trente années de souffrance et de haine se sont écoulées en ces mots : « Toi, mon enfant de pute. Je n'étais qu'une petite fille. Tu m'as détruit le cœur et tu as volé mon innocence. Tu n'es qu'un lâche porc dégoûtant. Je te reprends ma vie. Je te crache au visage. Tu ne peux plus me faire de mal. Tu ne me tiendras plus jamais prisonnière. Tu n'auras plus jamais d'influence sur moi. Je ne me sentirai plus jamais sale ou dégradée une autre journée dans ma vie. Tu es méchant et vil, je ne le suis pas. Ce n'est pas moi. M'entends-tu ? Il y a trop longtemps que je paye. Mon Dieu, j'ai assez payé. Je suis une femme bonne et propre. »

Il lui avait volé la joie dans son mariage. Il lui avait volé sa dignité. Il l'avait volée. Maintenant, Jennie acceptait ces vérités et elle en a mis la responsabilité là où il fallait. Mais elle a également reconnu qu'elle seule avait le dernier mot, qu'elle pouvait contrôler les influences qu'avaient les agissements de son grand-père sur sa vie. Elle a refusé de perpétuer la création d'expériences honteuses et misérables.

Dans ces moments critiques, j'ai vu un autre témoignage de force et de courage parce que Jennie lui a également pardonné, non pas pour lui faire un cadeau, mais pour s'en faire un à elle-même : elle lui a pardonné pour briser ses propres liens.

Jennie a pris ce risque parce qu'elle était véritablement, mais véritablement prête. Elle a pris ce risque parce qu'elle n'avait plus rien à perdre. Elle s'était rendue jusqu'au point de non-retour, on lui a tendu une perche, elle s'est élancée, a tenu bon et a clamé sa place dans ce monde : *Je suis une femme bonne et propre.*

Cette rencontre prenante est survenue il y a dix ans, mais l'histoire ne s'arrête pas là. Il y a peu de temps, Jennie m'a appelé. Elle m'a raconté que son mari était tombé subitement malade et était mort deux jours auparavant. Elle m'a également dit que la nuit de sa mort, ils ont promis de m'appeler pour me remercier. Seuls dans la chambre d'hôpital, ils avaient échangé ce qu'ils savaient être leurs derniers mots, ceux provenant du cœur. Il l'avait remercié d'avoir passé sa vie avec lui. Puis il avait ajouté : « Merci d'avoir eu le courage de sortir de ta prison froide et noire pour venir dans mes bras et près de mon cœur. Les dix dernières années que nous avons partagées ensemble valaient certainement trente ans d'attente. »

Tout avait commencé lorsque Jennie avait décidé qu'il n'était pas trop tard, qu'elle méritait tellement plus et qu'elle ne se renierait plus jamais. Ce n'est pas moi qu'il fallait remercier. Il fallait remercier Jennie parce qu'elle était devenue responsable. En saisissant la Loi n° 2, *Vous créez votre propre expérience*, Jennie a revendiqué son droit à la vie. Et vous ?

CHAPITRE QUATRE

Les gens font ce qui fonctionne

Je ne comprends pas mes propres actions. Je ne fais donc pas ce que je veux, mais bien ce que je déteste.
—St. Paul

Loi de la Vie n° 3: Les gens font ce qui fonctionne
Votre stratégie: Identifiez les gratifications que sous-tendent vos comportements et ceux des autres. Contrôlez ces gratifications afin de contrôler votre vie.

Christopher, dix ans, adore l'indépendance que lui procure sa bicyclette parce qu'il l'utilise comme un véritable moyen de transport. Aujourd'hui, en revenant à la maison après une leçon de piano, il s'arrête dans un parc pour jouer au basket-ball. Il le fait fréquemment. Il sait très bien qu'il sera en retard et il sait que sa mère se fera beaucoup de soucis. Il aime sa mère et ne veut pas qu'elle s'inquiète, mais il ne cesse pas de jouer pour autant.

À vingt-six ans, Katelyn a déjà perdu sa mère et deux grands-parents à cause du cancer. La possibilité qu'elle soit prédisposée à cette maladie l'effraie. Elle y pense en ouvrant son deuxième paquet de cigarettes de la journée.

Jason en est à sa deuxième condamnation par la justice et en est à sa troisième, par la NFL. Il gagnera 3.26 millions de dollars cette année, mais seulement s'il joue. La fille qu'il fréquente veut rentrer chez elle. Il sait qu'il devrait la laisser partir mais il ne le fait pas. Il sait que ce n'est pas bien de la garder contre son gré. Il sait pertinemment que sa mère sera déçue. Malgré tout, il verrouille la porte de la chambre d'hôtel et commence à se dévêtir.

Barry et Kay savent qu'ils blessent leurs enfants lorsqu'ils se disputent violemment en leur présence. Après neuf années et demie de mariage, ils savent qu'après une longue journée de travail, discuter de leurs problèmes d'argent à la maison va nécessairement se dégrader en chicane. Ce soir, la tension est tellement dense qu'on pourrait la couper au couteau. Malgré tout, aucune des deux parties ne se désiste. Ni Barry, ni Kay ne suggère de reporter cette discussion. L'engueulade continue.

Kimberly donnerait n'importe quoi pour redevenir mince. Elle a pris soixante-quinze livres. Son apparence est tout pour elle. Elle déteste son corps et s'efforce désespérément d'avoir des cheveux et un maquillage parfaits, comme si cela compensait pour son excès de poids. Elle est étendue sur son lit et entame sa cinquième barre de chocolat.

Si vous êtes, un tant soit peu, comme moi ou comme l'un des personnages des histoires que vous venez de lire, je sais qu'il vous est arrivé des centaines, voire des milliers, de fois de dire ou de faire quelque chose qui vous frustre et que vous ne vous croyez pas capable d'interrompre. Vous vous êtes peut-être dit : « Quel est mon problème ? Pourquoi refais-je toujours la même chose ? Je déteste cela et je me déteste lorsque je le fais, alors pourquoi le fais-je ? » Bonnes questions. Pourquoi faites-vous cela ? La réponse se trouve dans la présente Loi, et cette Loi, tout comme les autres, est particulièrement bien fondée. Vous faites ces choses parce que, d'une certaine façon, elles fonctionnent. D'une certaine manière, vous jugez que ces comportements apparemment indésirables ont un but quelconque.

En lisant les histoires de Christopher, Katelyn, Jason, Barry et Kay et de Kimberly, n'avez-vous pas remarqué un modèle comportemental dans leur vie qui est également présent dans la vôtre ? Tous posaient des gestes qu'ils ne voulaient pas, d'une certaine façon, poser. Ils étaient tous conscients qu'ils auraient à faire face à des conséquences négatives et indésirables et qu'ils en infligeraient aux autres. Néanmoins, ils ont persévéré dans leurs comportements indésirables, tout comme vous persévérez dans les vôtres. Est-il possible que, d'une certaine manière, leurs comportements fonctionnassent, dans la mesure où ils généraient, chez eux, une gratification quelconque ?

À ce stade, il devrait vous paraître évident que les comportements que vous choisissez d'adopter créent les résultats que vous obtenez. Si vous répétez ce comportement, c'est qu'il doit vous apporter des résultats désirables ou sinon vous ne le répéteriez pas. Inversement, si vous ne répétez pas certains comportements, c'est que les résultats qui s'y rattachent sont indésirables. En d'autres mots, ils ne vous apportent rien de bon. Imaginez que vous touchiez un four brûlant : les résultats seront nettement indésirables, vous ne répéterez donc pas ce geste. Il devrait être évident pour vous que si vous changez vos comportements, vous changerez les résultats qui s'y rattachent. En comprenant *vraiment* ceci, vous comprenez qu'en agissant différemment, vous obtenez des résultats différents. Vous aurez alors fait un énorme pas vers l'accomplissement de changements dans votre vie.

Savoir ce que vous avez à faire et savoir comment vous devez le faire sont deux choses tout à fait différentes. Malheureusement, certains comportements, qui sont souvent ceux que nous détestons et voulons éliminer, sont ceux que nous adoptons obstinément. Comment cela se fait-il ? Pourquoi répéteriez-vous, en tant qu'être rationnel et libre de penser, des comportements indésirables qui vous font souffrir ? C'est un euphémisme de dire que cela est illogique. Bien entendu, aucune personne rationnelle ne ferait ce qu'elle ne veut pas faire. Bien entendu, une personne rationnelle ne se comporterait pas de manière à générer des résultats indésirables. Mais aussi rationnel et logique que vous croyez être, vous savez que c'est néanmoins exactement ce que vous faites.

Je suis sûr que vous pourriez établir une grande liste d'exemples. Vous mangez lorsque vous ne voulez pas manger ; vous mangez lorsque vous n'avez même pas faim. Vous fumez lorsque vous ne voulez pas fumer ; vous vous obstinez et vous perdez votre sang-froid lorsque vous ne le voulez pas ; vous vous pliez aux exigences des autres lorsque c'est la dernière chose au monde que vous voudriez faire. Vous flanchez lorsque la pression est trop forte alors que vous voulez être le plus performant possible. Vous vous sentez coupable alors que vous souhaiteriez ne pas l'être et vous employez une grande partie de votre temps à des activités que vous ne voulez pas exercer. Vous ne voulez pas végéter devant votre télévision tous les soirs au lieu de faire de l'exercice, de lire ou de passer du temps avec votre conjoint et vos enfants, mais vous le faites tout de même. Et qui plus est, vous le faites à répétition.

Comprendre comment éliminer ce comportement illogique est une nécessité si vous désirez améliorer votre qualité de vie. Vous pouvez y arriver par au moins deux méthodes différentes : vous pouvez soit vous comporter positivement de manière à obtenir les résultats désirés, soit arrêter de vous comporter d'une manière qui interfère avec les résultats que vous voulez obtenir. Vous ne pouvez pas éliminer vos mauvais comportements si vous ne comprenez pas ce qui vous a poussé à les adopter au départ. C'est seulement lorsque vous aurez acquis cette connaissance que vous pourrez effectuer les changements désirés dans vos comportements et dans ceux des autres.

Comment la Loi de la Vie n° 3, *Les gens font ce qui fonctionne*, explique-t-elle ce mystère du fonctionnement humain ? Afin de véritablement comprendre la dynamique de cette Loi, vous devez donc accroître votre connaissance du fonctionnement humain. Vous savez déjà que vos comportements déterminent vos résultats. Mais ce que vous ne savez peut-être pas, c'est que ces résultats qui vous affectent et qui affectent vos choix, se produisent à différents niveaux de conscience et peuvent prendre plusieurs formes, certaines subtiles et puissantes.

Cela est particulièrement vrai en ce qui concerne les modèles comportementaux. Lorsqu'un comportement devient presque automatique, on n'y est moins attentif et on arrête d'en évaluer les causes et les effets dans notre conduite. Vous trouverez sûrement des situations dans votre vie qui semblent être gérées par votre pilote automatique, des situations que vous traversez sans réfléchir, des situations où vous réagissez automatiquement. En vérité, ces comportements ne sont qu'en apparence illogiques. En vérité, vous n'auriez pas ces comportements s'ils ne vous apportaient que des résultats négatifs et indésirables.

Vous faites ces choses involontaires parce que, d'une certaine manière, vous avez la perception qu'elles fonctionnent pour vous. Par « fonctionnent pour vous », je veux dire que vous retirez une certaine gratification, une certaine satisfaction, en posant ces gestes apparemment indésirables. Et comme vous le verrez plus loin, cette formule se révèle vraie même si, à d'autres niveaux de conscience, vous réalisez que le comportement en question *ne* fonctionne *pas* pour vous et qu'il vous apporte de la souffrance. En regard des résultats, vous retirez une certaine satisfaction de vos comportements sinon vous ne les adopteriez pas. Un exemple simple de ceci est la suralimentation. De façon consciente et rationnelle, vous savez que ce n'est pas productif, mais cela vous gratifie assez pour que vous continuiez à vous suralimenter. Donc, si l'on tient compte des résultats, puisque les gens ne font que ce qui fonctionne, la suralimentation doit fonctionner pour eux.

C'est littéralement ce qu'explique cette Loi de la Vie. Si vous ne perceviez pas de but à votre comportement ou s'il ne générait pas un sentiment de satisfaction chez vous, vous ne l'adopteriez pas, c'est aussi simple que cela. Vous devez appliquer cette vérité au pied de la lettre. Si vous adoptez des comportements ou des modèles comportementaux, vous devez assumer, aussi étrange et illogique que cela puisse paraître, que vous les adoptez dans le but de créer certains résultats. Que vous *vouliez* le savoir ou non, vous le faites.

Comme vous le savez probablement déjà, ce concept de gratification est un ingrédient crucial dans la conception de toutes sortes de comportements. C'est un concept central qui sert dans l'entraînement des animaux. Pendant des décennies, les psychologues ont entraîné des rats dans des labyrinthes. Le rat a été entraîné à parcourir le labyrinthe afin de trouver une clochette et de la faire sonner. Les scientifiques l'ont entraîné en le récompensant avec une boulette de nourriture chaque fois qu'il faisait sonner la cloche. On peut entraîner ce rat à tourner en rond, *si* cette action est récompensée. Même le rat de laboratoire apprend ce qui fonctionne et ce qui ne fonctionne pas. Vous devez comprendre que lorsque je dis « fonctionne », je ne veux pas dire que le principe selon lequel la récompense engendre le comportement est nécessairement sain. Je dis simplement que vous êtes prêt à travailler pour avoir cette gratification, qu'elle soit saine ou malsaine.

Les gens sont modelés de la même façon par leur environnement. Rappelez-vous les premières années de vie de vos enfants. Vous avez , probablement par inadvertance, modelé de façon involontaire et malsaine leurs comportements.

Par exemple, plusieurs parents, lorsqu'ils entendent leur enfant dans son berceau « crier au meurtre », accourent et gratifient ce comportement indésirable en le prenant dans leurs bras et en le réconfortant. Pour l'enfant, il apparaît logique qu'en adoptant le comportement de crier, il obtient du réconfort et du plaisir. Bientôt, il utilisera ce comportement pour obtenir de ses parents ce genre de résultats. Cela vous fait réfléchir sur vos comportements qui perdurent par une gratification plus ou moins perceptible dans vos relations interpersonnelles, n'est-ce pas ? Par exemple, quels comportements de votre conjoint ou de toute autre personne significative récompensez-vous ?

Il existe d'autres conséquences plus désastreuses à la gratification que celle de récompenser les bouderies de votre mari ou de votre épouse. Je me suis souvent fait demander comment une personne saine d'esprit pouvait devenir masochiste. Cette réalité semble dépasser la fiction : comment quelqu'un peut-il retirer du plaisir en s'infligeant de la douleur ? Ces personnes sont-elles folles ? Même si leurs comportements sont incroyablement tristes, ces personnes les ont probablement acquis grâce à une progression logique mais malsaine de gratification de ces comportements. En appliquant ce simple principe du modelage du comportement, cette conduite devient plus aisément compréhensible.

L'historique des masochistes adultes révèle souvent qu'ils furent élevés par des parents abuseurs. Pensez-y. On peut facilement présumer qu'un jeune enfant chérit le confort et l'attention que lui procurent ses parents. Tout comme le poupon pleurant dans son berceau lors du scénario précédent, cet enfant fera donc tout ce qui est en son pouvoir pour attirer l'attention de sa mère et de son père. Supposons, contrairement aux parents qui répondent à ses cris en le réconfortant, que ceux-là soient facilement irritables, perdent le contrôle et s'en prennent vicieusement et violemment à l'enfant.

Nous savons que les parents violents agissent par impulsion. Habituellement, après avoir déchargé leur colère, ces parents reprennent leurs sens et leur colère fait place alors à la culpabilité. Et comme pour réparer l'horreur qu'ils ont commise, ils réconfortent l'enfant en le caressant tendrement, en lui adressant des mots doux et en lui procurant de la chaleur humaine. Il ne faudra pas beaucoup d'incidents de ce genre pour que les parents, sans le vouloir, endoctrinent leur enfant au masochisme, au mariage entre le plaisir et la douleur. Cet enfant perçoit rapidement que le chemin vers l'amour, le confort et le plaisir passe par la douleur. Cette approche peut vous sembler tragique, mais elle est parfaitement logique. Le pouvoir de la gratification à modeler le comportement humain est accablant mais indéniable.

Par chance, ce pouvoir a deux tranchants. En d'autres mots, lorsqu'un comportement particulier est suivi de résultats négatifs et douloureux, ce comportement est généralement éliminé. Rappelez-vous l'exemple de la brûlure que vous a infligée le four brûlant. Toucher ce four est si douloureux que même les gens les plus entêtés et insouciants éliminent complètement et pour toujours ce comportement. Par ailleurs, si vous vous abstenez de donner des résultats positifs à des comportements indésirables, vous éliminerez ces mauvais comportements. Si, par exemple, votre bébé (ou votre conjoint) ne parvient pas à attirer votre attention en boudant ou en se mettant en colère, ce comportement disparaîtra parce qu'il ne fonctionne pas.

Les nuances qui interviennent dans la dynamique des comportements sont trop nombreuses pour être énumérées dans ce livre, mais je crois que vous avez compris l'idée. Vous en saviez probablement déjà beaucoup sur le sujet avant que je vous en parle. C'est la partie facile. Ce qui s'avère plus compliqué, c'est d'identifier quelles sont au juste les gratifications auxquelles vous répondez dans votre vie ; cette identification est nécessaire pour que vous puissiez commencer à comprendre et à contrôler les liens de cause à effet dans vos comportements. Si vous voulez arrêter de vous comporter d'une certaine façon, vous devez « arrêter de vous gratifier » d'avoir ce comportement. Si vous voulez influencer le comportement d'autrui, vous devez comprendre d'abord ce qu'il perçoit comme étant une récompense à son comportement et ensuite, si vous le pouvez, contrôler ces récompenses pour qu'elles engendrent le comportement voulu.

Si cela vous semble un apprentissage par lequel vous pourrez manipuler et contrôler autrui, vous avez raison. Si, par exemple, vous saviez que votre patron égocentrique préfère par-dessus tout raconter des histoires sur ses exploits lorsqu'il était un héros du football scolaire plutôt que de manger lorsqu'il a faim, et qu'il n'y a rien qu'il n'aime davantage qu'un bon auditoire, vous seriez sûr de connaître au moins une façon d'obtenir sa bienveillance. Je ne vous dis pas que vous devez endurer ce genre de monologue ennuyeux, mais il faut reconnaître que c'est une gratification dont vous pouvez vous servir.

Si vous pensez être différent, si vous pensez que vous n'êtes pas contrôlé par la gratification que vous apportent certains comportements, que vous êtes une exception à cette Loi de la Vie, eh bien, vous avez tort. Si vous ne pouvez pas identifier les gratifications, c'est que vous n'avez pas analysé en profondeur vos comportements, vous n'avez pas cherché sérieusement. Vous n'avez peut-être pas encore compris ce que représente pour vous et pour autrui, une récompense. Votre défi est de considérer toutes les situations possibles où vous avez pu être récompensé à votre insu. Ces récompenses peuvent prendre d'innombrables formes. Vous pouvez ou non être au courant de la forme que prend votre gratification. Il est possible, par exemple, que vous vous nourrissiez de gratifications extrêmement malsaines : en vous punissant vous-même, en vous donnant trop d'importance, en vous vengeant ou en utilisant toute autre réponse émotionnellement instable.

La gratification la plus évidente et la plus calculable est bien sûr l'argent. C'est la raison première qui nous pousse à nous rendre au travail même si nous aimerions davantage rester avec nos enfants ou dormir toute la matinée. Nous donnons une grande valeur à l'argent, nous sommes en effet d'accord pour faire certains sacrifices et certaines choses afin d'en obtenir. Mais des gratifications encore plus puissantes existent et celles-là ne sont pas monétaires. Des gratifications psychologiques peuvent prendre la forme de l'acceptation, de l'approbation, de l'éloge, de l'amour, de l'amitié, de l'avidité, de la punition ou de l'accomplissement.

Ces gratifications vous conditionnent fortement à répéter les comportements qui les engendrent. Le sentiment de sécurité fait partie d'une catégorie plus générale de gratifications psychologiques qui résultent soit d'une vie saine et stable, soit, ce qui est moins sain, d'un renfermement personnel causé par la peur de tout conflit possible. La gratification spirituelle se manifeste de plusieurs façons : paix de l'esprit, sentiment d'unité avec une puissance supérieure ou sentiment moral et de justice. Les gratifications physiques concernent le bien-être du corps qui s'acquiert par une bonne nutrition, de l'exercice, une bonne gestion de son poids et une sexualité saine. Dans une perspective moins saine, les gratifications physiques peuvent être tirées de l'intimidation et de la domination physique d'autrui ou d'une préoccupation excessive pour le corps, préoccupation positive, par exemple un poids sain, ou négative, par exemple les automutilations. Ces gratifications peuvent également influencer grandement nos comportements.

La réussite est aussi une gratification courante : le sentiment d'accomplissement, la reconnaissance d'autrui au sein d'un champ de compétence, ou le sentiment d'avoir bien fait un travail. Ce qui est moins positif dans ce même domaine, c'est de mesurer sa valeur en fonction de sa performance au travail : c'est la gratification du « workalcoholic ». Les gratifications sociales se manifestent par un sentiment d'appartenance à un groupe et, bien entendu, augmentent en fonction de l'implication de la personne dans ce groupe, particulièrement si vous en êtes le chef. En guise de gratification, moins saine toutefois, certaines personnes souffrant d'insécurité mesurent leur valeur personnelle en fonction de l'acceptation des autres, or ce besoin maladif d'acceptation est comparable à un puits sans fond.

Toutes ces catégories de gratifications influencent le comportement de presque tous les gens. Vous êtes peut-être davantage gratifié par l'argent ou plus motivé par la réussite, mais ne vous méprenez pas, tous ces comportements, en particulier ceux que vous répétez souvent, sont provoqués et maintenus par ces différents types de récompenses. En cherchant à comprendre *pourquoi* vous agissez d'une certaine façon, examinez honnêtement *ce que vous gagnez à faire ce que vous faites*. Dans certains cas, les gratifications seront évidentes ; dans d'autres, vous allez devoir examiner vos comportements en profondeur. Tous ces types de gratifications, qu'elles soient saines ou malsaines, peuvent devenir toxiques si elles sont poussées à l'extrême. Si vous travaillez trop sur votre accomplissement et que vous négligez le côté familial, ce n'est pas bon. Si vous êtes tellement dominé par la gratification familiale que vous n'arrivez pas à combler vos besoin financiers, ce n'est pas bon non plus.

Soyez conscient qu'il est possible que vous ne voyiez pas l'impact de ce système de gratification. Comme nous l'avons vu dans les deux scénarios de l'enfant qui pleure, les parents peuvent, sans le vouloir, gratifier des comportements destructeurs et malsains, que ce soit un comportement colérique ou un comportement masochiste. Malheureusement, la puissance de la gratification peut maintenir des comportements que vous ne désirez pas *consciemment*. Par exemple, vous souffrez peut-être consciemment de solitude et cherchez par tous les moyens possibles à être gratifié dans votre vie sociale et psychologique, gratification qui résulte des relations avec autrui. Mais la peur d'être rejeté est si forte, qu'il est plus gratifiant d'échapper à cette anxiété que d'aller vers les gens. Dans cette lutte entre les gratifications, la gratification la plus facile et immédiate s'obtient en restant à la maison et en ne participant à aucune activité sociale. Parfois, une gratification prévaut sur une autre simplement parce que le chemin pour si rendre est moins ardu.

Comme je l'ai dit plus tôt, les gratifications ne sont pas toutes évidentes. En traitant une patiente, il y a quelques années, j'ai été témoin d'un modèle comportemental illogique et apparemment indésirable. En fait, sans les connaissances que procure cette Loi de la Vie, son cas m'aurait probablement semblé vraiment incompréhensible.

Karen avait entre 25 et 50 kilos* en trop. Elle avait l'habitude très frustrante de perdre du poids seulement pour le reprendre par la suite. Cela vous semble familier ? Elle affirmait qu'elle voulait perdre à tout jamais ses kilos en trop. Elle reconnaissait que son surplus de poids altérait

* entre 50 et 100 livres

dramatiquement son apparence et que ce poids lui causait des problèmes de santé. Elle pouvait me réciter tous les bienfaits qu'elle retirerait de cette perte de poids et comprenait très bien toute la gratification et les récompenses que cela lui apporterait. Mais quoi qu'il arrive, après avoir efficacement perdu 80 pour cent de ses kilos indésirables, Karen, apparemment sans explication, échouait invariablement dans ses efforts ; elle reprenait en fin de compte son poids d'origine. C'était comme si elle se sabordait elle-même à l'approche de son but.

Ma connaissance des gratifications était assez grande pour savoir que Karen retirait quelque chose de ce sabotage personnel. Je me suis donc mis à examiner son comportement, en tenant compte de son seuil de tolérance, le plus profondément possible. Finalement, j'appris que Karen avait été sexuellement abusée dans son enfance. Ce traumatisme a eu pour conséquence de la rendre mal à l'aise avec sa sexualité et honteuse de son corps. Lorsque les hommes s'intéressaient sexuellement à Karen, elle ressentait une profonde anxiété et une grande culpabilité.

Conscients de cette situation, Karen et moi avons commencé à comprendre que gagner du poids pour ne pas exercer d'attrait sexuel sur les autres lui procurait la sécurité. En d'autres mots, l'attention des hommes lui inspirait de la honte, de la peur et de l'anxiété ; elle se réfugiait dans sa prise de poids pour neutraliser cet attrait sexuel. En y réfléchissant bien, Karen a décrit son comportement : « C'est comme si j'enfilais une combinaison protectrice de 50 kilos pour cacher ma sexualité. » Cette « combinaison » lui offrait un confort temporaire. La culpabilité, l'anxiété et la peur de Karen diminueraient probablement. Puis après plusieurs mois sans recevoir d'attention, ces sentiments seraient remplacés par la solitude et l'échec qu'elle ressentait lorsqu'elle était extrêmement obèse. Et à ce moment, le cercle vicieux de la perte de poids recommencerait. C'était une guerre entre la gratification psychologique d'être en sécurité, libre de l'anxiété produite par l'attention des hommes, et la gratification passagère mais puissante de perdre du poids. Lorsque Karen a identifié la gratification psychologique qui la poussait à se saborder, elle a pu essayer de résoudre le véritable problème. Elle a brisé le cercle vicieux.

Vous devez savoir que le système de gratification de Karen était subtil et complexe. Ce système est souvent plus simple. Par exemple, la majorité des gens obèses se suralimentent simplement parce qu'ils retirent un grand plaisir à ingérer de la nourriture : parce que ça goûte bon. Pour eux, la gratification physique de manger la nourriture est plus grande que celle de vivre dans un corps au poids idéal. Et selon les personnes, la nourriture sert à différentes choses : célébration, médication, soulagement de la solitude, liant social ou participation à un festin. En d'autres mots, la gratification ne provient pas nécessairement de l'ingestion de la nourriture, mais peut provenir du côté événementiel de la chose.

Le comportement que vous voulez éliminer est peut-être la suralimentation, mais ce peut être aussi un comportement tout à fait différent. Je veux seulement vous montrer que, pour analyser *pourquoi* vous agissez d'une certaine façon, vous devez identifier les gratifications qui provoquent et soutiennent ces comportements. Ces gratifications peuvent être apparentes ; elles peuvent ne pas l'être. Que ces gratifications soient saines ou malsaines et dégoûtantes, les gens ne reproduisent que les comportements qui leur apportent des gratifications perçues comme étant positives d'une certaine façon. Vous devez réfléchir longuement pour, premièrement, identifier les comportements, les pensées et les choix que vous voulez éliminer et, deuxièmement, vous demander ceci : « Qu'est-ce que je retire de cette situation ? Quelle est ma gratification, qu'elle soit saine on non ? » Une fois les buts identifiés, vous pouvez cibler les conséquences afin de faire des changements.

Exercice n° 6 : *Faisons une pause et examinons votre vie spécifiquement. Je vous propose d'ouvrir votre journal personnel et d'y écrire les cinq modèles comportementaux ou* *les cinq situations dans votre vie les plus frustrants et les plus persistants. Faites une description bien détaillée de chacun d'entre eux. Pour chaque situation, identifiez votre comportement spécifique ; essayez de trouver les mots justes pour bien rendre l'intensité de ce comportement. Puis, écrivez deux ou trois phrases expliquant dans quelle mesure vous trouvez ces comportements négatifs. Voici la partie difficile de l'exercice : pour chacune de ces cinq situations, faites de votre mieux pour analyser, identifier et inscrire la gratification qui nourrit et qui maintient ce modèle comportemental négatif.*

Afin de vous aider, j'aimerais faire une ébauche des catégories de gratifications non monétaires les plus largement répandues puisqu'elles contribuent nécessairement à modeler votre comportement. Rappelez-vous que le besoin le plus important de tous les individus est l'acceptation et que leur plus grande peur est le rejet. Ne vous perdez pas dans des jeux de mots inutiles. Par exemple, vous pourriez être tenté d'être en désaccord avec moi en affirmant que le plus important besoin pour l'homme est le succès et que sa plus grande peur est l'échec. Mais si vous y pensez un peu, avoir du succès signifie que vos actions sont acceptées par autrui. Si vous êtes un échec, cela peut signifier seulement que les gens vous ont laissé tomber, ils vous ont rejeté, vous et ce que vous aviez à offrir. Ainsi, en évaluant les gratifications dans votre vie, gardez en mémoire que votre besoin le plus important est que toutes les personnes que vous allez rencontrer acceptent ce que vous avez à offrir à ce moment-là de votre vie.

Soyez conscient de la possibilité que vos comportements soient contrôlés par la peur d'être rejeté. Comme nous l'avons vu précédemment, la peur peut être tellement forte que nous ferions presque tout pour l'éviter. Il est plus simple de ne pas changer. Il est plus simple de ne pas tenter quelque chose de nouveau. Il est plus simple de ne pas tenter sa chance pour ne pas risquer d'être rejeté. Ainsi, pour tout comportement non constructif, stagnant et de repli sur soi, demandez-vous ceci :

« Suis-je gratifié parce que j'évite les risques de me faire rejeter ? Suis-je gratifié simplement parce que c'*est plus facile ainsi* ? »

En adoptant la voie facile, vous vous récompensez par un soi-disant confort et êtes soulagé de l'anxiété que fait naître la recherche de nouveauté. Nous aborderons plus en détail ce sabotage personnel lorsque nous parlerons des zones de confort dans le prochain chapitre. Mais pour l'instant, reconnaissez que vos gratifications prennent souvent la forme d'un sentiment de sécurité dû à un refus de votre part de changer devant la menace engendrée par toute perspective de changement.

Un autre élément à considérer dans l'analyse de vos gratifications est l'attrait immédiat versus l'attrait à retardement. En tant que membres d'une société, nous ne sommes pas très enclins à retarder nos gratifications. Les restaurant « fast-food », le *service à l'auto*, les *mets préparés* en sont autant de preuves : nous nous conditionnons à obtenir sur-le-champ ce que nous voulons. Notre besoin de gratification immédiate crée un appétit pour une petite récompense immédiate plutôt que pour une grande récompense plus tard.

Cela explique fort bien pourquoi nous préférons rester au lit un samedi matin plutôt que d'aller faire du jogging. Rester au lit procure un plaisir immédiat tandis que faire du jogging peut allonger votre vie, mais vous n'en profiterez que dans vingt ou trente ans. Ce sera bien agréable dans vingt ou trente ans, mais c'est aussi très agréable de rester au lit aujourd'hui.

Plusieurs de mes amis, aussitôt qu'ils ont obtenu leur diplôme d'études secondaires, voulaient une voiture neuve, et ils la voulaient immédiatement. Ils se sont donc déniché un emploi ne demandant aucune qualification et qui leur permettait de régler les paiements de cette nouvelle voiture. Ils achetèrent cette voiture et ils eurent une gratification immédiate. D'autres élèves de ma classe décidèrent d'aller au collège plutôt que de se trouver un emploi pour payer des dettes qui les forceraient à le garder. Certains ont choisi la gratification immédiate d'une nouvelle voiture ; d'autres ont choisi la gratification retardée d'un niveau de vie plus élevé à long terme. Lorsque vous choisissez le comportement, vous choisissez les conséquences : vous soulagez « immédiatement » la douleur pour obtenir « immédiatement » une récompense, celle-ci déterminant à son tour certaines conséquences. Cette notion d'immédiat peut avoir une influence puissante sur vos choix.

Ce sont des notions importantes à considérer dans l'identification et lors de la rédaction de vos gratifications. Ne vous frustrez pas. N'abandonnez pas. Vous devez retirer une gratification significative pour vos comportements négatifs, car autrement vous ne les adopteriez pas. Il est possible que la simple idée d'agir selon un modèle comportemental négatif est tellement méprisable pour vous, que vous êtes incapable de le voir. Bien sûr, cela voudrait dire que vous ne régleriez jamais vos problèmes. C'est probablement votre pire danger.

Il est certain que le système de gratification que nous avons construit dans nos vies peut être complexe, collant et entortillé comme une toile d'araignée. Mais si vous vous entêtez à répéter certains comportements destructeurs et frustrants, vous défaire de cette toile d'araignée n'est pas seulement bénéfique, c'est essentiel pour obtenir ce que vous voulez et ce qui vous est nécessaire. Vous ne pouvez avoir une vie harmonieuse et constructive si une partie de vous doit servir un maître et qu'une autre partie doit en servir un autre. Par exemple, si d'une part vous voulez participer pleinement à la vie en profitant de la camaraderie des autres (gratification sociale), mais que d'autre part vous ne voulez pas risquer d'être rejeté (gratification psychologique), la tension entre ces deux gratifications en compétition peut vous rendre fou ou peut, à tout le moins, vous garder en conflit constant et vous troubler.

Les gratifications, particulièrement celles qui vous soulagent, vous permettent d'éviter des douleurs sérieuses ; les gratifications qui minimisent la peur ou l'anxiété devant une douleur potentielle peuvent créer une dépendance aussi forte que la dépendance engendrée par de puissants narcotiques. Ainsi, la peur des résultats devient le plus puissant des agents.

Je vous dis cela pour vous mettre sérieusement en garde. Si vous êtes contrôlé de cette façon, une telle peur peut vous emprisonner et ruiner votre vie. La gratification d'échapper à la douleur que vous apporterait la gestion de vos problèmes a un grand pouvoir de séduction. Il est possible que vous soyez tellement effrayé par ce qui pourrait advenir que vous passiez votre vie tel un zombi, heureux de cet état d'engourdissement. Je veux que vous réalisiez un fait : vous pouvez être si contrôlé par la gratification qu'elle peut vous écraser.

Aussi complexe que la toile de la dépendance puisse être, vous disposez de l'« étoile du Nord » pour vous guider et pour vous garder conscient de ce qui se passe réellement. L'« étoile du Nord » que vous ne devez pas perdre de vue se retrouve dans ces pensées :

> Sans égard à la logique, je fais les choses de manière répétitive, j'en reçois une gratification. Je ne me mentirai pas en me disant qu'il en est autrement. Si je cherche, je trouverai cette gratification puisqu'elle est là. Je ne suis pas gratifié par quelques comportements ; je suis gratifié par tous mes comportements. Je ne fais pas exception puisqu'il n'y a pas d'exception.

Si vous gardez cette vérité en mémoire, vous vous rapprocherez de la réponse. Trouvez cette gratification, vous pourrez vous en départir. Si vous échouez à l'identifier, vous serez telle une marionnette contrôlée par un inconnu ou par quelque chose d'inconnu.

Lorsque j'ai rencontré pour la première fois Bill et Denise dans un de mes séminaires, il y a dix ans, ils semblaient représenter l'archétype du jeune couple chanceux et riche : énergiques, intelligents, apparemment en contrôle de leur vie ; il n'y avait aucune confusion sur qui était en contrôle. Ils étaient tous deux charmants, en santé, athlétiques et très amoureux. Ils semblaient avoir tout pour eux. J'ai ensuite fait connaissance de leur fille Megan. Elle avait quatre ans, était née avec plusieurs malformations, ne pouvait ni marcher, ni parler et était incapable de faire des mouvements expressifs.

Cela semblait impossible qu'une si petite personne puisse être accablée d'autant d'infirmités. C'était à fendre le cœur de voir ce petit bout de chou avec sa lèvre et son palais fendus, affligé de problèmes neurologiques sévères et d'insuffisance cardio-pulmonaire. Ses yeux étaient remplis d'espoir et son cœur était plein de courage, mais son corps ne voulait pas coopérer.

Au cours des années suivantes, comme l'état de leur fille empirait de jour en jour, j'ai vu ces parents nous apprendre tout ce que nous devons savoir sur l'amour, l'engagement et les sacrifices. Ils ne se plaignaient jamais, n'étaient jamais fatigués. Ils firent tout ce qui était en leur pouvoir pour adapter notre monde à ce petit trésor mourant. Bill et Denise étaient, et c'est peu dire, un symbole d'inspiration.

Choisissant de ne pas risquer d'autres anomalies génétiques, ils optèrent pour l'adoption plutôt que d'enfanter à nouveau. La chance leur sourit puisque dans un temps record ils accueillirent un fils vigoureux et en santé. Jeffrey avait les cheveux couleur sable, de grands yeux verts, une forte et florissante constitution. Il était un cadeau du ciel. Bill et Denise racontèrent à Jeffrey, aussitôt qu'il fut en âge de comprendre, l'histoire de sa sœur. Malgré la communication extrêmement limitée de Megan, les liens qui unissaient les deux enfants étaient phénoménaux. Ils créèrent ces liens immédiatement et semblaient très bien se comprendre.

À l'âge de huit ans, Megan avait déjà souffert de multiples angines. Mais son angine fut cette fois plus inquiétante que les autres. La maladie grugeait ses forces, elle affaiblissait cette petite en chaise roulante. Le docteur dit à ses parents que les antibiotiques allaient bientôt faire effet et que Megan s'en remettrait.

Denise pensait autrement. Les mères semblent en savoir long sur ces choses, et son instinct maternel lui disait que ce n'était pas une crise comme les autres. Elle me dit que Megan semblait épuisée. Elle sentait que Megan n'avait plus assez de forces pour continuer l'incessante bataille qu'était sa vie. Pendant que le père et les grands-parents restaient optimistes et gardaient espoir, Denise demeurait vigilante, observait en silence, secrètement inquiète.

Le déclin de Megan commença au milieu d'une froide nuit d'hiver et fut incroyablement rapide : parce qu'elle avait beaucoup de difficultés à respirer, on l'amena d'urgence à l'hôpital où elle tomba très vite inconsciente et fut mise sur un respirateur artificiel. Puis vint le temps de la décision. Les machines qui maintenaient artificiellement Megan en vie retardaient seulement l'inévitable. L'expression angoissée que trahissait le visage de l'enfant ne laissait à ses parents qu'une solution. Prolonger cette précieuse et difficile vie aurait été égoïste et cruel de leur part.

Lorsqu'on éteignit les machines, un silence impressionnant envahit la pièce. Megan nous quitta sereinement. Aucune musique dramatique n'a joué ; aucune rétrospective de temps plus heureux : uniquement une pièce stérile, un enfant mort et deux parents extrêmement seuls.

Bien que je n'aie pas eu de contact avec Bill et Denise pendant plusieurs mois après la mort de Megan, je les ai rencontrés dans un groupe de support communautaire créé pour aider les parents qui ont vu un de leurs enfants partir trop tôt. Ils n'étaient plus ces personnes vives et joyeuses que j'avais connues jadis ; il semblait ne rester d'eux qu'une coquille vide. Loin de pleurer la perte de leur précieuse fille, ils étaient en colère contre eux-mêmes d'avoir « échoué » en tant que parents. Ils se critiquaient l'un et l'autre d'être froids et distants envers leur garçon Jeffrey, qui avait maintenant cinq ans. Il semble qu'après la mort de Megan, Bill et Denise s'étaient éloignés de leur fils, physiquement et émotionnellement.

Nous étions en plein cœur des fêtes de Noël. Même s'ils savaient très bien que Jeffrey anticipait Noël avec l'excitation et l'innocence que seul un enfant peut manifester, ils confessèrent qu'il n'y avait ni arbre, ni décoration, ni musique de Noël, ni joie dans leur foyer. Jeffrey vivait dans un milieu émotionnel stérile avec deux parents en qui il avait confiance et qui agissaient comme s'il avait fait quelque chose de mal.

Finalement, Bill et Denise avouèrent qu'ils étaient distants avec Jeffrey. Bien qu'ils se haïssent de priver Jeffrey de leur amour et de leur tendresse, ils admettaient tout de même être réservés, froids et absents émotionnellement face à lui. La culpabilité et la confusion engendrées par la conscience qu'ils blessaient leur petit garçon les rendaient presque fous. Ils reconnaissaient qu'ils lui faisaient du mal à un moment critique de sa vie et qu'ils lui faisaient payer pour des fautes qu'il n'avait pas commises. Tous deux déclarèrent qu'ils feraient n'importe quoi s'ils pouvaient enfin retrouver la liberté d'aimer et de s'occuper de leur fils.

La question que je leur ai posée était prévisible : « Si vous détestez à ce point ce que vous faites endurer à Jeffrey, pourquoi persistez-vous dans ce comportement ? »

Leur réponse passa par toute la gamme des justifications et des rationalisations possibles, mais se réduisait en somme à un simple « Je ne sais pas ». Ils voulaient sincèrement briser ce modèle comportemental ; ils voulaient véritablement se donner à Jeffrey, mais ils semblaient incapables de le faire et n'en connaissaient pas la raison. Ils étaient également furieux l'un contre l'autre sans raison apparente et se privaient systématiquement de l'amour et de la confiance qui ne se rencontrent que chez des gens intimement liés. Ils ne parlaient jamais de Megan et empêchaient les autres d'évoquer leur défunte fille.

Je crois que vous avez analysé de la même façon que moi la situation de Bill et Denise. La réponse n'était pas aussi banale que la suivante : Bill et Denise reniaient Jeffrey parce qu'il était en vie pendant que leur pauvre fille Megan était morte. La raison était beaucoup plus complexe et plus insidieuse. En appliquant la présente Loi de la Vie, il est évident que la gratification qu'ils obtenaient en privant Jeffrey de leur affection devait être incroyablement puissante pour écraser leur réflexe naturel de lui procurer de l'amour et de l'attention.

Mais comment est-il possible que quelque chose renforce un comportement si affreux ? Est-ce que quelqu'un oserait affirmer que le retrait de ces parents « fonctionnait » pour eux ? C'est, en fait, exactement ce que j'affirme. Les gens ne font que ce qui fonctionne. Si ce comportement ne les avait pas gratifiés d'une certaine manière, Bill et Denise ne l'auraient pas adopté. Et ils ne pouvaient pas se défaire de ce comportement s'ils ne réalisaient pas ce fait.

Comme je l'ai dit plus tôt, la volonté d'échapper à la douleur crée une dépendance puissante et envoûtante. On dit que « la fatigue nous rend tous lâches »; il en est de même pour une douleur émotionnelle profonde.

Il n'est pas surprenant que Bill et Denise n'aient pas compris qu'ils adoptaient ce genre de comportement avec Jeffrey parce qu'ils en étaient récompensés. Cela les aurait rendus malades de savoir qu'ils brisaient le cœur de leur jeune fils pour leur propre gain. Ainsi, nous nous sommes d'abord disputés. Ils se sont vivement défendus d'être mesquins et égoïstes et d'abuser de leur fils par négligence. C'était une sale, sale vérité : se gratifier de négliger leur propre fils. Mais en restant focalisés sur la vérité, en cheminant tranquillement vers la supposition que, aussi illogique que cela pût paraître, il y avait gratification dans ce comportement, nous nous sommes mis d'accord : ce comportement devait fonctionner pour eux, sinon ils ne l'auraient pas eu. Et ils trouvèrent l'explication de ce comportement haineux.

Aujourd'hui, Bill et Denise vous diront que la douleur et la souffrance qu'ils ont subies à cause de la perte de Megan étaient si dévastatrices qu'elles les avaient complètement paralysés. Peut-être parce que Megan était si impuissante, ces deux parents avaient été anormalement proches d'elle. L'urgence de leur amour, intensifiée par l'expérience de vie dramatiquement courte de Megan, les avait propulsés dans une course folle qui s'était terminée brusquement, tête première contre un mur de briques émotionnel. La perte de Megan, même si elle était anticipée, n'était pas une expérience à laquelle ils avaient été préparés.

Durant ces jours déconcertants, ils ne savaient pas grand-chose, mais ils savaient que cette douleur devait s'évanouir afin qu'ils puissent survivre. Ils vous diront aujourd'hui qu'ils souffraient d'une peur débilitante qui les empêchait de s'investir émotionnellement dans quelque chose ou dans quelqu'un à nouveau. Ils s'infligeaient donc ce genre de douleur causée par la perte de quelque chose de cher. Sans en être conscients, ils restaient distants face à Jeffrey parce qu'ils ne pouvaient pas se permettre d'être vulnérables à nouveau, d'être exposés à une douleur qu'ils ne pourraient pas supporter.

Aimer Megan pour ensuite la perdre les avait épuisés. Ils n'imaginaient plus pouvoir donner ou ressentir quoi que ce soit.

Lorsqu'ils permettaient à Jeffrey de se rapprocher, l'amour et la chaleur qui sont au cœur de toute famille saine ne faisait qu'horrifier ce jeune couple. Après tout, la dernière fois qu'ils avaient éprouvé ce genre de sentiment, ils avaient récolté le résultat le plus dévastateur que le monde ait connu. En évitant le genre de lien émotif qui est créé par le partage, ils se sentaient protégés. Leur gratification était la sécurité d'éviter la souffrance, la peur et l'anxiété. C'était, en quelque sorte, une anesthésie émotionnelle. Rappelez-vous que notre plus grande peur est d'être rejeté. Le départ de la petite Megan avait été, pour eux, le plus écrasant rejet imaginable.

Comme c'est souvent le cas, qu'on soit enfant ou adulte, allumer les lumières fait fuir le croque-mitaine. Lorsque vous contrôlez les démons, ils rapetissent et se sauvent. Lorsque Bill et Denise ont eu le courage d'accepter le subtil fonctionnement de leur instinct de conservation, ils purent disséquer leur problème. Ce qui était une gratification malsaine n'était maintenant que malsain. Ils ont retrouvé le chemin menant à Jeffrey. Ils vivent maintenant dans une famille heureuse, prospère, aimante et remplie de partage, de confiance. Parce que leur évasion émotive ne fonctionnait plus, ils l'ont abandonnée.

La question que vous devez vous poser est la suivante : « Suis-je inconsciemment dépendant de la sécurité que me procure ma fuite de la douleur et du risque que comportent l'intimité, l'échec ou simplement le fait de vivre ? » Si ce que vous désirez dans votre vie n'est ni présent ni en devenir, il serait sage de vous en remettre à l'« étoile du Nord » pour comprendre ce qui vous bloque.

Conclusion: Vous modelez vous-même vos comportements par les gratifications que vous obtenez dans votre vie. Trouvez et contrôlez ces gratifications et vous contrôlerez vos comportements, que ce soient les vôtres ou ceux des autres. Si, mais seulement si, vous comprenez ce concept, votre contrôle personnel augmentera de façon colossale.

CHAPITRE CINQ

On ne peut changer ce que l'on ne reconnaît pas

Nous les tenons.
—Général George A. Custer se faisant attaquer à Little Bighorn, en 1876.

Loi de la Vie n° 4 : On ne peut changer ce que l'on ne reconnaît pas

Votre stratégie : Portez un regard lucide sur votre vie et sur tous ceux qui en font partie. Soyez honnête avec vous-même sur ce qui ne fonctionne pas dans votre vie. Arrêtez d'inventer des excuses et commencez à recueillir des résultats.

Cette Loi peut, peut-être plus que les précédentes, vous paraître évidente. D'une certaine manière, elle l'est. Si vous ne voulez pas accepter une pensée, une circonstance, un problème, une condition, un comportement ou une émotion, si vous n'acceptez pas votre rôle dans une situation, vous ne pouvez pas et n'allez effectivement pas y apporter des changements. Si vous refusez d'admettre vos propres comportements destructifs, non seulement ils continueront, mais ils s'aggraveront, deviendront plus profondément ancrés dans votre vie et seront de plus en plus résistants au changement.

Imaginez que votre docteur vous demande si vous êtes atteint d'éblouissements et qu'au lieu de lui dire la vérité, vous lui répondiez : « Eh bien, non, pas vraiment ». Qu'arrivera-t-il ? Votre docteur ne s'occupera pas de ce problème et vous continuerez d'avoir des éblouissements. Il vous traitera peut-être pour un mal d'orteil ou une douleur à l'épaule, mais parce que vous lui avez menti, il ne traitera jamais votre vrai problème. Parce que le docteur présume que vous désirez vous sentir mieux, il vous laisse la tâche d'identifier vos problèmes pour qu'il sache où concentrer ses efforts.

On a tendance à croire qu'il est possible de se fier à son propre jugement. Tout comme le docteur se fie sur votre honnêteté pour établir un bon diagnostic, il est de votre ressort de ne pas vous cacher la vérité. Mais comme nous l'avons vu dans la Loi de la Vie n° 3, vous pouvez être pris entre deux feux. Si, en reniant l'existence d'un problème, vous récoltez les bénéfices d'éviter un sujet douloureux, cela ne fait pas de vous un informateur fiable.

Si vous désirez avoir une stratégie de vie gagnante, vous devez regarder honnêtement où vous en êtes, en ce moment, dans votre vie. Vous devez savoir précisément où vous en êtes dans votre vie et où vous voulez vous rendre. Supposez que vous errez quelque part aux États-Unis et que vous m'appelez pour me demander : « Comment puis-je me rendre à Toledo ? » Ma première question sera évidemment : « Eh bien, où êtes-vous présentement ? » Logiquement, si vous me posez cette question, c'est que vous êtes probablement en Californie, je vous donnerai donc des informations très différentes que si j'apprenais que vous êtes en Caroline du Sud. Il en va de même pour les conseils que je vous donnerai afin de changer votre vie : si vous m'informez, par exemple, que votre mariage va droit à la catastrophe, j'aurai une approche complètement différente que si vous me dites que votre mariage fonctionne à merveille. Si vous m'informez que vous vous embourbez à cause de votre piètre gestion émotive et physique, j'opterai pour une certaine approche ; si vous me dites que vous êtes une personne disciplinée et en contrôle de votre situation personnelle, j'adopterai une toute autre approche. De même, si vous *vous* mentez sur n'importe quelle dimension de votre vie, vous pouvez brouiller complètement l'image que vous avez de vous-même, de sorte que même une stratégie solide pourrait être compromise.

Soyez conscient que vous pouvez vous mentir de deux façons : soit en déformant la vérité, soit en mentant par omission. Ne pas reconnaître la réalité peut être aussi dangereux que de la déformer. Ainsi, vous devez avoir la force et le courage de vous poser les vraies questions et de formuler des réponses réalistes.

En ce moment, vous pensez peut-être ceci : « Phil, je ne connais même pas les *questions* que je dois me poser et encore moins les réponses. » Soyez sans crainte ; nous élaborerons ces questions ensemble une fois que vous aurez les outils nécessaires pour le faire correctement. À présent, vous devez questionner et examiner volontairement toutes vos convictions. Lorsque nous discutons d'une vérité, vous devez volontairement et honnêtement confronter vos convictions, vos positions et vos modèles comportementaux en regard de cette vérité. Vous ne pouvez pas vous permettre le luxe de vous défendre ou vous permettre le luxe de mentir et de renier. Le reniement, après tout, c'est ce qui détruit les rêves. Il tue l'espoir. Il anéantit ce qui pouvait constituer une solution au problème. Le reniement peut littéralement vous tuer.

Je ne dis pas cela pour être dramatique ; je le dis parce que c'est vrai. Dans virtuellement toutes les couches de la société, j'ai observé les effets du reniement, et vous les avez probablement remarqués également. Il est maintenant temps d'aborder le reniement dans votre vie. Commençons par reconnaître qu'il existe en chaque être humain un mécanisme de défense dont on discute fréquemment et que les spécialistes du comportement appellent communément « défense de la perception ».

La défense de la perception est un mécanisme qui nous protège des choses que notre esprit nous considère incapable de gérer ou auxquelles nous ne voulons pas faire face. Vous avez peut-être déjà entendu parler de ce mécanisme sous le terme « amnésie humaine » ou « amnésie sélective » ; cette amnésie est souvent présente dans des situations particulièrement traumatisantes. Au cours de ma vie professionnelle, j'ai rencontré nombre de gens témoins de la mort ou de la mutilation de leurs enfants ou d'un être cher qui avaient effacé complètement ces événements de leur mémoire. J'ai également travaillé avec des gens qui ont survécu à de terribles accidents, des gens qui étaient parfaitement conscients d'être brûlés, démembrés ou horriblement blessés. Eux non plus, heureusement, n'avaient aucun souvenir de leurs expériences traumatisantes.

Dans ces circonstances, nous ne pouvons que considérer le phénomène de la mémoire sélective comme un cadeau de Dieu. Comme dans presque toutes les situations cependant, peu importe la minceur de votre crêpe, elle possèdera toujours deux côtés. Ce mécanisme ne fonctionne pas toujours pour votre bien. Il n'est pas seulement un mécanisme de défense qui vous protège contre des situations hautement traumatisantes. Portez une attention particulière à cette réalité parce que, comme cette Loi le stipule, ce n'est qu'en acceptant l'existence d'un état que vous pourrez consciemment compenser pour cet état ou le contrôler. Si un trait de la nature humaine vous empêche d'être honnête avec vous-même, vous devez le savoir.

Ce mécanisme de défense est constamment actif dans votre vie. Il peut et il vous empêche de percevoir des réalités auxquelles vous ne voulez pas faire face. Dans nombre de situations, il peut vous empêcher de déceler des signes de danger qui, si vous les preniez en compte, pourraient vous pousser à prendre des décisions importantes en temps opportun. Ce mécanisme vous empêche peut-être de percevoir que vous perdez l'estime de votre patron. Peut-être vous rend-t-il aveugle à la détérioration de votre plus importante relation, entraînant ainsi un éloignement entre cette personne et vous-même et créant probablement des dommages à cette relation. Cette défense naturelle peut vous empêcher de percevoir les signes avant-coureurs d'une maladie grave qui, si elle était dépistée et traitée à temps, pourrait être contrôlée et guérie. Elle peut également vous empêcher de percevoir les signes de danger dans plusieurs comportements négatifs chez vos enfants, tels que la dépression, l'abus de drogue ou d'alcool ou un découragement total face au monde.

Après ma graduation, j'ai repris une étude sur la mémoire sélective réalisée quelques années auparavant par un psychologue beaucoup plus créatif que moi. Dans ma version de l'étude, j'ai utilisé un projecteur de diapositives très sophistiqué pour montrer des mots-stimuli à un certain nombre de sujets. Le projecteur avait la capacité de montrer ces mots pendant des périodes de temps déterminées, de façon précise. Les membres de mon équipe pouvaient faire apparaître ces mots pour un laps de temps aussi minime qu'un centième de seconde ou les afficher indéfiniment sur l'écran.

Pour cette expérience, mes sujets étaient un merveilleux groupe de vieilles dames très conservatrices de l'église baptiste locale. Avant de demander à ces dames de regarder nos diapositives, nous avons installé sur leurs tempes et sur leurs avant-bras de l'équipement sophistiqué de style polygraphe pouvant mesurer les plus petits changements physiologiques. Nous leur avons ensuite montré une série de mots-stimuli en passant par les plus banals, tels que *chêne* et *diligence*, jusqu'à des mots très provocants que le bon goût m'empêche de citer ici.

Lorsque des mots tels *chêne* et *diligence* furent présentés, même s'ils étaient exposés pendant un très court laps de temps, les dames les perçurent infailliblement et nous les ont signalés. Elles furent beaucoup moins efficaces à déceler les mots provocants, même si ces mots furent présentés dix fois plus longtemps que les mots banals. Leur perception sélective leur a tout simplement empêché de voir ces mots. Par ailleurs, même si elles ne pouvaient signaler ces mots et qu'elles n'avaient montré aucun signe d'embarras, les résultats des tests physiologiques nous démontraient une grande activité chez elles : leur température corporelle, leur rythme cardiaque et d'autres indicateurs de stress crevèrent le plafond. Il était évident que leur subconscient avait reconnu ces mots et leur corps avait réagi à ces stimuli, que leur esprit conscient ne pouvait, et ne voulait pas voir.

Ainsi, d'une part le mécanisme de la perception sélective avait protégé les valeurs et les croyances de ces dames, d'autre part cette sélection leur avait caché une partie de la réalité. Votre perception sélective a le même effet sur vous. Lorsqu'on voit le monde comme une lettre censurée de la moitié de ses mots, on vit dans un monde irréel. Si cela ne vous effraie pas de penser à tout ce que vous manquez parce que cela vous désoblige, je crois que votre perception sélective fonctionne en ce moment même. Les réalités que vous ne pouvez pas percevoir ne sont peut-être pas une poignée de mots vulgaires, mais des réalités beaucoup plus importantes. Votre « point aveugle » peut vous empêcher de voir les réalités dont vous avez le plus besoin dans votre vie. Effrayant, n'est-ce pas ?

Le reniement et le mécanisme de perception sélective qui en est la base affectent votre vie de bien plus de manières que vous pouvez l'imaginer. Les problèmes ne se règlent pas avec le temps. Vous ne pouvez changer ce que vous ne reconnaissez pas. Et ce que vous ne reconnaissez pas s'aggravera tant que vous serez aveugle.

Pendant ma carrière, j'ai eu le privilège de travailler dans le domaine de l'aviation (l'aviation est depuis mon enfance une de mes passions), en tant que consultant sur les facteurs humains et ce, pour diverses compagnies d'aviation. Tout comme un pathologiste ou un coroner pratiquent des autopsies pour déterminer la cause physique de la mort, un expert en facteurs humains est consulté, après une tragédie aérienne, afin de pratiquer une autopsie psychologique : il reconstitue les circonstances psychologiques qui ont mené au désastre.

J'ai fait ce travail sur des lieux d'écrasement un peu partout dans le monde. L'instrument que j'utilise pour mon autopsie est la boîte noire. Elle contient les enregistrements sonores provenant du cockpit durant les dernières trente minutes de vol ainsi qu'un enregistreur de données de vol qui nous informe, entre autres, sur l'altitude et la vitesse de l'appareil jusqu'au moment de l'impact. Je crée également un historique détaillé des membres de l'équipage afin de déterminer si des événements antérieurs n'ont pas pu contribuer à l'accident et j'étudie également la version de témoins oculaires et de survivants. Malgré le côté morbide et troublant de ce travail, ces expériences m'ont permis d'apprendre énormément sur la résolution des problèmes humains, la gestion de crise, le « leadership » et le fonctionnement mental et émotionnel dans des situations psychologiquement extrêmes. J'ai également appris sur le pouvoir du reniement.

Il était minuit une minute. Le ciel était dégagé et la visibilité de 8 kilomètres. Le vol 427, qui avait à son bord plus de deux cents personnes, la moitié d'entre elles était de nationalité américaine, se dirigeait vers un aéroport situé dans un pays de l'Europe de l'Est qui venait dernièrement d'ouvrir ses frontières au monde libre. Le commandant de bord Mallen et Holleman, son copilote, volaient ensemble pour la première fois. Ils utilisaient un signal radio habituel comme aide de navigation, mais ils utilisaient plus qu'à l'habitude des références visuelles parce qu'ils ne se fiaient pas au système de navigation de cette nation arriérée qui était peu fiable. En descendant sous les 10 000 pieds pour se préparer à l'atterrissage, il n'y avait pas, comme le stipule la réglementation, de conversations inutiles dans le cockpit. Tout l'équipage était à son poste.

L'aéroport se situait à l'extrémité d'une vallée longue mais étroite de seulement 15 kilomètres. Des montagnes aux sommets enneigés s'élevaient à plus de 4 000 mètres de chaque côté de cette vallée. En positionnant correctement l'avion, les instruments de bord devaient indiquer la position de l'aéroport à douze heures, soit directement au nord, directement face à l'avion. L'auto-pilote pouvait ensuite être enclenché pour suivre cette approche, et dans ce cas, les pilotes l'enclenchèrent. Mais lorsque l'appareil atteignit les 2 600 mètres d'altitude et que l'équipage attendait l'autorisation pour continuer la descente, leurs instruments indiquèrent clairement que l'aéroport se trouvait beaucoup plus à droite de leur trajectoire, à dix heures. Ce qui suit est une transcription partielle de la bande sonore du cockpit :

00:01:14 —

Copilote : *(faisant référence aux instruments indiquant l'aéroport à droite plutôt que droit devant)* « Qu'est-ce qui ne va pas avec ce truc ? »

00:01:20 —

Commandant : « Je ne sais pas, continuons comme ça et il se réajustera. Continuons. »

00:01:32 —

Copilote : « J'ai réparé cet instrument et il n'est toujours pas en ordre. Il fonctionnait, on a eu notre contact initial, non ? » *(Le commandant ne répond pas.) (En bruit de fond, les agents de bord donnant leurs instructions finales avant l'atterrissage. Ils remercient d'avoir choisi cette compagnie.)*

00:01:48 —

Copilote : « Je ne comprends pas — ce truc est complètement bousillé — il indique que nous sommes, il indique que l'aéroport — ce n'est pas — il indique que l'aéroport est là-bas. Pourquoi notre direction est-elle 060 degrés (nord-est) ? Est-ce que c'est bousillé ? — Ça ne fonctionne pas non plus ? »

00:01:54 —

Tour de contrôle : « Vol 427, vous avez l'autorisation d'atterrir sur la piste 35R, les vents à 355 à dix nœuds. Altimètre 30.06. »

00:02:00 —

Copilote : « Vol 427 prêt à l'atterrissage — hum — sur la piste 33R — hum — 35R. »

00:02:05 —

Commandant : « Voilà, je l'ai centré. Je ne, je ne sais pas quoi — à gauche maintenant, à gauche, on s'enligne directement sur l'aéroport. Euh, nous sommes prêts à l'atterrissage. Commencez, commencez—non, arrêtez tout. Ça ne va pas — »

00:02:23 —

Copilote : « Regarde à droite. Nous devrions peut-être — »

00:02:26 —

Système d'avertissement de proximité du sol : « Bip, bip, redresser l'appareil. Impact imminent. Redresser l'appareil. Impact imminent. Bip, bip. »

00:02:27 — Commandant : « Qu'est-ce que — Redresse ! Monte tout de suite. Redr — »
(son de l'impact)

Le dernier son enregistré est celui du vol 427 se fracassant sur la façade d'une montagne de 12 000 pieds.

Éclaircir les détails techniques de cette tragédie n'était pas compliqué du tout. En entrant dans la vallée, ces pilotes étaient très occupés dans le cockpit parce que cette destination ne leur était pas familière. Préoccupés par les communications radio et occupés à comprendre le mauvais anglais des contrôleurs aériens, ils n'avaient pas remarqué une déviation dans leur trajectoire d'un degré par seconde vers la droite parce que l'auto-pilote avait été programmé vers une mauvaise destination. Ils traversaient la vallée à 8 kilomètres par minute. Comme la vallée était large de seulement 15 kilomètres, il ne leur a fallu qu'une minute pour dériver substantiellement de leur trajectoire à une altitude inférieure aux sommets des montagnes.

Selon moi, ce qui a tué l'équipage et leur deux cents passagers, c'est le reniement. En examinant leurs conversations, on s'aperçoit qu'à 00:01:14, l'équipage a des indications suggérant qu'ils ne sont pas sur la bonne trajectoire lorsque le copilote dit : « Qu'est-ce qui ne va pas avec ce truc ? » La formation des pilotes commerciaux est très précise et claire. Si vous êtes perdu ou désorienté en terrain montagneux, vous ne discutez pas de la meilleure méthode à adopter. Règle numéro 1 : « Prenez de l'altitude, prenez de l'altitude immédiatement. » L'altitude est votre amie.

J'ai modifié quelques détails de l'incident, par respect pour les personnes impliquées, et ce que j'offre ici n'est que mon opinion. D'autres pourraient mettre l'emphase sur des aspects différents de l'événement. Mais je propose que le propre reniement des pilotes est au cœur de cette tragédie.

Afin qu'ils puissent monter hors de danger, afin que leur stratégie d'évitement fonctionne, ces pilotes devaient s'avouer qu'ils étaient perdus. Pour un pilote professionnel, c'est une déclaration extrêmement désagréable à faire. Cela équivaut à vous dire : « Je ne suis pas à la hauteur ; je ne sais même pas où je suis. » Plutôt que d'affronter la réalité, plutôt que d'accepter cette situation embarrassante, ces pilotes ont mis le blâme sur leurs instruments et ont continué à renier la réalité. Dans cette situation tragique, ils n'avaient qu'une minute pour agir. En reniant la vérité, en n'acceptant pas d'être hors contrôle, ils continuèrent à se diriger à une vitesse de 8 kilomètres à la minute vers une collision mortelle. En d'autres mots, pendant les cinquante secondes où ils ont renié le conflit avec leurs données, ils ont gaspillé cent pour cent de leur marge d'erreur.

Ils ont refusé l'acceptation d'un problème assez longtemps pour se renier eux-mêmes et 250 autres personnes jusqu'à la mort.

Ce type de reniement, à mon avis, est la cause numéro un des accidents mortels dans l'industrie de l'aviation. Les pilotes ne reconnaissent pas qu'il y a un problème et ne réagissent donc pas à temps parce qu'ils ne veulent pas croire que ces problèmes existent. Je suis également convaincu que ce reniement est une tendance qu'on retrouve dans toutes les couches de la société. On ne veut pas admettre que les problèmes sont réels ; on ne veut pas de mauvaises nouvelles et, par conséquent, on devient sourd aux criants signaux de danger.

Une femme, qui en est à son deuxième mariage, est déterminée à ce que son mariage actuel n'ait rien à voir avec son premier ; pourtant, elle ne s'avoue pas que les mêmes modèles comportementaux commencent à se manifester dans son nouveau mariage. Un époux et un père, fier de sa réputation dans la communauté et déterminé à conserver l'apparence d'une famille heureuse, s'entête à croire que tout va bien, même si tout le reste de la famille est en thérapie. En refusant d'accepter que vous êtes hors contrôle et en croyant que tout va pour le mieux, vous perdez un temps précieux et, par conséquent, vous laissez des options vous glisser entre les doigts.

Les pilotes impliqués dans cet accident disposaient de moins de soixante secondes pour accepter et régler leur problème. De combien de temps disposez-vous ?

Votre vie n'est pas à ce point lamentable que vous ne puissiez l'améliorer. *Mais soyez honnête sur ce qui doit être arrangé.* Être honnête implique que vous enleviez vos lunettes roses pour voir clairement le monde et votre vie. Cela peut signifier reconnaître des menaces critiques et immédiates qui se pointent à l'horizon, comme celles qui planaient au-dessus des pilotes, ou identifier les subtiles fuites qui vous vident de vos espoirs et de vos rêves. La vérité que vous devez percevoir implique d'autres personnes dans votre vie, mais cette vérité vous concerne sûrement plus. Si, présentement, vous vivez comme un mollusque paresseux, admettez-le. Si vous êtes amère et hostile, admettez-le. Si vous avez peur, admettez-le. Soyez honnête, sinon vous vous tromperez vous-même et vous perdrez ce qui pourrait être la meilleure chance que vous n'ayez jamais eue d'échapper au marasme de votre vie actuelle et d'obtenir ce que vous voulez vraiment.

Il n'est pas surprenant de constater qu'il est plus facile de voir cette Loi à l'œuvre dans la vie des autres. Comment font-ils pour ne pas voir le gâchis qu'ils font de leur vie ? L'alcoolisme est un bon exemple. Presque toutes les personnes dans notre société sont au courant de ce qu'est l'alcoolisme. Vous êtes peut-être un alcoolique, vous connaissez un alcoolique ou avez déjà eu une relation avec un alcoolique, qu'il soit un ami ou un membre de la famille. En se basant sur votre connaissance de l'alcoolisme, à combien évaluez-vous les chances qu'un ou une alcoolique surmonte son problème s'il ou elle n'accepte pas que c'est un problème ? Si vous croyez que ses chances sont presque nulles, je dirais que votre estimation est un peu trop optimiste. Si ces alcooliques ne font pas face à leur problème, ils ne le régleront jamais.

La même nécessité d'acceptation s'applique à vous également. Si vous ne voulez pas ou vous ne pouvez pas identifier ou consciemment accepter vos comportements et vos traits de personnalité négatifs, vous ne pourrez simplement pas les changer ; pas plus que l'alcoolique qui vit dans le reniement. Point (à la ligne), fin de l'histoire. Qu'est-ce que je veux que vous acceptiez ? Je veux que vous acceptiez ce qui *ne* fonctionne *pas* dans votre vie : vous, votre mariage, votre carrière, votre attitude, votre colère, votre déprime, votre peur, tout ce qui ne fonctionne pas. Comme je l'ai dit plus tôt, je me fiche que vous soyez absolument certain que ce que vous faites est bien. Si ça ne fonctionne pas, eh bien changez-le.

Nous devons parler franchement de ce que j'entends par *accepter*. Je ne parle pas d'un petit signe positif de la tête ou de belles paroles vides de toute conviction ou de vains engagements. Combien de fois avez-vous entendu quelqu'un dire : « Eh, il faut vraiment que je m'occupe de ça. » ou « Je sais que c'est un gros problème ; que vais-je faire ? » ou « Tu as raison, je veux vraiment changer, *mais...* » ?

Ce n'est pas en disant cela qu'on accepte le problème. L'acceptation est une véritable confrontation sérieuse, brute et définitive avec vous-même à propos de vos agissements ou de votre inertie, et sur ce que vous tolérez de destructif dans votre vie. L'acceptation n'est pas une interprétation hypocrite, fausse et sans conviction de ce que vous pensez que les gens veulent entendre. Ce n'est pas non plus une « confession » atténuée et politiquement correcte que vous utilisez afin de vous rapprocher des gens, aux dépens de la vérité. C'est confronter la réalité brute : vous gifler et admettre ce que vous faites pour gâcher votre vie. Cela implique également d'admettre que vous recevez des gratifications pour ce que vous faites, aussi subtiles ou malsaines qu'elles soient. Si vous êtes incapable d'être brutalement et profondément honnête avec vous-même sur qui vous êtes et sur ce qui ne fonctionne pas, alors vous ne changerez jamais. C'est aussi simple que cela.

Rappelez-vous les paroles du personnage qu'incarne Jack Nicholson dans *A few good men* : « Tu es incapable d'affronter la vérité ! » En étant vraiment sincères avec eux-mêmes, la plupart des êtres n'auraient d'autre choix que d'accepter la justesse de cet énoncé. Les gens, dans leur majorité, ne veulent pas la vérité mais une confirmation de ce qu'ils sont. Ils veulent consolider leur pensée, bonne ou mauvaise. Ils recherchent des personnes et des informations qui renforcent les conclusions, basées sur des faits ou non, déjà atteintes. Les seules choses qu'ils veulent entendre sont celles qui leur plaisent et les confortent dans ce qu'ils sont et dans leur situation présente.

Vérifiez si cette affirmation s'applique à vous. Puisque vous lisez présentement sur la manière d'effectuer des changements significatifs et durables, vous pouvez probablement inventer cinquante raisons pour lesquelles vous ne pouvez pas changer. Et savez-vous ? Allez-y, continuez, et une fois de plus dans votre vie, vous allez avoir raison. Nous nous donnons raison parce que c'est ce que nous chérissons dans la vie : avoir raison. Nous nous donnons raison en vivant en accord avec nos convictions. Toutes ces années où j'ai travaillé avec mes patients, et particulièrement lorsque je travaillais avec des couples, leur but le plus commun n'était pas de savoir comment vivre ou agir de manière productive, mais bien de me persuader que leurs convictions et leurs comportements étaient justes. Rares sont les couples qui sont venus me voir et me dire sincèrement : « Docteur McGraw, je veux que mon mariage fonctionne, peu importe qui a raison. » Ce que, et le mari et l'épouse me disaient généralement, c'était : « Je veux que vous reconnaissiez que j'ai raison et que vous convainquiez mon (ou ma) conjoint(e) que j'ai raison afin de faire les choses à ma façon. »

Cet entêtement à avoir raison peut avoir des conséquences tragiques. J'ai vu nombre de couples où chacun des parents tenait tellement à son point de vue sur l'éducation des enfants qu'il était prêt à détruire sa relation et sa famille plutôt que de changer d'avis. Et dans la plupart des cas, les *deux parents* étaient loin, très loin, d'avoir raison.

Si vous acceptez la prémisse qui stipule que les gens sont naturellement hédonistes, c'est-à-dire que nous recherchons le plaisir et que nous évitons la douleur, vous reconnaîtrez que ce n'est pas facile de faire face à la réalité et que cette réalité est difficile à changer. Pour rester confortable, vous devez garder le statu quo car le changement peut être apeurant, risqué et exigeant. Accepter l'existence d'un problème peut être extrêmement menaçant. Cela peut créer beaucoup d'anxiété. C'est comme si vous vous mettiez vous-même sur la sellette. Aussi longtemps que vous n'admettrez pas que votre vie ne fonctionne pas, vous continuerez à vous laisser aller et à laisser passer. Mais, si vous admettez que quelque chose ne fonctionne pas, vous vous trahissez en acceptant ce qui est néfaste pour vous.

Lorsque vous acceptez l'existence d'un problème *et* lorsque vous acceptez que vous en êtes responsable, rester dans un statu quo devient bien plus difficile. Vous avez contré votre système d'illusions ; vous pouvez maintenant soit vous détruire consciemment, soit effectuer des changements. Lorsque vous acceptez la responsabilité d'un problème, vous ne pouvez plus vous cacher derrière les autres. Rappelez-vous, les accidents n'existent pas ; vous créez votre propre expérience en faisant des choix et en agissant. Vous mentir à vous-même par omission n'est pas une bonne manière de commencer à changer.

Afin d'inclure cette Loi dans votre stratégie de vie, vous devez embrasser complètement le concept d'honnêteté en général et, en particulier, celui de l'honnêteté envers soi-même. L'honnêteté, c'est la vérité ; l'entière vérité ; la vérité pure et dure. Il faut du courage pour être brutalement et franchement honnête avec vous-même.

Comme vous avez déjà commencé à créer votre propre stratégie de vie, prenez maintenant un engagement envers vous-même : je ne me mentirai pas, je ne trouverai pas d'excuses, je ne me cacherai pas la réalité. Ce n'est pas le temps de vous leurrer avec une évaluation personnelle à l'eau de rose ; ne vous inventez pas *votre* réalité, regardez-la telle qu'elle *est*. Vous devez vous poser volontairement les questions pénibles et vous devez y répondre avec une honnêteté sans faille :

— *Est-ce que je vis comme un perdant ?* Si oui, admettez-le, « Je vis comme un perdant. Je n'ai pas d'excuses. Je vis réellement comme un perdant. »
— *Suis-je paresseux ? Suis-je trop indulgent envers moi-même ?* Si oui, admettez-le.
— *Est-ce que ma vie est un cul-de-sac ?* Si oui, admettez-le.
— *Ai-je peur ? Est-ce que j'aborde la vie avec les mains moites ?* Si oui, admettez-le.
— *Mon mariage s'embourbe-t-il et est-il émotionnellement mort ?* Si oui, admettez-le.

— *Mes enfants vivent-ils comme des perdants ?* Si oui, admettez-le.
— *N'ai-je pas de buts ? Est-ce que je ne fais que suivre le courant, jour après jour ?* Si oui, admettez-le.
— *Est-ce que je persiste à me faire des promesses que je ne tiens jamais ?* Si oui, admettez-le.

Je suis convaincu que 50 pour cent des solutions aux problèmes reposent toujours dans la définition du problème. Dès que vous aurez le courage et que vous vous serez engagé à voir la réalité telle qu'elle est, vous ne pourrez plus passer et vous ne passerez plus une autre journée dans un monde irréel. Vous ne pouvez vous contenter de moins. Par exemple, si vous tentez de déterminer pourquoi vous n'arrivez pas à atteindre certains de vos buts, vous ne devez pas vous donner le bénéfice du doute. Vous ne devez pas vous satisfaire d'excuses. Vous devez vivre et penser en appliquant les Lois de la Vie que nous avons vues jusqu'à présent. Et plus spécifiquement, vous devez *accepter* que, peu importe les circonstances, rien n'est accidentel. Pas d'excuse : c'est votre problème, vous l'avez créé.

Vous devez *accepter* qu'il vous est nécessaire d'acquérir davantage de connaissances pour détenir le pouvoir de changer. Vous devez *accepter* que vous êtes gratifié lorsque vous continuez à vivre avec des comportements indésirables ; vous devez volontairement *accepter* et identifier vos traits de personnalité qui vous empêchent de réussir. Si vous avez peur, vous devez dire : « J'ai peur. » Si vous êtes confus, admettez-le. Imaginez combien il serait rafraîchissant, en vous réveillant demain matin, de pouvoir honnêtement vous dire : « Pour la première fois de ma vie, je ne me mens pas à moi-même. Pour la première fois de ma vie, je fais honnêtement face à la réalité. »

Vous ne pouvez pas guérir ce que vous ne reconnaissez pas. Cela signifie, comme vous l'avez lu à plusieurs reprises dans cet ouvrage, qu'admettre ce qui est négatif dans votre vie est une attitude positive. Dans le passé, vous avez peut-être considéré négatif ce genre de déclaration. Mais cette attitude est pour les lâches. C'est choisir de renier plutôt que d'accepter la réalité. Cette attitude vous fera manger la poussière levée par ceux qui font face à la vérité.

Considérez les avantages que pourrait vous procurer la reconnaissance de vos problèmes. Saisir cette occasion serait comme si la commission des libertés sur parole faisait une offre à un individu condamné à la prison à vie : « Nous allons vous amnistier, vous blanchir de tous les crimes que vous avez commis, si vous nous rédigez immédiatement une confession de tous vos crimes. Inscrivez sur cette feuille de papier tous vos crimes et vous pourrez partir. Si vous omettez d'inscrire sur cette feuille un de vos crimes, vous pourrez être poursuivi pour ce crime. Mais si vous l'inscrivez, vous êtes blanchi de ce crime. »

Si ce criminel rejette cette offre parce qu'il est trop embarrassé, trop paresseux ou rendu trop loin dans le reniement de ses crimes, penseriez-vous que c'est un imbécile ? Vous lui diriez : « Ne perds pas cette chance ! Aie le courage de les inscrire tous, tout de suite ; saisis ta chance et supprime d'un seul coup tous les méfaits que tu as commis dans ta vie. » C'est exactement ce que je vous dis en ce moment. Soyez brutalement honnête avec vous-même. Ne reniez aucun de vos « crimes de vie » et ne mâchez pas vos mots. Si vous êtes obèse, vous êtes obèse. Si vous êtes paresseux, vous êtes paresseux. Si vous avez peur, vous avez peur. Vous n'avez pas des problèmes de glande, de déficit énergétique ou une approche prudente de la vie. Vous êtes obèse, paresseux et vous avez peur. Dites les choses comme elles sont véritablement ou elles resteront telles quelles.

La mise du poker augmente drastiquement lorsque nous commençons à accepter la vérité à notre sujet. Vous pouvez vous dire sans conviction une seule partie de la vérité, mais si vous désirez vraiment changer, ne faites pas les choses à moitié ; vous raterez votre cible, et de loin. Une bonne partie du défi est d'accepter qu'en chacun de nous il y a des choses pas très belles, ni très courageuses, ni très attirantes. C'est cette partie de nous qui nous pousse à faire des compromis ; c'est cette partie qui nous tiraille et qui nous pousse à avoir des comportements nous éloignant de nos objectifs sains. Je n'essaye pas de vous déprimer. Je tente de vous rendre vrai. Faites face à cette partie de vous pour la changer.

Vous devez vous donner la permission de n'être pas parfait. Vous devez vous donner la permission d'avoir accumulé un bagage psychologique contenant des pensées, des sentiments et des émotions faussés au fil des ans sans pour autant vous condamner comme une mauvaise personne.

Si vous êtes assez vieux pour vous être rendu dans une librairie afin d'acheter ce livre, vous avez sûrement assez vécu pour avoir connu des événements qui vous ont changé dramatiquement. Vous avez peut-être aimé et tout ce que vous en avez retiré est un cœur brisé. Vous vous êtes peut-être éloigné de cette situation avec amertume, ressentiment, souffrance et peur. Peut-être avez-vous été accusé et condamné à tort par autrui et que cela vous a laissé en colère, amer et plein de ressentiments. Peut-être avez-vous perdu un enfant, un frère ou une sœur et que cela vous a amené à questionner le sens et la justice de la vie, que cela vous a éloigné de Dieu ou effrayé de la vie en général. Vous vivez peut-être un mariage ou une relation marqués par la discorde ou l'hostilité et cela vous a poussé à être sur vos gardes et réticent à vous ouvrir, à être vulnérable. Peut-être doutez-vous de votre valeur ou vous demandez-vous si vous avez les qualités que les autres ont, et ceci vous laisse apeuré et seul.

Ce sont des aspects révélateurs de qui vous êtes et de ce que vous créez dans cette vie. Vous avez choisi des manières d'accommoder et d'incorporer ces traits de personnalité. Si vous ignorez ou niez que des expériences, comme celles citées ci-dessus, ont créé les traits caractériels régissant la manière dont vous interagissez avec autrui, vous reniez un aspect important de votre vie. Vous ne pouvez pas changer ce que vous ne reconnaissez pas. Si vous ne reconnaissez pas l'existence de ces traits de personnalité et de ces événements qui faussent votre vision de la réalité, et si vous n'acceptez pas que vous en êtes véritablement responsable, vous ne pourrez jamais et vous n'allez jamais vous échapper de cette expérience. Lorsque je dis véritablement responsable, encore une fois, ne jouez pas au jeu du blâme. Ne dites pas : « Oui, oui, c'est de ma faute parce que je ne suis pas né beau et intelligent. » C'est une belle excuse. Reconnaissez véritablement que vous pouvez faire des choix afin de changer.

Effectuer des changements significatifs et durables dans votre vie, même dans les meilleures circonstances, est déjà assez difficile. N'ajoutez pas à cette difficulté en évaluant de manière crédule et naïve ce qui se passe dans votre vie. Ne vous laissez pas leurrer par vos propres paroles, pas plus que par les paroles d'autrui. Même si ce livre vient vous chercher là où vous en êtes dans votre vie, vous devez tout de même être honnête sur où vous en êtes. Vous devez devenir réaliste.

CHAPITRE SIX

La vie récompense l'action

Bien fait, c'est mieux que bien dit.
— Benjamin Franklin

Loi de la vie n° 5 : La vie récompense l'action

Votre stratégie : Prenez des décisions éclairées, puis passez aux actes. Apprenez que le monde se moque éperdument des pensées sans actions.

Les réponses et les résultats que vous recevez des gens, dans toutes les situations, sont déclenchés par les stimuli que vous leur procurez. Ces stimuli sont vos comportements. C'est la seule façon qu'ont les gens de vous connaître et de décider si vous devez être récompensé ou puni. Si vous vous comportez de manière gratuite, dénuée de sens et non constructive, vous obtiendrez des résultats inférieurs. Si vous vous comportez de manière réfléchie, significative et constructive, vous obtiendrez des résultats supérieurs. Voilà comment vous créez votre propre expérience. Lorsque vous choisissez un comportement, vous choisissez ses conséquences. Meilleurs sont vos choix, meilleurs seront les résultats ; meilleurs sont vos comportements, meilleurs seront vos résultats. Mais, en définitive, si vous ne faites rien, vous n'obtenez ni l'un ni l'autre. La vie récompense l'action.

Les gens se moquent de vos intentions. Ils se soucient de ce que vous faites. Le fisc se moque de *l'intention* que vous aviez de payer vos impôts ; votre enfant se moque de *l'intention* que vous aviez de préparer le dîner ; les gens, à une intersection, ne sont pas rassurés parce que vous aviez « l'intention » de vous arrêter. Ce qui importe et ce qui détermine le script de votre vie, ce sont vos actions.

Exercice n° 7 : *Découvrons quel genre de stimuli vous procurez au monde. Vos comportements vous pourrissent-ils la vie ? Avez-vous arrêté de poser les gestes qui créent des résultats positifs et vous contentez-vous d'un mode de vie sans éclat et sans mouvement ? Faites ce Test du bourbier afin de vous évaluer. Et ne mentez pas, vous vous sentiriez coupable. Rappelez-vous que vous ne pouvez pas changer ce que vous ne reconnaissez pas.*

Test du bourbier

1 — Passez-vous un grand pourcentage de vos temps libres affalé devant la télévision à regarder des téléromans ridicules ou toute autre émission ?

Je l'admets Je le renie

2 — Lorsque vous êtes à la maison, portez-vous toujours les mêmes robes de nuit, T-shirt, shorts bouffants, pyjamas, ou si souvent, qu'ils sont considérés comme votre « uniforme » ?

Je l'admets Je le renie

3 — Est-ce que vous restez devant votre réfrigérateur à fixer son contenu, espérant découvrir quelque chose qui n'y était pas cinq minutes auparavant ?

Je l'admets Je le renie

4 — Considérez-vous la vie comme un sport de spectateur et que vous prenez place dans la section la moins chère ?

Je l'admets Je le renie

5 — Vivez-vous par procuration à travers les personnages de télévision et en discutez-vous comme s'ils existaient vraiment ?

Je l'admets Je le renie

6 — Comptez-vous et recomptez-vous vraiment les items contenus dans votre panier d'épicerie avant de choisir la caisse rapide ?

Je l'admets Je le renie

7 — Est-ce que vous parlez uniquement de votre travail ou de vos enfants ?

Je l'admets Je le renie

8 — Dans les rares occasions où vous décidez de sortir, est-ce que vous avez à débattre sur la destination à choisir pendant trente minutes ?

Je l'admets Je le renie

9 — Ne mangez-vous qu'à des endroits où vous devez regarder vers le haut pour voir le menu plutôt que vers le bas ?

Je l'admets Je le renie

10 — Avez-vous des rapports sexuels tous les trois mois et en moins de quatre minutes pour que ça n'empiète pas sur votre émission favorite ?

Je l'admets Je le renie

11 — Fantasmez-vous sur des choses que vous n'avez jamais faites ?

Je l'admets Je le renie

12 — Êtes-vous méfiant par rapport aux gens qui semblent heureux parce que cela ne semble pas possible ?

Je l'admets Je le renie

13 — Est-ce que vos normes de conduite baissent lorsque vous êtes seul ?

Je l'admets Je le renie

14 — Est-ce que la chose la plus excitante qui puisse vous arriver dans votre vie s'est déjà produite ?

Je l'admets Je le renie

15 — Lorsque vous vous réveillez, êtes-vous terrorisé à l'idée de vivre une autre journée ?

Je l'admets Je le renie

16 — Vous sentez-vous seul, même lorsqu'il y a des gens autour de vous ?

Je l'admets Je le renie

17 — Est-ce que votre apparence ou votre présentation personnelle semble se détériorer ?

Je l'admets Je le renie

18 — Votre but dans la vie est-il de passer à travers une autre semaine ou un autre mois ?

Je l'admets Je le renie

19 — Dites-vous « non » la majorité du temps, peu importe la question ?

Je l'admets Je le renie

20 — Pour que vous rencontriez des gens, faudrait-il qu'ils se jettent devant votre voiture ou qu'ils s'assoient devant vous lorsque vous regardez la télévision ?

Je l'admets Je le renie

Si vous avez répondu « je l'admets » à huit ou plus de ces questions, vous vous embourbez. Si vous en avez douze ou plus, nous devrions certainement vous envoyer une équipe de secours. Mais en progressant jusqu'ici dans ce livre, vous avez exprimé le désir de vous sortir de ce bourbier. Vous vous programmez pour être réceptif à ces Lois de la Vie et pour fonctionner à un niveau plus élevé. Vous reconnaissez qu'il est temps de convertir vos idées, votre compréhension et votre conscience, pour en faire des actions réfléchies, significatives et constructives. N'est-ce pas ?

Commencez par vous engager à évaluer votre vie, non pas selon vos intentions, mais selon vos résultats. Il est dit que : « Les chemins de l'enfer sont pavés de bonnes intentions. »

J'utilise cette maxime pour vous expliquer que de bonnes intentions sans actions ne vous mèneront nulle part sauf vers le bas. Toutefois, votre tendance naturelle, que vous l'admettiez ou non, c'est d'inventer des excuses. Votre tendance naturelle est de vous donner la permission de dire ce que vous voulez ou ce que vous avez l'intention de faire, mais d'être loin de le faire. C'est la nature humaine. Vous n'avez pas inventé cette méthode, mais, dans une société de procrastination, c'est la norme. Dans une société surpeuplée de « victimes », c'est typique. « Ce n'est pas de ma faute. Ce n'est pas mon travail. » J'ai des nouvelles pour vous : vous êtes votre travail.

Je ne suis pas intéressé à vous aider à développer une liste d'intentions. Je ne veux pas non plus vous donner des « conseils intéressants » pour votre vie et que nous en finissions là, sans y rattacher d'actions. Je suis intéressé à créer des changements dans votre vie. Savoir pourquoi vous échouez dans tous vos efforts est la moitié du défi, seulement la moitié. Je veux vous influencer de façon à ce que vous vous libériez de vos comportements typiques et de vos excuses habituelles. Cela signifie que vous allez devoir vous évaluer en vous *basant sur vos résultats*.

Évaluer le succès ou l'échec seulement en fonction des résultats signifie que vous plongez tête première dans une évaluation personnelle essentielle. Il est primordial de le faire de cette façon parce que *c'est de cette façon que le monde vous évalue*. Vous ne pouvez pas instaurer vos propres règles ou lois : le monde possède déjà les siennes. Et plus important encore, le monde a la capacité de faire respecter ces règles.

Que ce soit le marqueur de buts du Super Bowl, votre patron examinant vos commissions de vente ou l'officier de police en motocyclette qui vous regarde à une intersection, aucun d'eux ne se soucie de ce que vous aviez l'intention de faire, il s'intéresse à ce que vous faites. Comme Platon a écrit : « On apprend bien plus d'un homme en une heure de jeu, qu'en une année de conversation. » Ce n'est qu'une manière éloquente de dire que la *parole est faible*.

Si vous commencez à évaluer votre vie en vous basant sur les résultats, cela signifie que vous n'acceptez pas non plus les excuses d'autrui. Si vous décidez que vous méritez un meilleur traitement des personnes avec qui vous vivez, mesurez ce traitement en mesurant leurs actions, pas leurs mots. Vous ne pouvez pas passer le reste de votre vie en laissant quelqu'un vous dire comment vous devez vous sentir ou encore, que vous vous fourvoyez. Ces personnes doivent s'opposer ou se taire, il en va de même pour vous. Pour que ce livre ait une certaine valeur, peu importe ce dont nous parlons, peu importe les problèmes que nous attaquons ou quelles questions nous abordons, vous devez vous engager à vous évaluer et à évaluer les autres sur la base des résultats. Dur, mais vrai. Ce n'est que par les résultats que nous pouvons être sûr que les changements sont réels. Vous savez aussi bien que moi que je vous dis les choses comme elles sont réellement. Vous pouvez choisir d'ignorer cette vérité, mais cela ne la changera pas.

La procrastination, l'intention à l'état pur, est un fléau de l'existence humaine. Assigné à la gériatrie lorsque je faisais mon internat dans un hôpital psychiatrique de Virginie, j'ai eu l'occasion de faire des « thérapies » avec un bon nombre de vieux vétérans que les circonstances de la vie avaient amenés jusqu'à notre hôpital. J'ai mis le mot *thérapie* entre guillemets parce que, dans la plupart de ces rencontres, le patient était le professeur et, en toute honnêteté, j'étais l'élève.

Ces hommes, venant de toutes les couches de la société et de tous les niveaux d'éducation et de sophistication , apprirent à ce jeune docteur des choses importantes sur la vie. La plus importante de toutes était que chacun d'entre eux, approchant de la fin de la vie, souhaitait faire des choses qu'il n'avait pas pu faire. Un d'entre eux regrettait de n'être pas retourné aux Philippines pour visiter la tombe d'un ami d'armée ; un autre avait rêvé de faire publier ses histoires de détective, mais n'avait jamais pu prendre son courage à deux mains pour envoyer ses manuscrits ; un autre aurait souhaité avoir passé plus de temps avec sa petite-fille avant sa mort tragique dans un accident d'automobile.

D'une manière ou d'une autre, ils me disaient tous : « Ne gaspille rien, fiston. Quand c'est terminé, c'est terminé. » Avec la sagesse de l'âge et de l'expérience, chacun d'entre eux m'avait dit qu'il avait eu l'intention de faire bien plus de choses qu'il en avait faites. Ils ne parlaient pas seulement des gestes qu'ils n'avaient pas posés et des occasions perdues, mais aussi de « *timing* ». Il est vrai que la vie nous propose des occasions. Souvent, ces occasions seront possibles pour un certain temps, puis elles s'évanouiront à jamais. En évaluant les aspects de votre vie où vous ressentez un besoin d'action, reconnaissez que vous devez saisir les occasions lorsqu'elles se présentent et les créer lorsqu'elles ne le font pas.

Vous arrive-t-il de vous dire : « Combien de temps me reste-t-il ? » Si vous avez quarante ans, il vous en reste peut-être quarante autres pour faire ce que vous devez faire. Mais après tout, peut-être que non. Peut-être mourrez-vous avant de finir ce chapitre. Que peut-on y faire ?

Rappelez-vous une des vérités formulées par le vieux loup : « Ne changez pas de plan comme vous changez de vêtements. » Le temps est impitoyable. C'est une ressource que vous ne pouvez pas régénérer. La vie que vous avez présentement, celle que vous vivez, est la seule qui vous a été accordée, à tout le moins dans ce monde. Et chaque moment où vous ne faites pas d'actions significatives est un autre moment gaspillé.

La formule consacrée pour des actions significatives va comme suit :

Être
Faire
Avoir

Cette formule dit : ÊTRE engagé, FAIRE ce qu'il faut pour AVOIR ce que vous voulez. Pour ce qui est de la Loi de la Vie n° 5, nous parlons du ÊTRE. Vous savez un centuple de plus que ce que vous saviez la semaine dernière, mais si vous ne faites rien de ce savoir, vous n'êtes pas plus efficace que la semaine dernière où vous étiez moins éclairé sur le sujet.

Jusqu'à ce que le savoir, la conscience, la pensée et la compréhension se convertissent en action, ils n'ont pas de valeur. Si un docteur sait pourquoi vous êtes mourant, mais qu'il ne fait rien pour vous aider, vous êtes mort. Si quelqu'un sait qu'il vous écrase un pied, mais ne se déplace pas, votre pied est toujours meurtri. Si vous savez pourquoi votre mariage ne fonctionne pas, mais que vous n'y changez rien, le mariage ne fonctionnera pas. Si vous savez pourquoi vous êtes frustré et déprimé dans votre vie, mais que vous ne faites rien, vous continuerez d'être frustré et déprimé. La vie récompense l'action ; elle ne récompense ni les intentions, ni les pensées, ni la sagesse, ni la compréhension.

La différence entre les gagnants et les perdants, c'est que les gagnants font les choses que les perdants ne veulent pas faire. Prenez note de l'importance du mot *faire* dans cet énoncé. Les gens qui gagnent font des actions réfléchies et significatives ; ils ne font pas qu'y réfléchir. Leur vie n'est pas qu'une grande planification. Ils ne convoquent pas une réunion pour convoquer une réunion pour planifier une autre réunion où ils décideront de la marche à suivre. Il est un temps où vous devez passer aux actes. Pour obtenir ce que vous voulez, vous devez faire ce qu'il faut.

Rappelez-vous une mise en garde de la Bible qui stipule que la foi sans actions n'a pas de valeur. Sans des actions significatives, vous n'êtes qu'un passager, se faisant trimballer sans contrôle ni direction imposée. Certaines personnes préfèrent le rôle du passager parce qu'il n'engendre pas la pression créée par toute décision ni la pression d'être responsables des résultats de leur vie. Si vous faites partie de ces gens, vous devez, soit vous réveiller et prendre les commandes, soit vous préparer à devenir un mannequin servant à tester les impacts automobiles.

J'ai placé cette Loi de la Vie ici dans cet ouvrage parce que vous en savez maintenant assez sur vous pour commencer à *agir*. Le moment est venu pour vous, même si nous n'avons pas encore élaboré une stratégie de vie spécifique, de faire les choses différemment. La Loi de la Vie n° 1, *Il y a ceux qui comprennent, et ceux qui ne comprennent pas,* vous dit que vous devez faire ce qu'il faut pour accumuler les connaissances nécessaires afin de faire partie de « ceux qui comprennent ». La Loi de la Vie n° 2, *Nous créons notre propre expérience*, vous informe que, lorsque vous choisissez un comportement, vous choisissez également les conséquences de ce comportement. Vous devez commencer à choisir les bons comportements afin d'obtenir les bonnes conséquences. Vous devez discipliner vos comportements pour l'obtention de ce que vous voulez. La Loi de la Vie n° 3 , *Les gens font ce qui fonctionne*, vous demande : « Avez-vous besoin de changer ce que vous faites afin d'obtenir des résultats sains, plutôt que des résultats malsains ? » Si vous changez ce que vous faites et que vous changez les gratifications que vous obtenez, vous vous dirigez vers la bonne voie.

Rien ne changera dans votre vie si vous ne commencez pas à *faire* les choses différemment. La question que vous devriez vous poser est : « Si ce n'est pas maintenant, quand le ferai-je ? »

Nous allons consacrer beaucoup de temps sur les priorités dans votre vie et sur la manière de gérer votre temps et votre énergie. Mais pour l'instant, reconnaissez que si vous n'*avez* pas ce que vous voulez, c'est parce que vous ne passez pas aux actes. Et si vous ne passez pas aux actes, vous n'aurez rien ; vous ne pouvez douter de cela. C'est votre tâche d'utiliser le savoir qu'apporte cette Loi et toutes les autres Lois pour vous assurer que vos actions soient réfléchies, significatives et constructives. En créant votre propre expérience par vos actions, le choix vous incombe ; vos choix seront différents des miens et différents de ceux des autres. J'adhère au vieux dicton suivant : « Vous ne verrez jamais un homme sur son lit de mort dire : J'aurais souhaité consacrer plus de temps à mon entreprise. » Nous savons tous ce qui est important, mais est-ce que nous nous y attardons et est-ce que nous y travaillons ou bien réagissons-nous simplement à ce qui nous saute aux yeux, en ayant l'intention d'éventuellement poser des gestes significatifs ?

Passez aux actes. Ne vous assoyez pas sur votre savoir et faites quelque chose de différent avec votre vie. Nos vies changent par tendances et selon un rythme défini. Si vous commencez à faire les choses différemment, que ce soit vous entraîner plus souvent, exprimer vos sentiments, retourner à l'école, prier davantage ou postuler pour un nouvel emploi, vos actions gagneront de la vitesse. Vous rencontrerez de nouvelles personnes ; de nouvelles possibilités s'ouvriront à vous. Et bientôt, vous découvrirez que votre vie n'aura plus la même mélodie ; elle s'enrichira de milliers d'accords. Vous réaliserez que les vieux dictons ont la vie longue parce qu'ils sont vrais : « On n'attrape pas de poissons si dans l'eau on ne met pas l'hameçon. » Cette Loi doit vous amener à passer aux actes ou à jeter l'éponge ; vous amener à mettre des verbes dans vos phrases ou de l'action dans vos vies.

Exercice n° 8 : *Si vous êtes comme la plupart des gens, une des choses qui demande de l'action dans votre vie est de vous rapprocher émotionnellement de quelqu'un que vous aimez. Ne serait-il pas tragique que vous, ou ceux que vous aimez, manquiez de temps pour surmonter l'inertie de votre vie et que vous ne puissiez pas révéler ce qu'il y a dans votre cœur ?*

Ce problème de sentiments bien intentionnés mais non exprimés est tellement important et vous offre une occasion si significative de passer aux actes, que je veux que nous l'abordions immédiatement. Pour vous exercer à vivre activement, faites immédiatement une liste des cinq à dix personnes les plus importantes pour vous. Ensuite, écrivez pour chacune de ces personnes tout ce qui n'aurait pas été dit si l'un de vous décédait en ce moment même. Soyez sincère et laissez parler votre cœur.

Ne vous défilez pas en disant : « Eh bien, je ne leur ai pas dit, mais ils le savent. » Non : lorsque vous mourez ou lorsqu'ils meurent, c'est pour toujours. Aucune seconde chance. Si, par exemple, une de ces personnes est votre enfant, et, Dieu nous en garde, vous mouriez aujourd'hui, vous auriez peut-être souhaité avoir dit quelque chose comme ceci : « Je t'aime. Je suis et je serai toujours fier de toi, même si je ne te l'ai pas souvent dit, même si je ne te l'ai jamais dit. Tu es si spécial. S'il te plaît, souviens-toi tous les jours de ta vie que je t'ai aimé. Et maintenant, sachant que je n'en ai plus pour longtemps en ce monde, je suis vraiment désolé de n'avoir pas passé plus de temps à te connaître, à être avec toi et à te laisser me connaître. Tu es un homme bon et un bon père. Le monde est meilleur parce que tu existes. S'il te plaît, porte-toi bien, sois heureux, vis, et aime dans ta vie. Sache qu'il y avait quelqu'un en ce monde qui reconnaissait que tu es extraordinaire, qui croyait en toi et qui t'aimait. Prends soin de toi, pour moi. Si je meurs ce soir, je le ferai en paix sachant que tu sais ce qu'il y avait dans mon cœur. »

Peut-être que ces paroles, qui m'ont été dites par mon père juste avant sa mort prématurée, peuvent vous aider à commencer d'exprimer vos sentiments qui, en restant tacites, *sans l'ingrédient crucial qu'est l'action*, n'ont aucune importance. Par ailleurs, ces mêmes sentiments, exprimés sincèrement, sont à chérir pour toujours. Faites l'action de créer votre propre expérience. Je dois vous dire que, si mon père ne m'avait pas dit ces mots, je n'aurais pas « seulement su ». J'avais besoin d'entendre ces mots. Tout comme les personnes dans votre vie.

Ce n'est pas tout ce que j'ai retiré de ma dernière rencontre avec mon père. J'ai également ouvert mon cœur. Comme je savais que tout avait été dit, j'étais en paix avec moi-même au moment de sa mort. À un certain moment de notre conversation, je lui ai demandé comment il se sentait physiquement. Sa réponse, tellement typique de « Dr. Joe » (comme il se faisait appeler), fut : « Eh bien, je n'achèterais pas de bananes vertes. J'aurais peu de chance de les voir mûrir. Et en passant, j'ai assisté à un enterrement la semaine dernière et le prêtre disait que la mort n'était qu'un « passage vers une vie meilleure » et que nous devions nous « réjouir ». Eh bien, c'est de la m…. Je veux que *tout le monde* pleure à mes funérailles, sinon je reviens et vous allez avoir de gros problèmes ! » Il était évident qu'il allait partir en paix et qu'il en profitait pour se faire plaisir en partant. Il avait fait face à la vérité et l'avait gérée.

La vie de mon père était une leçon d'action. À l'âge de soixante-et-onze ans, trente années après avoir obtenu son Ph. D. en psychologie, il était allé au séminaire pour obtenir un diplôme en théologie. Le problème, c'était l'épuisement : son cœur était si mal en point qu'il ne pouvait marcher plus de quinze mètres à la fois. Il devait donc se rendre sur le campus trente minutes avant ses cours. Puis, une fois rendu dans le stationnement, il devait faire un tracé aussi compliqué que n'importe quel plan de passe dans la NFL : quinze mètres jusqu'au banc de parc ; se reposer ; trente-sept pas jusqu'à la souche ; se reposer ; et ainsi de suite, à chaque jour, pour un parcours de 150 verges seulement. Mais il y est arrivé. Finalement, après deux ans et je ne sais combien de « pauses-repos », mon père monta sur l'estrade pour recevoir son diplôme devant une foule qui l'acclamait. Alors ne venez pas me dire comment cela peut être dur de passer aux actes.

Avez-vous fait votre liste ? J'espère qu'écrire cette liste vous fait réaliser la nécessité d'agir. Quelles sont les autres parties de votre vie qui ont besoin d'actions réfléchies, significatives et constructives ? Comme nous entrons dans la partie de ce livre qui traite de l'élaboration de votre stratégie de vie personnelle, le genre d'évaluation qui suit peut être très utile.

Ce qui suit est un tableau qui devrait vous aider à débuter.

Personnel	Relationnel	Professionnel	Familial	Spirituel

1.

2.

3.

4.

5.

Exercice no 8 : *Dans chaque colonne dédiée à chaque aspect de votre vie, faites une liste des quatre ou cinq actions les plus importantes à entreprendre. Par exemple, si dans l'aspect familial, vous reconnaissez que vous devriez passer plus de temps avec vos enfants, inscrivez-le. Si vous devez agir dans l'aspect personnel en consacrant quelques minutes chaque matin pour organiser vos journées, inscrivez-le également. Ne faites pas cet exercice avec trop de perfectionnisme, en vous souciant trop des détails ou en pensant que vous devez vous attaquer à ces questions immédiatement. Il s'agit seulement d'identifier des aspects clés dans votre vie où de l'action est nécessaire et d'en prendre note pour des actions futures.*

Faire une telle liste devrait vous aider à voir que, parfois, la clé pour faire des changements significatifs est d'être sceptique à propos de l'« état des choses ». Si vous décidez de mesurer votre progrès en fonction des résultats, vous devez vous interroger volontairement sur *chaque modèle* et *chaque structure* dans votre vie. Vous devez volontairement vous interroger sur comment et où vous occupez votre temps, ce que vous vous dites, comment et pourquoi vous interagissez avec autrui et tous les autres aspects de votre existence. Et vous devez avoir la volonté de changer ces aspects. N'ayez pas l'*intention* de le faire, faites-le.

Je ne dis pas que c'est facile. Je vous dis que ce questionnement et la volonté de faire les choses différemment sont des étapes essentielles. Alors que tous les gens inventent des excuses, parlent de leurs bonnes intentions et retournent à leurs comportements habituels destructifs, au lieu de créer des changements à long terme, vous trouverez dans l'honnêteté, des ingrédients cruciaux qui peuvent et qui vont vous permettre de réussir à changer votre vie.

Si vous vous êtes menti dans la vie, il est fort probable que vous souffriez. Croyez-le ou non, cela peut maintenant être une bonne chose, quelque chose que vous pouvez utiliser à votre avantage. La souffrance, si elle est acceptée, peut s'avérer un puissant moteur. Qu'importe la souffrance que vous ressentez dans votre vie, elle peut servir de carburant à votre quête de changement. Si votre vie est vraiment affreuse, si vous reniez cet état et si cela vous est égal, si vous suivez la vague, insouciant, vous n'avez pas vraiment de motivation pour changer. En revanche, si vous souffrez vraiment, accepter cette souffrance peut vous forcer à sortir de votre engourdissant marasme. Ne reniez pas, ne maquillez pas et ne mésinterprétez pas cette souffrance. Utilisez cette souffrance pour exercer des changements. Ne rationalisez pas en décidant que vous la méritez ou en vous disant qu'elle n'est pas si intolérable. Mettez-la au premier plan de votre conscience et elle peut vous pousser à agir.

J'ai grandi au Texas, où, comme la plupart des enfants en été, j'avais l'habitude de courir pieds nus. Il n'y a probablement aucune personne sur terre qui n'a pas eu ce genre d'expérience dont je me souviens si bien : vous vous élancez sur une rue asphaltée et lorsque vous l'avez traversée à moitié, cela vous frappe : « Aïe ! mes pieds *fondent* ! » À ce moment, vous devez faire quelque chose. Vous pouvez rebrousser chemin ou continuer dans la même direction, mais vous ne resterez pas sur place à attendre que vos pieds s'enflamment et qu'ils fondent jusqu'à vos chevilles. Vous ne resterez pas au beau milieu de la rue. Vous allez bouger, dans une direction ou dans l'autre.

La souffrance vous pousse à choisir une direction. Utilisez-la pour vous propulser hors de la situation dans laquelle vous êtes, pour vous diriger où vous voulez aller. La même souffrance qui vous afflige présentement pourrait tourner à votre avantage. Elle peut être justement la motivation dont vous avez besoin pour changer votre vie.

Prendre des risques peut sembler naturel à certains êtres ; ils s'efforcent, ils persistent, jusqu'à ce qu'ils obtiennent ce qu'ils voulaient ou ce dont ils rêvaient. Ils ont une façon d'être qui leur fait accepter les risques dans la vie. Ils ne veulent pas se contenter de ce qu'ils ont sous la main, si ce n'est pas ce qu'ils veulent.

D'autres personnes, par ailleurs, se précipitent vers un endroit sûr ou se retirent du jeu lorsque les choses deviennent effrayantes, lorsqu'elles sont inconnues ou trop difficiles. Ces personnes se contentent d'avoir ce qu'elles ne désirent pas pour une raison très logique, mais improductive. En s'en contentant, elles échappent au stress, à la pression et à la peur d'échouer dans leurs tentatives. En choisissant « un siège dans la zone confortable », elles évitent le risque d'échouer et la souffrance qui en découle.

Si vous prétendez que ce que vous avez est correct et que vous rationalisez sur pourquoi vous ne voulez pas ou vous ne méritez pas plus, ce n'est pas épeurant et vous ne risquez pas d'échouer. Vous gardez ce que vous avez, vous jouez avec prudence. La zone de confort est celle où il n'y a aucune rude épreuve, aucun changement, aucun risque ; vous êtes en terrain connu. Vous devez comprendre ceci : si vous continuez à rechercher et à faire de nouvelles choses, la peur peut devenir si débilitante qu'elle vous force à arrêter et si astreignante qu'elle vous rend inerte ; si vous abandonnez avant même d'avoir commencé, vous n'y arriverez jamais.

La notion de *risque* signifie que quelque chose qui a de la valeur pour vous est mis en péril. Dans la plupart des cas, ce quelque chose est, à tout le moins, votre tranquillité d'esprit, votre qualité de vie, vos relations ou possiblement votre stabilité financière. L'acte même d'admettre que vous voulez davantage met l'équilibre de votre existence en péril. Vous êtes déchiré entre le désir de maintenir la sécurité de votre stabilité, aussi banale et ennuyeuse qu'elle puisse être, et l'espoir et l'excitation d'obtenir ce que vous désirez véritablement. Peu importe où vous en êtes dans votre vie, même si vous souffrez, perturber votre stabilité peut être épeurant. Une souffrance familière est comme un mauvais ami : ce n'est pas un bon ami, mais c'est un ami de longue date. Cette souffrance est prévisible, vous savez jusqu'où elle peut aller et vous savez où elle termine. Ce n'est pas le cas des nouveaux risques. Nous avons peur de l'inconnu et lorsque nous tentons quelque chose de nouveau, nous nous questionnons sur l'ampleur et la nature des résultats. Jusqu'où cela peut aller ? Vais-je tout perdre ? Vais-je échouer ?

Rappelez-vous, notre plus grande peur, c'est d'être rejeté. Pourquoi ? Parce que nous évaluons les résultats de nos efforts en fonction de notre acceptation ou de notre rejet par les autres. En se basant sur la vérité de cet énoncé, la réaction d'autrui est le baromètre de notre valeur, du moins dans notre esprit. Toutes les formes d'échec sont essentiellement un rejet. Si vous démarrez une petite entreprise et qu'elle fait faillite, vous pourriez interpréter cela comme un message du monde vous disant : « Vous n'êtes pas digne de nos affaires, de notre argent et de notre support. Nous vous rejetons, nous rejetons vos efforts ou produits. »

Si vous offrez votre compagnie ou votre amour, le rejet peut, bien entendu, s'avérer beaucoup plus personnel et douloureux. Vous pourriez interpréter ce message ainsi : « Je ne te veux plus ; tu n'es pas assez bon » Rappelez-vous, par exemple, ces moments à l'école lorsque vous admiriez, de loin, celle qui vous était tombée dans l'œil. Rappelez-vous l'anxiété que produisait l'idée de l'inviter à un rendez-vous ou de vous faire inviter par cette jeune fille. Il a pu vous sembler inconcevable de risquer l'humiliation d'un rejet, ou inconcevable de garder même espoir qu'elle dise oui. Débuter une véritable relation était en espérer beaucoup trop. C'était bien plus facile de ne pas essayer, de ne pas vous mettre sur la ligne de tir.

Voilà comment fonctionne la logique de l'évitement : aucune pression, aucune souffrance, aucune peur ; en ne faisant rien, le problème disparaît. Vous n'avez pas obtenu le rendez-vous que vous vouliez, mais votre anxiété a disparu. Nous avons tous fait ce genre de choix dans nos vies. Appelez cela se défiler, se dérober ou renier vos rêves, mais dans tous les cas, vous abandonnez avant d'avoir commencé. La vie ne récompense pas l'abandon. Vous êtes le seul à vous récompenser par l'abandon en évitant la peur du risque : vous vous récompensez par une tranquillité d'esprit que vous avez acquise au prix de vos espoirs et de vos rêves.

Je vous mets au défi d'examiner minutieusement les raisons qui vous gardent dans l'indécision. Votre réticence à rechercher ou à envisager de nouvelles perspectives est-elle vraiment justifiée ? Ou serait-ce l'aveugle et déraisonnable sentiment de peur qui paralyse vos actions ? Considérez ceci : essayer de nouvelles choses, exiger davantage et souffrir un échec ou un rejet, est finalement quelque chose que vous pouvez gérer, même si la peur des résultats est illusoire et difficile à combattre. Combattre la peur, c'est comme tenter d'éventer le brouillard ; vous ne vous en débarrasserez jamais. Dépenser toute votre énergie à combattre la peur est certainement pire que d'affronter les conséquences qui vous effraient. Donnez-vous une chance. Il est tout à fait normal d'être anxieux et d'être effrayé, mais vous ne devez pas vous laisser dominer par cette peur.

Les gens, de nos jours, parlent tellement de la peur qu'elle est devenue, à mon avis, une excuse trop pratique qui sert à se mettre à l'abri et la peur constitue un obstacle à l'action.

Un collègue de travail m'a contacté un jour parce qu'il se trouvait dans une situation émotionnellement difficile et cherchait conseil. Dr. Jason Doherty était un psychiatre talentueux et passionné en charge d'adolescents dans un département d'un hôpital privé. Il faisait également de l'excellent travail en tant que bénévole pour la communauté. Cet excellent psychiatre et homme de cœur apportait beaucoup à sa ville. On aurait besoin de plus de gens comme lui.

J'ai accepté de rencontrer Jason et j'étais flatté qu'il m'ait demandé de l'aider. Sur le parvis de sa maison, le docteur Doherty m'a accueilli d'une poignée de main incertaine et d'un sourire un peu forcé. La pièce où nous nous sommes assis était aussi sombre qu'une caverne ; tous les rideaux étaient tirés. D'une voix haletante, il m'a confié qu'il n'avait pas vu un seul patient et qu'il n'avait pas dirigé son département à l'hôpital depuis presque deux mois. Ensuite, il m'a raconté les détails horrifiants de l'incident qui l'avait secoué jusqu'au plus profond de son être.

Un après-midi de semaine, en mars, se rendant à une réunion de bénévoles dans une école secondaire, il s'était arrêté à une nouvelle succursale bancaire pour y ouvrir un compte. Au moment où il était deuxième dans la file d'attente, un homme armé fit irruption dans la banque. Dr. Doherty se trouvait au beau milieu d'un vol à main armée. Ce fut un vol qui tourna mal. En quelques secondes et devant les yeux de Jason, trois personnes innocentes gisaient mortes sur le sol et il était debout, abasourdi, dans un bain de sang.

Le voleur passa par-dessus le comptoir et fracassa la vitrine avec son 357 magnum. Derrière le comptoir, aussi paralysée par la peur que le Dr. Doherty, la jeune caissière se mit soudain à hurler. Le voleur mit instantanément le canon du fusil derrière la tête de la caissière et sans hésitation, appuya sur la détente. Le Dr. Doherty en larmes m'a décrit l'expression sur le visage de la jeune femme avant que celui-ci n'explose. L'homme armé s'est ensuite retourné, a descendu un client et un garde de sécurité. Les deux sont morts aussitôt.

En me relatant la scène, Jason ne pouvait réprimer ses sanglots. Sa tête et ses bras tremblaient violemment, comme si une charge électrique lui traversait le corps. Il se rappelait avoir été complètement paralysé par la peur et aveuglé par le sang et les tissus humains qui lui avaient éclaboussé le visage. En essayant de toujours comprendre ce qui se passait, il s'était mis à courir vers la porte de sortie avec le tireur à ses trousses. Il courait sans direction précise. Le tueur le rattrapa au moment où il trébucha et tomba dans le stationnement non loin de la banque. S'agenouillant à ses côtés, l'homme plaça froidement et méthodiquement le canon de son arme sur le front du Dr. Doherty, et appuya sur la détente. Il ne se passa rien. L'homme appuya sur la détente à trois autres reprises, mais l'arme ne tira pas. Frustré, confus et craignant l'arrivée d'autres personnes, le voleur bondit sur ses jambes et s'enfuit. Lorsqu'on trouva finalement le Dr. Doherty, il rampait, tremblant, contusionné et incohérent, dans une allée remplie de mauvaises herbes.

Depuis cette expérience pénible, le Dr. Doherty n'avait pu dormir, souffrait de tremblements à des moments imprévisibles, ne pouvait se concentrer et ne faisait plus confiance à quiconque. Il m'expliqua qu'il ne pouvait plus sortir de sa maison. Il était évident qu'il souffrait du syndrome post-traumatique, un état pathologique qu'il aurait rapidement diagnostiqué et traité s'il l'avait observé chez un de ses patients. Mais, c'est bien sûr différent lorsque vous êtes devenu ce patient.

Connaissant la nature débilitante de ce syndrome en particulier, et celle de la peur en général, j'ai travaillé avec le Dr. Doherty pendant les semaines qui suivirent à raison de deux à trois fois par semaine. Graduellement, nous avons commencé à voir des progrès, il avait réussi à éliminer beaucoup de ses symptômes. Les cauchemars arrêtèrent et il ne souffrait plus de tremblements. Par ailleurs, il commençait à s'acclimater à un rythme de vie non-productif. Je me suis aperçu, n'ayant pas travaillé à l'extérieur de sa maison depuis des mois, qu'il s'était habitué à ne pas avoir à faire face aux exigences du monde effréné de la psychiatrie. Il ne participait plus au développement de la communauté et sa famille, les adolescents de son district, l'école et tous ceux qui se fiaient sur lui souffraient de ce manque.

En approchant du moment approprié pour terminer sa thérapie, il était évident pour moi que la peur de Jason était devenue un mauvais vieil ami. Sa peur était devenue son excuse pour ne pas s'impliquer dans la vie sociale. En vivant dans une zone confortable définie par sa peur et les quatre murs de sa maison, il était devenu un accidenté de la vie.

Il était évident pour moi que Jason était en danger « d'abandon » et qu'il se privait de continuer sa gratifiante carrière et, par conséquent, il se privait de sa vie. J'avais aussi remarqué qu'il était à l'aise pour me parler et que j'étais son seul contact avec le monde extérieur. En sachant que j'occupais ce rôle, j'ai décidé que je ne pouvais pas aider cet homme talentueux à surmonter son traumatisme, d'un côté, et le laisser tomber dans une vie non productive d'un autre côté. Je ne pouvais pas le laisser se cacher derrière sa peur plus longtemps.

Dans la rencontre qui suivit, je lui ai dit ceci : « Je ne comprends pas la façon dont vous gérez votre peur. Je voudrais savoir ce qui vous donne le droit de vous tenir à l'écart de la vie parce que vous avez peur. Je sais que vous avez eu à affronter une terrible épreuve, mais ce n'est pas une excuse. Nous avons tous peur. Aucun de nous, dans cette profession, ne sait avec certitude si notre prochain patient ne s'énervera pas, ne sortira pas une arme et ne nous tirera pas dessus. Qu'est-ce qui vous donne le droit, vous qui êtes talentueux, bien éduqué, en santé et qui possédez un esprit si vif, de vous dérober à la vie ? »

« Vous n'avez pas le droit de vous cacher derrière votre peur. Vous n'avez pas le droit de gaspiller votre talent. Vous n'avez pas le droit d'être tellement préoccupé par votre personne que vous ne faites plus ce pourquoi on vous a formé. Vous vous privez vous-même et vous privez tous les gens dont vous pourriez changer la vie. Ainsi, je vous informe que cette thérapie est terminée. Vous pouvez rester ici à vous plaindre et laisser ce rebut de l'humanité vous terroriser pour le restant de votre vie, ou vous pouvez faire vos rondes à l'hôpital demain matin à sept heures. Je vous rencontrerai demain à l'hôpital, si vous le voulez. On a besoin de vous là-bas, mon ami. Cet entretien est terminé. »

Il était clair pour moi qu'il était grand temps pour Jason d'agir ; c'était devenu trop facile. Je savais que Jason pouvait se réveiller et se sentir utile. La vie récompense l'action, et évidemment il en avait grand besoin.

Lorsque nous nous sommes rencontrés à l'hôpital à sept heures le lendemain matin, je lui ai dit : « Comment allez-vous, Docteur ? » Il m'a regardé, m'a souri et m'a répondu : « Vous ne voulez pas le savoir. Je me remets au travail. » Il était peut-être apeuré, mais il s'était présenté parce qu'il en avait besoin et parce qu'il méritait d'être là. Et vous ?

Vous n'avez certainement pas à réfléchir longtemps pour vous rappeler que vous avez déjà agi dans la peur. Vous avez pris un risque lorsque vous avez tenté de marcher pour la première fois ; lorsque vous êtes passé d'un niveau scolaire à un autre ; lorsque vous avez nagé pour la première fois ; lorsque vous avez quitté votre milieu familial ; lorsque vous avez changé d'emploi ; lorsque vous avez trouvé un emploi dans une nouvelle ville ; lorsque vous avez invité cette personne à un rendez-vous. Dans toutes ces situations, vous avez mis de côté le confort de la stabilité pour aller vers quelque chose de nouveau. La majorité de ces tentatives sont bonnes parce qu'elles élargissent vos horizons et vous permettent de développer vos compétences de la vie sociale. Pensez, par exemple, à ce que votre carrière et votre vie seraient si vous n'aviez jamais tenté de marcher.

Ce que je veux que vous reconnaissiez, c'est que, peu importe vos habitudes de vie et l'état présent de celle-ci, vous n'êtes plus obligé de la vivre de cette façon. Aussi illogique que cela puisse paraître, vous devez décider que vous en valez le risque. Vous devez décider que vos rêves ne doivent pas être mis de côté. Vous devez être volontaire, vouloir des choses, vous laisser atteindre ces choses et admettre que vous vivez une existence épuisée. Vous devez vous dire : « Je sais que ça peut me faire mal pour un moment ; je sais que ça peut être épeurant pour un moment, mais je le vaux bien. Je vais arrêter de me renier pour prendre le risque d'atteindre mes buts et d'accomplir mes rêves. Je vais me donner des objectifs, élaborer une stratégie et je vais passer aux actes. »

Le genre de décision dont je parle ici est une *décision de vie*. Les décisions de vie définissent, en grande partie, qui vous êtes : ce sont les décisions fondamentales que vous avez prises et qui servent d'ancrage psychologique et comportemental à vos valeurs. Par exemple, n'avez-vous pas pris une décision de vie en choisissant de ne jamais voler ? Refuser d'être une personne qui vole est une valeur fondamentale que vous avez instaurée profondément dans votre être. Vous n'avez pas à revoir cette question jour après jour, et vous n'avez pas à maintenir un débat actif et ouvert sur le sujet. Vous l'avez déjà déterminé. Si vous manquez d'argent en sortant de la ville, vous ne vous demandez pas : « Bon, est-ce que j'arrête retirer de l'argent dans un guichet automatique ou vais-je plutôt dévaliser ce magasin ? » Vous ne vous posez pas la question, parce qu'il y a des choses que vous avez décidé de ne pas faire ; vous avez pris une décision de vie. Elle fait partie de vous ; elle vous définit.

Si ce n'était pas de ces décisions de vie que vous avez prises, vous pourriez avoir à vous questionner sur toutes sortes de sujets à chaque jour. Vous prendriez des décisions justes un certain jour, et un autre jour vous en prendriez de mauvaises.

Prendre une décision de vie n'est pas quelque chose que nous devons faire à la légère. Prendre ces décisions qui vous définiront ne peut être fait qu'après une mûre et sincère réflexion. Nous élaborerons le sujet des décisions de vie au chapitre 8, lorsque nous examinerons la gestion de la vie.

J'espère que vous avez pris des décisions de vie à propos de votre intégrité, de votre engagement envers Dieu et de votre rôle dans votre famille. Mais vous allez peut-être devoir intégrer dans votre stratégie de vie, au cœur de votre système de valeurs, quelques nouvelles décisions.

Considérez que, pour intégrer la Loi *La vie récompense l'action* dans votre vie, vous pourrez avoir à prendre une décision de vie qui vous mettra en péril, même si cela va à l'encontre de votre instinct primaire de défense. Cette décision mettra au défi votre besoin naturel de sécurité. Mais je crois que c'est le moment ou jamais de vous convaincre de laisser derrière vous votre confort et votre stabilité. Vous devez décider de rester sur place ou d'aller de l'avant. Prenez la décision de risquer raisonnablement, de risquer avec responsabilité, mais de risquer. Je ne fais pas allusion à un saut en parachute. Je vous dis de vous permettre d'en vouloir davantage, et de prendre les moyens pour y arriver.

Pour ce faire, bien sûr, vous devez avoir une discussion avec vous-même, une discussion semblable à celle qui suit :

— « Il y aura des revers. »
Je le sais, mais je vais les affronter.

— « Vous ne réussirez peut-être pas. »
Peut-être que je n'aurai pas un succès immédiat, mais je suivrai la ligne que je me suis tracée. Ce n'est pas parce que j'aurai essayé et que j'aurai échoué que ma valeur personnelle en sera diminuée.

— « Vous allez être rejeté. »
On n'obtient pas toujours ce que l'on veut au premier essai. Mais en continuant de demander, en continuant

de travailler jusqu'à ce que j'obtienne ce que je veux, je serai éventuellement accepté.

— « Vous serez un échec »
Je serai un échec seulement si j'arrête d'essayer à cause de mes difficultés.

— « En valez-vous vraiment la peine et en êtes-vous vraiment capable ? »
Oui, je le vaux. Oui, je le suis. De toute façon, je m'en rendrai compte parce que je vais le faire.

Prenez la décision de prendre le risque, faites l'effort et persistez dans la poursuite de vos buts. Votre vie devrait être remplie de victoires et de récompenses. Si vous perdez, cela signifie que quelqu'un d'autre gagne, donc vous savez que la réussite existe. Cela pourrait vous arriver, mais cela ne sera pas accidentel. Vous réussirez parce que vous avez fait ce qui était nécessaire. Cela arrivera parce que vous savez ce que vous voulez et que vous vous en approchez d'une manière stratégique, consistante, significative et réfléchie.

Passez aux *actes* et insistez sur les *résultats*. Cette Loi de la Vie est d'une importance primordiale.

CHAPITRE SEPT

La réalité n'existe pas : il n'y a que la perception

Rien n'est bon ou mauvais, mais le seul
fait d'y penser le rend ainsi.
— William Shakespeare

Loi de la Vie nº 6 : La réalité n'existe pas : il n'y a que la perception

Votre stratégie : Identifiez les filtres à travers lesquels vous voyez le monde. Reconnaissez votre historique sans qu'il vous contrôle.

Cette Loi est si profonde qu'elle détermine si vous êtes ou non heureux, satisfait et en paix avec vous-même. En acceptant cette Loi, vous reconnaissez que l'interprétation de ce qui vous arrive dans votre vie n'en tient qu'à vous. Lorsque vos yeux reçoivent une onde lumineuse ou lorsque vos oreilles captent une onde sonore, vous éprouvez une sensation : un phénomène qui survient lorsque vos organes sensoriels reçoivent des stimuli. La perception, par ailleurs, est l'organisation et l'interprétation de ces sensations. La perception est l'étape où vous *donnez un sens* aux sensations que vous recevez du monde.

L'observation que « la beauté est dans les yeux de celui qui observe » démontre que votre perception peut être très différente de la mienne. Nous pouvons regarder la même image ; je peux l'aimer tandis que vous pouvez ne pas l'aimer. Il en va de même pour chaque événement de votre vie. On ne peut pas parler de ce qui se passe dans votre vie sans prendre en compte votre perception de ce qui se passe.

Parce que vous êtes une personne unique, vos perceptions le sont également. Peu importe à quel point vous croyez être semblable à une autre personne, l'interprétation que vous faites des événements dans votre vie est la vôtre. Ne pas reconnaître ce principe crée beaucoup plus de problèmes que vous ne pouvez l'imaginer.

Nous savons maintenant, par exemple, qu'en plus des différences de perception et d'interprétation d'une personne à l'autre, il existe aussi des différences de perception entre les hommes et les femmes. Les couples mariés ont, depuis des centaines d'années, souffert de ce fléau.

Je n'invente pas un secret en disant que, lorsque nous plaçons un mari et son épouse devant la même situation, ils en viendront à trouver deux significations complètement différentes à cet événement. Cette « disparité entre les perceptions » peut créer des frustrations, des confusions et un manque d'harmonie au sein du mariage. D'ailleurs, après avoir testé cette théorie sur des milliers de couples, j'ai découvert qu'il existait une différence de perception significative entre les sexes sur les corvées quotidiennes. Il existe une grande différence entre les conjoints sur l'interprétation de quelque chose d'aussi banal que de sortir les ordures. Les hommes tendent à classer cette corvée parmi les devoirs. La majorité des femmes, par ailleurs, croient que ce geste est une preuve de l'amour de leur conjoint. Les femmes m'ont expliqué leur pensée comme ceci : « Sortir les ordures est une corvée désagréable et, s'il m'aime, il s'en occupera pour que je n'aie pas à le faire. S'il ne fait pas ces choses, en sachant qu'en les faisant il augmente ma qualité de vie, il ne se soucie pas de ma qualité de vie et, par conséquent, j'en conclus qu'il ne m'aime pas. »

Contrairement aux femmes, les hommes perçoivent cette corvée simplement comme un des multiples devoirs qu'ils doivent remplir à un jour donné. Leur perception de cette corvée fait en sorte que s'ils ne la font pas aujourd'hui, ils l'inscriront sur la liste des corvées à faire demain. Parce que ces hommes n'ont jamais réalisé que leurs épouses considéraient ce geste comme une preuve d'amour, ils ne réalisent pas qu'omettre cette corvée sera vu comme un manque d'affection.

On ne gagnera rien à se demander qui a tort et qui a raison dans ce scénario. Aucun des conjoints n'a tort ou raison. La réalité n'existe pas : il n'y a que la perception. Si elle interprète l'omission d'effectuer cette tâche comme une indication qu'on ne l'aime pas, cette interprétation est donc aussi réelle qu'un lever de soleil. S'il l'interprète comme un simple devoir journalier qui n'a absolument aucune connotation émotive, c'est sa perception ; elle est aussi réelle pour lui que celle de son épouse l'est pour elle. La façon dont vous voyez les événements définit leur sens à vos yeux. Ce qu'il vous faut savoir sur ce principe, c'est que lorsque votre perception est concernée, vous avez la capacité, si vous le souhaitez, de *choisir* des interprétations *différentes* de celles que vous choisissez habituellement. Lorsqu'on en vient à l'interprétation des choses, vous avez le choix.

L'un des tests le plus sévère imaginable sur cette vérité se déroula dans la vie du Dr Victor Frankl, un psychiatre australien qui fut capturé par les Nazis durant la Seconde Guerre mondiale et fut détenu au camp de concentration d'Auschwitz. Les SS avaient tué sa femme et ses parents, pour ensuite lui administrer les pires humiliations imaginables, son sort était entre leurs mains. Il écrivit un livre sur son expérience dans le camp où il décrivait le contrôle obsessif qu'exerçaient les gardiens : à chaque jour, lui et ses confrères prisonniers se faisaient dire quand s'asseoir, quand se tenir debout, quand travailler, quand manger, quand dormir et ils se faisaient dire s'ils allaient vivre ou mourir.

Dans son livre fascinant et inspirant, *Man's search for Meaning*, le Dr Frankl écrit qu'en faisant face à ces interminables atrocités, il a découvert un aspect très important de son existence que les gardes SS ne pouvaient pas contrôler. Ils ne pouvaient pas contrôler l'attitude qu'il adoptait face à sa souffrance. Ils ne pouvaient pas contrôler sa façon d'interpréter ou de réagir à son traitement.

À un certain moment de son emprisonnement, le Dr Frankl a pris une décision de vie. Il savait que s'il endurait ces souffrances sans y trouver une raison, il deviendrait fou. Il décida plutôt de vivre selon ce principe : « Nous ne connaissons et nous n'expérimentons cette vie qu'à travers le sens ou la pertinence de la perception qu'on lui confère. »

Je crois que la leçon qu'il faut tirer de l'expérience du Dr Victor Frankl a deux volets. D'abord, il a montré que vous pouvez, dans toutes les circonstances, choisir vos réactions : peu importe ces circonstances, la perception de ces événements n'en tient qu'à vous. Ensuite, ce qui est tout aussi important, c'est qu'en découvrant qu'il avait ce choix, le Dr Frankl a vu une occasion de prouver que même dans les circonstances les plus extrêmes, cette découverte restait vraie. S'il était mort avant de pouvoir partager cette découverte, il aurait enduré cette expérience pour rien. Il a choisi de percevoir sa situation comme un défi. De sa souffrance est né un engagement à survivre, à partager sa découverte avec le monde.

On peut affirmer, je crois, que vous n'avez jamais enduré un défi aussi grand que celui du Dr Victor Frankl. Néanmoins, son message a des applications immédiates. Les événements de votre vie au quotidien n'ont que la signification que vous leur donnez. En d'autres mots, il n'existe aucune bonne nouvelle et aucune mauvaise nouvelle ; il n'y a que des nouvelles. Vous avez le pouvoir d'interpréter votre perception. Et vous vous servez de ce pouvoir décisionnel dans toutes les situations, chaque jour de votre vie.

Lorsque vous considérerez la pertinence de cette observation dans votre vie, et dans celle d'autrui, je crois que vous comprendrez pourquoi je pense qu'elle constitue une vérité fondamentale. La philosophie du Dr Frankl est aussi vraie aujourd'hui qu'elle l'était dans ces horribles camps de concentration. Pensez-y. Lorsque vous regardez le journal et qu'il est marqué en gros titres « Les démocrates ont gagné le contrôle du Sénat », est-ce une bonne ou une mauvaise nouvelle ? En fait, ni l'une ni l'autre ; ce n'est qu'une nouvelle. Elle n'est pas bonne ou mauvaise avant que vous lui confériez une signification. Si vous êtes vous-même un démocrate et que vous êtes satisfait de leur politique, ce sera donc une bonne nouvelle. Si vous êtes un républicain et n'aimez pas du tout leur politique, ce sera définitivement une mauvaise nouvelle. Ce qu'il y a de crucial à noter, c'est que votre réponse à ces gros titres ne résulte pas de ce qui s'est passé, mais elle résulte de la façon dont vous avez choisi de *percevoir* les événements.

Je ne suis pas en train de vous suggérer que tout ce qui vous arrive dans votre vie peut, si vous le choisissez, être une bonne chose. Ce n'est évidemment pas toujours une réaction rationnelle. Si l'un de vos enfants ou une personne aimée se blesse ou meurt, ce ne serait pas rationnel de percevoir cet événement comme bon, mais vous avez le choix de percevoir cet événement comme une perte qui vous empêchera de fonctionner dans la vie ou comme une perte que vous gérerez d'une manière constructive.

Si, par exemple, l'un de vos enfants est blessé, vous pourriez choisir de tirer une leçon de cet événement et, de cette façon, mieux protéger cet enfant et vos autres enfants dans le futur. Vous pourriez choisir de profiter de cet événement pour que votre enfant apprenne à mieux gérer l'adversité et à mieux la surmonter. Vous pourriez choisir d'en profiter pour lui apprendre que le bien-être et la santé ne devraient pas être considérés comme quelque chose d'acquis. Vous pourriez décider d'entreprendre des démarches pour modifier l'endroit où votre enfant s'est blessé et, par conséquent, vous protégeriez d'autres enfants.

On voit partout des exemples de ce genre où les gens retirent des bienfaits de l'adversité. *Mothers Against Drunk Drivers* (Mères contre l'alcool au volant) est une merveilleuse organisation et un exemple parfait de la façon dont les parents qui ont souffert de la perte ou des blessures de leur enfant causées par un individu irresponsable, ont choisi par des actions sociales, de donner une signification à leurs souffrances. Ne croyez surtout pas que j'insinue qu'une seule de ces mères considère que son action sociale vaut la perte ou les blessures de son enfant. Je fais seulement remarquer que leur réaction aux événements qui leur sont arrivés était un choix et qu'elles ont choisi une alternative constructive. Vous avez le choix de la façon dont vous percevez le monde.

Nous voyons tous le monde à travers des filtres individuels. Ces filtres, qui prennent la forme de notre personnalité, de nos attitudes, de nos points de vue et de nos « styles », ont une puissante influence sur notre interprétation des événements dans nos vies ; ces interprétations, à leur tour, déterminent comment nous allons répondre et, nécessairement, comment nous nous ferons répondre. La présence de ces filtres n'est ni bonne ni mauvaise ; elle est. Certains filtres peuvent être sains et constructifs, tandis que d'autres peuvent être déformés et destructeurs. Mais pour vivre efficacement, vous devez reconnaître l'existence de vos filtres et vous devez être attentif à ce qu'ils ne déforment pas votre perception, ce qui pourrait vous induire en erreur dans vos prises de décision.

Il n'y a aucun doute que ces filtres, à travers lesquels nous voyons le monde, résultent en grande partie de notre apprentissage de la vie. Quelqu'un qui a malheureusement été élevé dans un environnement hostile et violent risque probablement d'acquérir son expérience à travers un filtre qui le poussera à interpréter le monde comme un endroit menaçant. Au contraire, une personne, éduquée dans l'amour et dans la bienveillance, verra probablement le monde à travers un filtre qui fera du monde un endroit merveilleux.

Mais rappelez-vous la Loi de la Vie nº 2 : *Nous créons notre propre expérience.* Vous êtes responsable. Cela signifie que vous ne devez pas utiliser des événements du passé pour vous construire des excuses. Oui, nous sommes le produit de l'apprentissage de notre vie. Les enfants apprennent de ce qu'ils vivent. Mais ce que vous devez reconnaître c'est que, peu importe si votre passé a été bon ou mauvais, *cela ne doit pas avoir d'impact* sur votre présent ; l'important c'est qu'il *ait été.* Nous ne discuterons pas pour savoir si les cartes qu'on vous a données sont bonnes ou mauvaises, si votre jeu est juste ou injuste ou si vous avez été bien ou mal traité. Imaginez que nous nous trouvions en séance de thérapie. Il est évident que je veux connaître votre passé, votre histoire. Mais plus important encore, je veux que *vous* connaissiez votre passé, votre histoire. Je veux que *vous* reconnaissiez que, si vous avez été violé ou battu à l'âge de cinq ans, cet épisode a peut-être déformé votre vision des relations de couple.

Nous ne discuterons certainement pas pour savoir si c'est juste ou si « ça fait partie de la vie » que vous ayez été violé ou battu ; bien sûr, je serai d'accord avec vous : ce n'est pas juste et c'est terrible. Connaître votre passé n'est pas une fin en soi. La valeur de votre histoire repose dans une prise de conscience : quelqu'un a placé un filtre sur vos yeux et votre esprit qui influence votre façon de voir le monde. Une fois que vous reconnaîtrez cela, vous pourrez prendre ce filtre en considération.

Si vous continuez à voir le monde à travers un filtre créé par des événements *de votre passé*, vous laisserez votre passé dicter et contrôler votre présent et votre futur. Reprenons l'exemple de cette personne qui fut violée et battue à l'âge de cinq ans. Pire que les événements en soi, il serait fatal de laisser ces événements gâcher sa vie entière en teintant encore la façon dont elle voit le monde trente ans, quarante ans ou cinquante ans plus tard. Dans ce cas de figure, les événements ne se terminent jamais ; ils vivent à jamais. Comme vous l'avez déjà appris, vous ne pouvez changer ce que vous ne reconnaissez pas. Une fois que vous avez accepté que la souffrance d'un événement en particulier a altéré la façon dont vous voyez le monde et les gens qui en font partie, vous pouvez choisir de ne plus être prisonnier de ces perceptions.

Vous devez donc accepter « *cette chose* », peu importe ce qu'est « *cette chose* » et reconnaître qu'elle a déformé vos perceptions et vos expériences. Mais rien de cela ne vous rend moins responsable. Il n'y a pas de doute : vous n'êtes pas responsable d'avoir été violé ou abusé dans votre enfance. Par ailleurs, vous êtes indéniablement responsable de votre façon de réagir à ces événements *maintenant*. Lorsque vos filtres sont concernés, c'est-à-dire lorsque vous devez tester vos perceptions, vous devez maintenir une attention active et continue, vous devez prendre conscience de l'effet de ces filtres, sinon vous vous tromperez vous-même.

Si vous n'êtes pas, en ce moment, en train de vous demander quels sont les filtres à travers lesquels vous voyez le monde, vous devriez le faire. Identifiez ces filtres afin de pouvoir compenser pour eux. Vous sentez-vous poursuivi ? Percevez-vous généralement les autres comme des ennemis, bien qu'ils ne le soient pas ? Méprisez-vous les personnes du sexe opposé ? Êtes-vous incroyablement naïf et faites-vous confiance aveuglément ? Peu importe la nature de vos filtres, vous devez les connaître.

Vous avez probablement remarqué qu'il y a des gens qui, confrontés à des exigences et au stress, sont pris de panique et déconcertés. Je suis sûr que vous connaissez d'autres personnes qui semblent prospérer dans les crises et qui travaillent mieux sous pression. Deux réactions extrêmement différentes en réponse à des stimuli exactement semblables. Pourquoi ? Parce qu'une personne gère la crise avec un filtre qui la pousse à percevoir la situation comme écrasante et impossible à gérer, tandis que les filtres de l'autre personne lui suggèrent : « C'est l'occasion pour toi de te surpasser. »

Dans la plupart des cas, nous devenons conscients des filtres de quelqu'un d'autre, parce que ses filtres contribuent à un comportement que nous trouvons étrange ou complètement bizarre. Les gens qui ont des « filtres inhabituels » sont souvent considérés fous. Même s'il est vrai que beaucoup d'entre eux sont dans des hôpitaux psychiatriques, nous en rencontrons une bonne quantité dans notre vie quotidienne ; ils ajoutent du piquant à nos vies. Une mauvaise perception commune nous porte à croire que ces gens ne savent tout simplement pas comment raisonner. Rien ne pourrait être plus éloigné de la vérité. En fait, même s'ils ont un point de vue du monde diamétralement opposé au nôtre, leurs raisonnements peuvent, en réalité, être très similaires aux nôtres. Ils ne font que choisir un autre point de départ à leur raisonnement parce que leurs filtres sont différents.

Rappelez-vous : nous avons identifié au chapitre 1 que l'habitude de faire de fausses suppositions initiales était un « comportement endémique ». Vous avouerez, j'en suis certain, que comme tout le monde, vous avez déjà, à un certain moment, fait de fausses suppositions initiales à propos de quelqu'un ou de quelque chose et que ces suppositions vous ont mené sur la mauvaise voie. On peut dire la même chose de plusieurs personnes qui peuplent nos institutions psychiatriques. La seule différence est que leurs suppositions sont tombées plus loin à l'extérieur du courant dominant que les vôtres. Mais, vous et le patient psychiatrisé avez commis la même erreur : *vous n'avez pas réussi à tester vos suppositions avant de les considérer comme vraies.*

Au cours de ma première semaine en tant qu'interne à l'hôpital de Virginie, à Waco, j'ai rencontré un patient qui semblait complètement déboussolé. La plupart des patients étaient extrêmement pauvres. Ils étaient plutôt maigres, négligés et vêtus pauvrement. Mais ce gentleman-là avait tout le poli et la grâce de Cary Grant. Discutant silencieusement avec moi dans le corridor, vêtu d'un costume trois pièces, il aurait pu être en train d'attendre le début d'une réunion d'un conseil corporatif quelconque. Ses commentaires étaient aussi lucides et articulés que ceux de n'importe qui. En fait, je l'ai pris, au début, pour un employé. Lorsque j'ai fini par mieux connaître les employés, je me suis bien rendu compte que cet homme était bien trop « ciré » pour être l'un de nous. Après quelques minutes, j'ai demandé des renseignements à son sujet à mon superviseur. Mon superviseur m'a souri et m'a murmuré : « Tout n'est pas tel que cela semble chez Richard. Sois patient, tu verras. »

À cette époque, je me considérais comme un psychiatre hors pair, même si je n'avais aucune expérience. J'étais certain de connaître virtuellement tout ce qu'il y avait à savoir. Convaincu que mon superviseur se trompait, j'ai repris la conversation avec Richard, qui déclarait être un vétéran et, à l'occasion, se rendre à l'hôpital lorsqu'il souffrait d'épuisement. Cela m'avait agacé ; à ce moment-là, je me souviens avoir pensé que l'Institut de Virginie n'était pas un hôtel touristique et que Richard devrait rentrer chez lui.

Une semaine plus tard, lors d'un après-midi de l'été des Indiens, en novembre, je marchais sur le campus de l'hôpital en profitant du soleil. En m'approchant d'un banc de parc, j'aperçus quelqu'un blotti dessous, son corps entier tremblait. C'était Richard. Je m'élançai vers lui, me penchai et lui demandai : « Que se passe-t-il, Richard ? »

« Baissez-vous !», cria-t-il, « Baissez-vous ! Ils nous tirent dessus, ils nous tirent dessus. ! »

Il me vint immédiatement à l'esprit que si quelqu'un avait l'intention de tirer au hasard des rafales de mitraillette, le campus d'un hôpital psychiatrique comptant quelque mille deux cents lits serait un endroit plus approprié pour ce genre de chose. Je me jetai à plat ventre et je rampai jusqu'à Richard et, en scrutant l'horizon, je lui demandai de m'en dire davantage. Richard m'expliqua anxieusement qu'on lui tirait dessus avec des fusils à rayon calorifique. Plus qu'embarrassé, je me suis extirpé de sous le banc, je me suis dépoussiéré et, en m'assoyant sur le banc au lieu d'être tapi dessous, j'essayai de comprendre ce qui venait de se passer.

Pour faire une histoire courte, Richard était vêtu d'un chandail en nylon noir ; il s'était assis sur le banc ; le soleil cuisait le dos de son chandail. La température était telle ce jour-là que, tant que le soleil était caché par les nuages, il faisait assez frais ; mais lorsque le soleil brillait directement sur vous, la température grimpait drastiquement. Ainsi, dès que Richard avait senti la chaleur du soleil dans son dos, il avait présumé qu'« ils » l'attaquaient avec des fusils à rayon calorifique.

Une fausse supposition initiale, bien entendu. Quelque peu bizarre, j'en conviens. Mais si sa supposition s'était révélée vraie, tous les autres comportements de Richard n'auraient-ils pas été parfaitement sensés ? Si vous croyiez qu'on vous tire dessus, logiquement, vous vous mettriez à l'abri, vous auriez peur pour votre sécurité, vous avertiriez les autres et seriez très agité. Richard n'était pas illogique ; il a tout simplement fait une fausse supposition initiale et il ne l'a pas testée pour vérifier si elle était vraie.

N'est-ce pas exactement ce que vous faites dans votre vie ? Ne faites-vous pas des suppositions dont vous ne testez pas l'exactitude et que vous considérez par la suite comme une sacro-sainte vérité ? Et les conséquences de ce comportement ne sont-elles pas que vous construisez une réalité qui n'est pas fondée sur des faits, mais plutôt sur des perceptions non testées ? Vos suppositions non testées ne sont peut-être pas aussi bizarres que celles de Richard, mais elles peuvent être tout aussi fausses.

Pensez-y. Vos fausses suppositions initiales sont peut-être de cet ordre : « Personne ne m'aime. » Si vous considérez cette supposition comme vraie et que vous ne la testez pas, vous n'amasserez peut-être jamais les informations qui vous prouveraient le contraire. Dans n'importe quelle rencontre sociale, vos suppositions vont vous pousser à faire de mauvais jugements sur ce que vous devez faire et ce que vous ne devez pas faire. Il est possible que quelqu'un d'un peu plus bizarre croit que le monde complote pour l'attraper, ce qui, après tout, n'est qu'une version extrême de « Personne ne m'aime. ». Supposez que lui aussi ne teste pas sa supposition. Vous avez, tous les deux, fait de fausses suppositions initiales ; ni l'un ni l'autre n'a testé l'exactitude de ses suppositions. À l'exception de vos deux premiers défauts dans votre raisonnement, vous et votre contrepartie excentrique avez démontré une logique de raisonnement parfaite à partir de vos suppositions. Vous n'avez pas à être illogique pour commettre de graves erreurs. Si vous commencez sur une mauvaise voie et que vous raisonnez bien par la suite, vous raterez tout de même la cible.

Malheureusement, nos filtres sont beaucoup plus profondément déformés qu'on pourrait le croire. Effectivement, les gens ne se voient pas d'une manière réaliste et objective. Nous faisons complètement abstraction de notre contribution à notre expérience du monde. Pensez aux nombreuses fois où vous avez entendu quelqu'un raconter un incident dans sa vie sans qu'il fasse état de sa quelconque responsabilité dans les événements. Vous entendez cette sorte de gens blâmer les autres personnes impliquées, souvent avec d'abominables détails, et faire complètement abstraction de ce qui apparaît évident à l'auditoire, c'est-à-dire, leur propre responsabilité dans les événements.

J'ai travaillé avec un analyste de procès, brillant et sophistiqué, dont il serait indiscret de révéler le nom : Lyndon Mc Lennan. Il y a quelques années, Lyndon venait juste de déménager et il habitait temporairement dans mon appartement. En passant devant son bureau un lundi matin, j'ai par hasard entendu une conversation avec des collègues où il racontait ce qui s'était passé au cours du week-end dans le quartier. Il semblait qu'un autre client, un homme dans la vingtaine, était entré dans le lavoir et, sans demander la permission, avait retiré les vêtements de Lyndon de la sécheuse, les avait empilés sur une table pour les remplacer par ses propres vêtements. Lyndon s'était absenté pour un moment, mais était revenu dans le lavoir pendant l'odieuse transgression à l'endroit de ses vêtements. En nous racontant cette aventure, il était clair qu'il était encore fâché. J'avoue ne pas être très informé du protocole à suivre au lavoir et je ne comprenais donc pas où il voulait en venir avec cette histoire.

Lyndon dit qu'il avait confronté ce jeune homme pour son insolence, et qu'une dispute s'ensuivit. En quelques secondes, ils furent apparemment à court d'arguments puisqu'ils se retrouvèrent au sol, roulèrent sous une table où ils luttèrent jusqu'à ce que Lyndon prenne le dessus et se mette à l'étrangler. Lyndon raconta le reste de l'histoire avec une grande passion. Assis sur le jeune homme, le genou sur sa poitrine, les deux mains autour de sa gorge, Lyndon lui cria : « Si tu me promets d'agir comme un garçon de ton âge, je te laisse te relever ! » Lyndon termina son histoire en nous demandant si nous pouvions *imaginer* qu'un jeune homme puisse être aussi immature et puéril.

Il m'est venu à l'idée que Lyndon, qui, à quarante ans se battait avec quelqu'un sous une table de lavoir pour une dispute de sécheuse, avait agi d'une façon on ne peut plus immature ; je lui ai donc dit. Il accueillit cette suggestion d'un regard vide et me répondit que cela ne lui avait pas effleuré l'esprit. Il était totalement inconscient de son rôle dans l'incident et fut choqué lorsque tous les gens dans la salle se mirent à rire aux éclats. Depuis ce temps, son surnom est « Lavoir ». (Ce surnom disparaîtra probablement, sauf s'il a quelque chose à redire sur l'incident) Ce que je veux que vous compreniez, c'est qu'il était impossible pour Lyndon d'être objectif en relatant l'événement, il lui était impossible d'examiner son comportement clairement et rationnellement. Qu'en est-il de vous ?

Une des plus grandes difficultés avec les filtres, qu'ils s'appliquent à votre perception ou à celle des autres, c'est qu'ils sont faits à partir de *convictions fixes*. Une conviction fixe peut être considérée comme une décision de vie qui a mal tourné : c'est une conviction tellement ancrée dans votre esprit qu'elle constitue une composante fixe dans votre système de perception. Les convictions fixes sont généralement dangereuses, pour la simple raison qu'elles sont fixes. Consciemment ou autrement, vous avez arrêté de chercher, de recevoir et de traiter les nouvelles informations. Vous considérez cette conviction comme un fait incontestable et elle ne sera plus sujette au débat ou à des modifications. Dans ces conditions, non seulement vous n'assimilerez pas les nouvelles informations, mais vous ne vous rendrez pas compte des changements niant votre conviction qui surviennent à la fois chez vous et chez les autres. Une des plus dangereuses catégories de convictions fixes est celle que j'appelle vos convictions qui vous limitent. Ce sont des convictions que vous avez sur vos défauts et vos limites, qu'elles soient réelles ou imaginaires.

Comme dans toutes choses, vous ne pouvez pas changer ce que vous ne reconnaissez pas. Ne pas reconnaître que vous avez des convictions qui vous limitent et ne pas les identifier, signifie qu'elles resteront actives et qu'elles menaceront de miner la stratégie que vous êtes en train de construire. Souvent, c'est lorsque vous faites déjà face à un défi que les convictions qui vous limitent surviennent, créant un doute sur vos capacités à surmonter la crise. Les renier et, par le fait même, leur permettre d'agir peut s'avérer fatal pour vos efforts. Vous devez vous assurer d'affronter ces convictions et de les éliminer *immédiatement*. Pour ce faire, vous devrez les identifier et les reconnaître une par une.

Soyons clair sur la proie de votre chasse. Ces convictions sont les choses que vous considérez comme vraies et exactes. Vous les considérez comme des faits : vous ne les testez plus, vous ne les mettez plus au défi parce que vous croyez avoir découvert la vérité, fin de l'histoire. Une conviction qui vous limite est une perception négative de vous-même que vous avez décrétée exacte et vraie. Vous *savez* qu'elle est vraie, donc vous l'acceptez et vous vivez en sa compagnie.

Notre objectif ici est de rouvrir votre banque de données sur toutes les convictions qui vous limitent. Vous devez les défier plutôt que de leur obéir comme si elles étaient des commandements gravés dans la pierre. Loin d'être gravées dans la pierre, la plupart d'entre elles sont probablement le résultat d'un filtre déformé par des événements de votre passé.

Exercice n° 10 : *Vous avez probablement deviné que je vais vous demander de chercher dans votre cœur et votre esprit ces convictions qui vous limitent et que vous traînez avec vous jour après jour. Nous en avons tous. Le danger serait de les avoir traînées si longtemps que vous ne seriez même pas conscient de leur présence. Mais, encore plus dangereuse qu'une influence négative dans votre vie, est une influence négative dont vous ne vous méfiez pas, une influence qui silencieusement, insidieusement et presque imperceptiblement mine vos efforts. C'est la nature des convictions qui vous limitent.*

Certaines de ces convictions peuvent prendre racine dans votre enfance (vous savez qu'un psy ne peut pas écrire un livre en entier sans vous parler de votre enfance !). D'autres, peuvent être beaucoup plus récentes. Mais elles contribuent toutes au filtre à travers lequel vous vous voyez et à travers lequel vous voyez le monde. Comprenez comment ces convictions vous affectent. Si vous vous engagez dans une situation compétitive, que ce soit un emploi, une relation ou dans une quête pour un sentiment de valeur personnelle, et que vous traînez avec vous une panoplie de convictions qui vous disent que vous ne pouvez pas et n'allez pas réussir à atteindre vos buts, vous serez vaincu avant même d'avoir commencé. Vous vous rappelez peut-être ce vieux dicton : « Lorsqu'on veut, on peut ; lorsqu'on ne veut pas, on ne peut pas. » Il vous est essentiel d'identifier les convictions qui vous limitent pour que lorsque l'une d'entre elles montre son horrible visage, vous puissiez la reconnaître et la combattre. Apprenez à connaître ces convictions tellement bien que, si l'une d'entre elles montre le bout de son nez, une alarme vous avertira de préparer une contre-attaque.

Pour vous aider à débuter l'identification de vos propres convictions négatives, voici quelques exemples typiques que j'ai puisés à même mon expérience et d'autres venant de personnes qui m'en ont fait part :

— Les personnes pauvres ont de pauvres manières ; je devrais aussi bien l'accepter.
— Je suis simplement pas très brillant.
— Je ne suis tout simplement pas aussi bon que les personnes avec qui je suis en compétition.
— Je ne termine jamais en première place.
— Peu importe que mes projets débutent bien, il y a toujours quelque chose qui ruine mes efforts.
— Je ne peux pas vraiment changer ; je suis comme je suis.
— Je ne viens pas d'une famille qui me permet de me rendre où je veux vraiment.
— Je n'ai jamais été capable de le faire avant ; pourquoi garderai-je espoir ?
— Si je deviens trop heureux et décontracté, quelque chose de mauvais arrivera.
— Si les gens savaient le nombre de fois où je jouais la comédie, j'aurais de gros problèmes.
— Si j'essaie de changer, ça ne fera qu'embarrasser les autres personnes.
— C'est égoïste de ma part de passer autant de temps et d'énergie sur moi-même.
— Je ne mérite pas une deuxième chance.

Peut-être avez-vous repéré dans cette liste certaines de vos convictions négatives. De toute façon, c'est le moment de vous asseoir, d'ouvrir votre journal personnel et de faire votre propre liste. Une référence idéale de départ est cette carte que vous avez remplie au cours de l'exercice sur la Loi de la Vie n° 2 : *Nous créons notre propre expérience*. Utilisez-la pour lister les « enregistrements » que vous vous rejouez dans votre journée. Déracinez et enregistrez toutes vos perceptions de vous-même qui vous empêchent d'avancer. En faisant cela, dites-vous que vous allez probablement devoir en ajouter au fil du temps parce que, en rencontrant des défis, vous pourrez reconnaître d'autres de vos convictions négatives. Soyez alerte et déterminé à démasquer ces convictions mensongères. S'en débarrasser est un pas incontournable vers une stratégie de vie bonne et solide.

Vous vous raccrochez peut-être à des convictions qui vous poussent à croire que vous ne méritez pas une haute qualité de vie. Vos convictions négatives vous font peut-être croire que vous n'êtes pas à la hauteur du défi de la vie. Peu importe quel message elles vous transmettent, ces convictions mènent à des réflexions inflexibles et à des comportements rigides : tous deux menacent votre futur et votre capacité de le contrôler. C'est le moment ou jamais de rouvrir le débat sur ces convictions, de les confronter et de les changer. Si vous ne les questionnez pas immédiatement, si vous persistez à vous laisser contrôler par elles, vous allez compromettre vos chances d'incorporer les connaissances acquises dans ce livre qui vous aident à changer votre vie.

Prenez tout le temps dont vous avez besoin pour examiner en profondeur votre système de convictions. En plus des convictions qui vous limitent personnellement, vous pouvez avoir des convictions négatives sur :

Votre conjoint ou votre conjointe
Vos relations avec ceux que vous aimez
Votre carrière
Votre futur
Vos amis
Dieu
Le monde en général
Les gens en général

Si vous acceptez que vous avez certaines convictions fixes qui vous poussent à penser et à agir d'une façon inflexible, vous pourrez réexaminer ces sujets afin d'exercer sur ces convictions une évaluation active. De toute manière, vous contrôlez votre perception. Par conséquent, vous contrôlez l'interprétation que vous faites de votre vie et vous contrôlez vos réactions par rapport à votre vie. Cela est un réel pouvoir.

Faites le nécessaire pour vous assurer que vos perceptions sont ancrées sur des faits. Vos perceptions ne devraient pas seulement être le résultat de votre vision du monde, mais également le résultat de tests et de vérifications de cette vision. Si vous remettez en question votre système de convictions, défiant en particulier les visions que vous avez de vous-même plutôt que de les accepter aveuglément ou par habitude, la fraîcheur de vos perspectives sera saisissante. Un vieux mot peut soudainement vous paraître nouveau. La fraîcheur de votre perspective peut faire de *vous* un homme neuf ou une femme neuve.

Vous êtes un organisme dynamique. Par chacune de vos expériences, vous changez et, si vous utilisez cette expérience correctement, vous vous améliorez. Vous changez et vous vous améliorez en lisant chacune des pages de ce livre, si vous l'utilisez correctement. La réalité n'existe pas : il n'y a que la perception. Rafraîchissez votre perception afin qu'elle soit nouvelle et ancrée dans des faits, pas sur votre passé et votre histoire.

CHAPITRE HUIT

La vie se gère, elle ne se guérit pas

L'important ce n'est pas que vous soyez tombé ; ce qui est important, c'est que vous vous soyez relevé.
— Vince Lombardi

Loi de la Vie n°7 : La vie se gère, elle ne se guérit pas
Votre stratégie : Sachez assumer la direction de votre vie. La route sera longue et vous serez le seul conducteur.

En d'autres mots, il n'y aura jamais de moment dans votre vie où vous n'aurez aucun problème ni défi. Vous êtes conscient que si, une partie de votre vie jouit d'une accalmie, telle que votre vie familiale par exemple, il y a sûrement une autre partie de votre vie, comme le travail, qui est une source d'agitation et renferme des défis, ou vice versa. Nous essayons de camoufler ce paradoxe afin de le rendre moins dérangeant. Les clichés abondent sur les raisons qui expliquent pourquoi l'on se complaît à avoir des problèmes :

— Faire face à des problèmes forge le caractère.
— Sans la souffrance occasionnelle, nous ne serions pas capable de reconnaître et d'apprécier le plaisir.

— Les problèmes constituent une occasion de vous distinguer.

Il existe probablement une certaine vérité dans chacun de ces clichés, mais vous devez néanmoins gérer votre vie. C'est ainsi, c'est ainsi que c'était, c'est ainsi que ça sera toujours. Si vous reconnaissez et si vous acceptez cette Loi de la Vie, vous n'allez probablement pas être porté à considérer chaque problème comme une crise et vous ne conclurez pas aussi facilement que vous gérez votre vie sans succès. Il est important que vous assimiliez immédiatement cette Loi afin de ne pas commettre des erreurs de jugement.

On a depuis longtemps établi en psychologie que ce ne sont pas particulièrement les circonstances qui dérangent les gens impliqués dans une situation, mais plutôt la violation de leurs espérances. Si un jeune couple idéaliste se marie en espérant vivre une idylle de conte de fées, en croyant que ce mariage ne sera que « douceur et lumière », les époux réagiront probablement très mal aux compromis douloureux qu'impliquent deux vies réunies en une seule. En revanche, si deux jeunes mariés, probablement grâce à leurs expériences de vie, anticipent qu'ils devront faire des compromis douloureux, s'ils s'attendent à faire face à des problèmes dans leur mariage et que ces problèmes surviennent, cela confirmera leurs attentes et leurs réactions émotionnelles seront beaucoup moins problématiques.

Vous vous aiderez, en tant que gestionnaire de votre vie, si votre « niveau d'espérance » de la vie est réaliste plutôt que naïf. Comprenez que le succès est une cible mouvante et que dans ce monde en constante évolution, votre vie doit être constamment gérée. Si, après avoir lu ce livre, vous appliquez tous les enseignements, les vérités et les principes que vous voulez bien accepter, votre vie en sera sûrement améliorée et, bien entendu, j'en serai ravi. Mais sachez que, peu importe la qualité de votre vie présente, d'ici cinq ans elle sera tributaire de la façon dont vous avez activement géré votre vie d'ici là.

Vous avez probablement remarqué que j'ai fait référence à votre personne en tant que « gestionnaire de vie », comme si vous étiez deux personnes distinctes, l'une ayant la charge de l'autre. Il vous sera d'une grande valeur, à partir de maintenant, de penser que vous êtes le gestionnaire de votre vie, de vous examiner comme si vous évalueriez le gérant d'un magasin ou votre superviseur au travail. Considérez le gérant de votre vie comme s'il n'était pas vous ; cela vous donnera l'objectivité nécessaire et le recul pour évaluer vos performances. Si vous considérez l'état de votre vie en fonction de la compétence de votre gérant, vous bénéficierez d'un critère objectif pour mesurer votre efficacité.

Supposez que vous êtes appelé aujourd'hui à faire une évaluation de performance du gérant de votre vie. Quel résultat lui donneriez-vous ? Sans tenir compte que votre gérant et vous sont la même personne, faites une évaluation fondée sur les résultats qui prend en compte les critères suivants :

1 — Votre gérant vous protège-t-il des risques imprudents ?
2 — Votre gérant vous place-t-il dans des situations où vous ne pouvez pas utiliser toutes vos capacités et vos habiletés ?
3 — Votre gérant crée-t-il des occasions pour que vous puissiez obtenir ce que vous voulez vraiment dans cette vie ?
4 — Votre gérant prend-t-il soin de votre santé et de votre bien-être physique, mental, émotif et spirituel ?
5 — Votre gérant choisit-il et recherche-t-il des relations saines dans lesquelles vous pouvez vous épanouir ?
6 — Votre gérant exige-t-il que vous tentiez d'acquérir des choses qui vous garderont frais, jeune et vif ?
7 — Votre gérant planifie-t-il votre progression afin que vous puissiez profiter d'un peu de paix et de tranquillité ?
8 — Votre gérant planifie-t-il des moments pour vous divertir et vous amuser dans votre vie ?

9 — Votre gérant structure-t-il votre vie afin qu'il existe un certain équilibre entre les choses que vous considérez importantes ?

Quel résultat vous donneriez-vous en tant que gérant de votre vie ? En tant qu'évaluateur, vous comprendrez que votre plus gros problème est que vous ne pouvez pas vous congédier, de la même façon que vous congédieriez une personne qui gèrerait mal votre entreprise ou vos employés. Vous n'avez pas le choix de travailler, d'éduquer et d'être patient avec ce gérant.

Ne commettez pas d'erreur : vous êtes le gérant de votre vie et votre objectif est de gérer votre vie de manière à ce que vous obteniez les meilleurs résultats possibles. Si vous ne faites pas du très bon travail, vous devrez vous motiver et revenir à l'assaut. Vous ne serez peut-être pas votre seul client, particulièrement si votre famille compte des enfants, ou des gens qui agissent comme tel. Mais vous êtes votre client le plus important.

En tant que votre propre client, vous devez prendre grand soin de vous et vous devez vous gérer en réalisant que vous êtes une personne très importante. En fait, je peux vous dire que la personne la plus importante dans ma vie, c'est Phil McGraw. Je ne m'en excuse pas, tout comme je ne crois pas que je suis égoïste. Je suis le seul mari et le seul père que ma femme et mes enfants ont. Si je prends soin de moi, eh bien, j'aurai quelque chose à donner dans ces deux rôles importants. Si je choisis, en revanche, d'être un martyr, si je me sacrifie constamment et que je ne prends pas soin de ma personne, je ne pourrai pas me donner physiquement et émotionnellement lorsqu'ils en auront besoin. Si je ne fais pas de dépôt dans le « compte de Phil » en cours de route, je pourrai me retrouver en faillite émotionnelle et physique dans le futur, lorsque les personnes que j'aime auront le plus besoin de moi. La raison pour laquelle je prends soin de ma personne est, je le reconnais, eux. Je ne fais pas de jeu de mots. Cette conviction affecte la manière dont je me traite jour après jour. Pour ne pas tricher avec ma famille, je dois prendre soin de moi.

Parce que je crois que votre travail en tant que gérant de vie est si important, voici une description de ce que vous devrez faire pour réussir ce travail :

Premièrement, acceptez, reconnaissez et appliquez *à votre vie* toutes les Lois de la Vie que nous avons étudiées jusqu'à présent et celles qui suivront.

Deuxièmement, engagez-vous à *résoudre* plutôt qu'à *endurer* vos problèmes personnels. Le vieil adage « Cordonnier mal chaussé » est très pertinent ici : si vous êtes le genre de personne qui examine fréquemment les problèmes et les besoins d'autrui, mais que vous ne vous souciez guère des vôtres, vous vous dirigez droit vers la faillite émotionnelle. Vous pouvez laisser traîner les problèmes qui surviennent dans votre vie si longtemps que vous ne les remarquerez presque plus. Vous devez vous résoudre à consacrer la majorité de l'énergie que vous dépensez à apporter des solutions, à *vos propres* problèmes et non pas à ceux des autres. Rappelez-vous, vous ne pouvez donner ce que vous n'avez pas. Si vous avez l'esprit tourmenté parce que vous avez laissé vos problèmes vous miner l'existence trop longtemps, vous ne pourrez pas offrir à *ceux que vous aimez* votre force, votre santé et votre paix intérieure.

Troisièmement, faites attention aux questions sans réponses. Vous avez peut-être déjà entendu des gens jouer au jeu des « Et si ? » avec leurs inquiétudes face à la vie : « Et si ma femme me quittait ? » « Et si on trouvait une tache sur mon poumon ? » « Et si je me faisais congédier ? » Selon mon expérience personnelle, lorsque des personnes laissent des questions de ce genre les ronger, c'est simplement parce qu'elles ne se forcent pas à répondre à ces questions. Elles tournent et retournent la question dans tous les sens, mais elles n'y répondent jamais.

Une crainte insaisissable de l'inconnu peut être débilitante et paralysante. Pour cette raison, se questionner est une bonne chose, mais si vous décidez de poser le genre de questions qui impliquent toute la gamme des « pourquoi », « qu'est-ce », « comment » et « et si », il est d'une importance capitale que vous preniez le temps de leur donner des réponses réfléchies. Et dans la grande majorité des cas, les réponses réalistes aux questions « Et si ? » ne sont vraiment pas aussi graves et extrêmes que les vagues résultats imaginés.

Peut-être vous demandez-vous : « Et si j'étais diagnostiqué cancéreux ? » Une réponse réaliste et réfléchie à cette question prendrait en compte que, pour certains types de cancer, le pourcentage de rémission est de 80 pour cent et que pour d'autres types de cancer, il est de 100 pour cent. Une réponse réaliste prendrait également en considération que de grands progrès sont faits dans la recherche du traitement de cette maladie, ce qui rend beaucoup moins catastrophique ce diagnostic aujourd'hui qu'il y a quelques années. En d'autres mots, plus les réponses sont réalistes et réfléchies, plus elles peuvent être gérées, alors que l'absence de réponse peut être si effrayante qu'elle s'avère débilitante. Vous pouvez poser ces questions, mais vous devez également vouloir leur répondre. Si vous jouez au jeu questionnaire « Et si ? », jouez-le jusqu'à la fin, jusqu'aux réponses.

Votre quatrième responsabilité en tant que gérant de votre propre vie est de refuser de vivre avec des conflits émotionnels qui ne sont pas résolus. Combien de fois avez-vous été témoin de vos ou des réactions excessives d'autrui à un événement apparemment insignifiant ? Ce que vous et ces gens font, en fait, en réagissant de façon excessive, se définit comme une « réaction cumulative ». Lorsque vous paniquez parce que votre conjoint ou votre conjointe n'a pas replacé la capuchon du tube de dentifrice, vous ne réagissez pas excessivement uniquement à cet événement ; ce n'est que l'étincelle qui enflamme des sentiments que vous avez accumulés dans une multitude d'autres situations et de circonstances. C'est si simple, dans une vie accaparante et en constante évolution, d'accumuler de la souffrance émotionnelle et des désaccords. Mais un amas de conflits émotionnels non résolus peut finir par vous écraser et dominer votre esprit.

Afin d'être un gérant de vie efficace, vous devez identifier les moments où vous vous sentez blessé, en colère, frustré ou confus. Lorsque ces moments surviennent, vous devez prendre un temps de repos pour gérer le ou les problèmes. Discutez-en avec la personne impliquée, ou du moins avec vous-même. Cela signifie que si une souffrance émotive ou tout autre problème survient dans votre vie, vous devez entamer un débat sur le problème et vous devez insister pour clore ce débat. Si le débat est clos, vous ne traînerez plus le fardeau de la souffrance ou du problème. Vous traitez la question, puis vous refermez le livre et vous le mettez de côté. Peu importe ce qu'il vous en coûtera, faites-le. Peut-être que vous devrez vous confronter ou confronter quelqu'un d'autre. Peut-être devrez-vous pardonner ou faire des excuses. Peu importe ce que cela implique, vous le faites pour le laisser derrière vous. Évitez ce genre de fardeau dans votre vie ; éliminez les conflits émotionnels que vous n'avez pas résolus, donnez-vous une tranquillité émotionnelle.

Finalement, honorez vos ententes, qu'elles soient envers vous-même ou envers d'autres personnes. Les ententes non-respectées peuvent devenir si répétitives et si vides de sens que la personne qui ne les respecte pas ne se rend même plus compte qu'elle prend des ententes. Mais ne commettez pas d'erreurs : ces ententes non respectées sont des rochers que vous déposez devant et derrière vous sur le chemin de votre vie. Pensez à ce que vous éprouvez lorsque quelqu'un s'engage envers vous et qu'ensuite il brise son engagement. Prenez le temps de demander à vos enfants, de manière non menaçante, comment ils se sont sentis lorsque vous n'avez pas tenu votre promesse de passer plus de temps avec eux ou lorsque vous aviez promis d'être présent à une occasion quelconque et que vous ne l'avez pas fait. Ayez le courage de vous demander quels engagements vous n'avez pas remplis, dans la dernière semaine, envers les personnes que vous chérissez. Le message que vous envoyez est douloureux lorsque vous prenez un engagement et que vous ne l'honorez pas par la suite. Que vous ayez l'intention ou non d'envoyer ce message à ceux que vous aimez, il leur fait voir qu'ils ne sont pas importants à vos yeux. Ils perçoivent ce message comme un rejet.

Je crois que vous serez plus que surpris des obstacles que vous dressez sur votre chemin parce que vous êtes peu fiable et que, par conséquent, on ne vous fait pas confiance. Ce genre de comportement est particulièrement significatif dans vos relations familiales, car ce sont votre partenaire et vos enfants qui subissent les dommages et ces derniers vous reviennent droit au visage. J'ai souvent dit que les parents ne sont jamais plus heureux que leur enfant le plus triste. Les ententes non respectées avec des enfants, qu'ils aient quatre ou quarante-quatre ans, créent une souffrance et un éloignement, et cela vous affecte nécessairement.

Vous êtes votre ressource numéro un dans le monde. Gérez votre vie et gérez-la bien. Si vous commencez à exiger davantage de vous-même en tant que gérant de vie, intensifiez vos efforts et faites-le à votre manière. Travaillez fort et exigez de vous-même les mêmes efforts que vous exigeriez d'une personne engagée pour réussir un travail. Si vous payiez un salaire important à un gérant de vie, vous exigeriez de cette personne qu'elle poursuive inlassablement le travail. Gérer votre vie avec volonté et engagement poussera vos actions à être et paraître différentes. Vous saurez que vous avez une vie énergique, une vie qui compte parce que vous la traiterez ainsi.

Pensez à quelqu'un qui fait une petite balade dans un parc par une belle journée ensoleillée. Il n'a pas de destination particulière et il n'a pas de limite de temps consacrée à cette activité. Il marche lentement ; il se promène vraiment au hasard, les mains dans les poches, parfois bifurquant d'un côté, parfois de l'autre. Il s'arrête fréquemment, il peut tourner de façon aléatoire, revenir sur ses pas à l'occasion ou simplement prendre un instant pour observer le ciel. Maintenant, si le but de cette promenade est tout simplement d'apprécier le soleil et le paysage, il n'y a rien de mal à ce genre d'attitude et d'approche.

Nous avons besoin, à l'occasion, de ce genre d'expérience. Mais ce n'est pas un bon modèle pour un gérant de vie qui a de gros changements et de gros défis à l'ordre du jour.

Comparons ce comportement avec celui de quelqu'un qui est résolu, ; déterminé à se rendre à une réunion importante, par exemple. Il coupera à travers le parc pour sauver du temps ; il marche avec un but, une direction et peut-être même avec urgence. Il a des ressorts aux pieds. Il doit se rendre quelque part ; il dispose d'un certain temps pour s'y rendre et il ne se laissera pas distraire de son objectif. Même l'observateur le plus désinvolte pourrait discerner laquelle de ces deux personnes avait une mission.

Vous allez bientôt élaborer une stratégie hautement personnelle et individualisée qui vous permettra de gérer votre vie de manière intentionnelle et à dessein et non pas de la gérer à la manière du promeneur qui erre au hasard dans un parc. Vous devez envisager cette tâche avec le plus de résolution, de planification qu'il est possible. Votre mission consiste à arrêter votre élan, changer votre direction et repartir dans la direction et à la vitesse qui vous mènera où vous voulez vraiment aller. Si vous approchez cette mission avec seulement une « conscience rehaussée », vous n'obtiendrez jamais ce que vous voulez. Afin de changer votre vie, vous devez *être* différent. Véritablement gérer votre vie signifie que vous ne vivrez plus en réagissant aux choses et que vous vous mettrez en *état de projet.*

Être en état de projet veut dire que votre mission a pris une signification spéciale et qu'elle est urgente, la plaçant au-dessus de toutes vos autres préoccupations. Supposons que vous auriez l'intention de peinturer votre maison, par exemple. Si vous vous dites : « Il faudrait bien que je peinture la maison un jour. » Quand et avec quelle efficacité croyez-vous que la maison sera peinturée ? Comparez cette attitude avec celle-ci : vous vous réveillez à sept heures un samedi matin et vous déclarez : « État de projet : je vais peinturer cette maison, et je vais le faire avant minuit, dimanche. » La différence dans le rythme de la progression du projet serait ahurissante.

C'est la différence entre (le rythme auquel vous vivez présentement) votre façon de vivre actuelle et la façon dont vous vivrez en commençant à concevoir votre vie comme vous l'entendez. Être en état de projet signifie que vous aborderez votre vie avec la conviction que vous méritez autant que les autres et que vous valez l'effort requis pour y arriver. Rappelez-vous, la différence première entre vous et ces « personnes chanceuses » est simplement ceci : elles ont fait ce qu'elles ont fait, et vous avez fait ce que vous avez fait. Vous vous êtes seulement rangé trop tôt et vous vous êtes contenté de peu.

Que vous agissiez ou non afin d'améliorer votre vie, le reste de cette année s'écoulera. Ne commencez pas ce projet demain, ni plus tard, mais aujourd'hui. *Commencez immédiatement.* Si vous vous êtes rendu aussi loin dans ce livre, vous voulez sérieusement changer des choses dans votre vie. Mettez votre vie en état de projet, et vous changerez.

Je ne suggère pas que le monde changera du tout au tout et commencera à vous donner ce que vous voulez parce que vous êtes maintenant prêt à le recevoir. Si vous lui permettez, la vie peut être cruelle. Vous avez été témoin de cette cruauté et l'avez probablement subie dans votre vie. Si vous ne la gérez pas, votre vie peut avoir de douloureuses lacunes. Les choses qui ont de la valeur à vos yeux peuvent vous être retirées. Une personne aimée peut être perdue. Plus subtilement, une vie sans gérance, plutôt que d'être gâchée par des pertes, peut ne pas générer ce que vous voulez et ce dont vous rêvez. Si vous n'avez pas de plan, vous servirez de tremplin pour ceux qui en ont un. Ce n'est effectivement pas une belle image, ce n'est pas une belle vision du monde, mais c'est néanmoins la vérité. En revanche, par contraste avec la cruauté et la sévérité qui font tellement partie d'une vie mal gérée ou non gérée, si vous avez une stratégie nettement définie et si vous avez le courage, l'engagement et l'énergie d'exécuter cette stratégie à la façon d'état de projet, vous allez prospérer ; vous surmonterez les obstacles.

Le monde n'est pas malveillant ; ce n'est que le monde. Nous ne devons pas le craindre, nous devons le gérer ; et la clé de cette gérance, c'est d'avoir une stratégie conçue consciemment. Pensez-y : si vous saisissez votre chance, vous obtiendrez finalement l'attention non seulement que vous méritez, mais dont vous avez besoin pour avoir la possibilité de changer votre vie pour le mieux. Et si c'était votre chance ? Et si c'était à votre tour ?

En vous concentrant sur la gestion de votre vie, vous trouverez que les Lois de la Vie étudiées jusqu'à maintenant prendront une plus grande importance. En comprenant ces premières Lois de la Vie, vous serez beaucoup mieux équipé pour gérer une vie en constante évolution qu'est la vôtre.

Jusqu'à maintenant, par exemple, si vous avez fait vos devoirs, vous avez déjà acquis des outils essentiels. Vous avez commencé à consciemment identifier les comportements que vous avez choisis et qui créent des conséquences-clés dans votre vie. Vous avez également identifié les gratifications que vous retirez de certains types de comportements persistants. Ce genre de connaissance est, bien entendu, un outil vital servant à gérer votre vie efficacement. Après avoir examiné vos comportements et vos gratifications, vous devez déjà avoir un bonne idée de ce que votre vie serait si vous minimisez ou si vous éliminez efficacement vos problèmes.

Une autre bonne nouvelle : comme la vie se gère et qu'elle ne se guérit pas, vous n'avez pas à tout recommencer au début chaque jour. Vous ne commencez pas avec une page blanche chaque matin. Votre vie a déjà une certaine structure, que vous soyez célibataire, marié, que vous viviez en famille ou que vous habitiez avec des amis. Peu importe votre situation, il existe une structure que vous connaissez et dans laquelle vous pouvez fonctionner.

Cohérent avec cette structure, vous avez probablement adopté certaines décisions de vie, décisions dont nous avons parlé en abordant la Loi de la Vie n° 5 : *La vie récompense l'action.* Vous vous rappellerez que ces décisions sont votre fondation psychologique et comportementale, les valeurs fondamentales que vous avez incorporées jusqu'au plus profond de votre être. Comme tout le monde, vous ne passez pas consciemment beaucoup de temps à réfléchir sur ces décisions que vous avez prises ; elles existent néanmoins. Par exemple, n'avez-vous pas pris une décision de vie de ne jamais être physiquement ou verbalement violent envers vos enfants ou envers ceux que vous aimez ? (Si vous ne l'avez pas fait, je vous recommande grandement de le faire — immédiatement !) Vous avez peut-être pris la décision de vie d'apprendre à vos enfants à se traiter et à traiter les autres avec dignité et respect. Des décisions de vie de ce genre servent de pierre angulaire à la construction de votre stratégie de gestion de la vie. Elles sont thématiques ; elles vous définissent ; et si vous continuez à les examiner, je crois que vous vous apercevrez immédiatement que vous ne commencez pas à zéro. Vous avez déjà la base d'une vie bien gérée. Vous n'avez qu'à vous mettre en état de projet.

Alors, quelles sont vos décisions de vie ? Vous pensez peut-être n'avoir jamais fait ces choix délibérément, mais je n'ai aucun doute que vous les ayez faits. Je crois également que, en acceptant vos décisions de vie et en les mettant en mots, vous imposerez un ordre nécessaire dans votre vie. Vous percevrez, beaucoup plus clairement, les fondations sur lesquelles vous bâtirez votre stratégie.

Exercice n° 11 : *Écrivez toutes les décisions de vie dont vous êtes conscient, en ne négligeant rien. Par exemple, je parie que vous avez pris la décision de vie de ne pas tuer. Vous croyez peut-être que vous n'avez pas à réfléchir longuement sur cette décision ; néanmoins, cette décision de vie vous a défini comme une personne non violente. Afin de vous aider à débuter, voici d'autres exemples de décisions de vie que vous avez peut-être prises ou que vous voulez prendre maintenant :*

— Je vivrai avec Dieu dans ma famille.
— Je vivrai ma vie avec intégrité : je ne mentirai pas et je ne volerai pas.
— Je ne me battrai pas devant mes enfants.
— Je ne demanderai pas à mes enfants d'avoir à faire face ou d'être importunés par des problèmes d'adultes.
— Je n'aurai pas recours à la violence physique.
— Je prendrai soin de ma personne afin de pouvoir prendre soin des autres.

Comprenez que, lorsque nous discutons de décisions de vie, nous ne parlons pas de lubies passagères ou d'engagements désinvoltes. Une décision de vie se fait à partir du cœur. Elle dépasse la pensée ; ce sont des convictions par lesquelles vous vivez, non seulement pour une période de temps, mais tout le temps. Faites-en une liste. Lorsque vous aurez complètement inventorié vos décisions de vie, vous pourrez être ravi de constater le nombre et la qualité de questions importantes, pour vous, qui ont déjà été résolues. Par le fait même, il se peut que vous découvriez des lacunes évidentes qui nécessitent des prises de décisions de vie immédiates. Quelles sont ces lacunes ? Quels sont ces problèmes ?

Vos propres limites d'acceptation sont un élément clé de la gestion de vie et une décision de vie qui vous a peut-être échappé. Je crois que vous serez d'accord avec mon observation initiale alléguant que la vie est tout sauf un voyage au succès assuré. Je n'ai jamais rencontré une personne qui n'avait pas dans sa vie de défauts, de problèmes et de défis. Ces choses sont incontournables. La vraie question est : « Comment allez-vous gérer ces problèmes et quels efforts allez-vous faire afin de gérer ces problèmes ? » Si vous avez fixé vos limites de gestion de vie trop hautes ou trop basses, vous ajouterez à vos difficultés. Évidemment, si vous n'exigez pas beaucoup de vous-même, votre vie sera de piètre qualité. Mais si vous êtes un « perfectionniste », vous vous êtes fixé des limites tellement irréalistes que vous vivez dans le rêve. Il est important d'être réaliste à propos de ce que vous espérez de vous-même et vous devez être patient en bâtissant un étage à la fois.

La raison pour laquelle la question des exigences envers vous-même est une décision de vie, devrait être évidente. Si vous êtes résolu à ne pas être un passager dans la vie et si vous exigez de vous-même l'excellence dans tous les aspects de votre vie, cette décision est un moment crucial dans votre vie. Vous n'aviez peut-être pas pensé à avoir cette conversation sincère avec vous-même avant aujourd'hui. Mais, il n'y a sans doute pas de meilleur moment que celui-ci pour décider ce que vous *exigerez* de vous-même, en contraste avec ce que vous êtes prêt à *accepter* de vous-même. Ces limites que vous vous fixerez ne devront pas être reconsidérées tous les jours. Pour cette raison, la création de ces limites devra réclamer une grande attention et un grand intérêt ; elle exige une conversation avec vous-même des plus consciencieuses et des plus attentives.

En pensant à ce que vous exigez de vous-même, vous découvrirez peut-être que vous vivez dans une zone de confort : vous évitez d'atteindre un niveau d'accomplissement et de réussite dans lequel vous

n'êtes pas encore confortable. Vous vous complaisez à suivre la vague de votre vie parce que vous vous êtes adapté à ce niveau d'exigence. Vous vivez avec l'aversion du risque.

Même si elle est confortable, cette vie peut s'avérer particulièrement stagnante. Rester dans cette zone de confort est dangereux pour votre bien-être réel. Rappelez-vous que vous êtes le plus important, sinon l'unique, agent de changement dans votre vie. Si vous désirez un changement, vous êtes le seul à pouvoir passer aux actes. Si les événements dans votre vie progressent différemment, ce sera parce que vous avez changé votre façon de penser, de ressentir et votre façon de faire. Rappelez-vous ces simples vérités :

Si vous continuez de faire ce que vous avez toujours fait, vous continuerez d'obtenir ce que vous avez toujours obtenu.
Si vous agissez différemment, vous obtiendrez des résultats différents.

Sortez de votre zone de confort. Comportez-vous différemment en étant décidé à travailler plus fort et plus intelligemment. Cela veut dire que vous devez exiger davantage de vous-même, dans tous les aspects de votre vie.

Si vous êtes honnête avec vous-même, je parie que vous admettrez que vous êtes un « paresseux de la vie ». Par exemple, vous n'utilisez jamais votre énergie mentale et émotionnelle pour vous asseoir, écrire un objectif et concevoir un plan pour atteindre cet objectif. Vous en avez peut-être l'intention, mais vous ne le faites pas.

Pour être un gérant efficace, vous devez « gravir la pente ». Vous devez simplement exiger davantage de vous-même dans toutes vos catégories de comportement, même dans les plus banals : votre présentation, votre « self-contrôle », votre gestion émotive, vos interactions avec autrui, vos performances au travail, votre gestion de la peur et toutes les autres catégories auxquelles vous pouvez penser. Commencez maintenant, débutez chacune de vos journées en vous demandant : « Que puis-je faire aujourd'hui afin d'améliorer ma vie ? » Demandez-vous-le, répondez-y, et ensuite faites-le, tous les jours.

Si les personnes qui vous entourent ne remarquent pas, de leur point de vue extérieur, que vous vous comportez différemment, vous n'avez donc pas compris ce que je veux vous expliquer. Vous devez vouloir changer de direction dans votre vie. Pour ce faire, vous devez vous réorganiser et réorganiser votre journée de façon à ce que vous gravissiez l'échelle de la performance. Croyez-moi, la performance, c'est contagieux. Si vous commencez à faire les choses différemment, cela favorisera des changements additionnels.

Peut-être désirez-vous depuis des années vous mettre en forme, mais chaque jour, vous revenez épuisé à la maison et vous rampez jusqu'au divan et restez assis, tel un lézard sur une roche, toute la soirée. Ne faites plus cela. À partir d'aujourd'hui, ne faites plus cela. Comme je fais de l'exercice presque tous les jours, je peux vous affirmer qu'un tiers du temps, je suis « sûr » d'être trop fatigué, trop épuisé pour faire de l'exercice. Mais après quinze minutes de « workout », je me sens mieux, je me sens plus énergique, je suis dans un meilleur état d'esprit pour affronter ce que la vie me réserve. Ne cédez pas à vos habitudes négatives. Exigez davantage de vous-même, physiquement, mentalement, émotionnellement et exigez davantage de vos comportements.

Si vous êtes dans une relation où vous perdez fréquemment votre sang-froid et que vous participez souvent à de criards concours de dispute, exigez davantage de vous-même. La prochaine fois que vous verrez approcher un conflit à l'horizon, décidez, soit de vous en éloigner, soit d'y réagir d'une façon plus calme. Ne vous laissez plus porter par la vague. Creusez plutôt votre propre rivière.

Je pourrais vous faire part de centaines d'exemples, mais vous êtes parfaitement conscient des moments où votre comportement descend sous la barre de l'excellence. Décidez consciemment d'exiger davantage de vous-même dans la poursuite de vos buts et dans la résolution de vos problèmes ; vous aurez alors mis en place la pierre angulaire qui supportera votre stratégie de vie.

L'essence de cette Loi de la Vie est que *vous* êtes votre propre ressource, la plus importante ressource dont vous disposez pour le bon fonctionnement de votre vie. L'efficacité avec laquelle vous dirigez votre vie en général sera un bon miroir du talent que vous mettez en oeuvre pour gérer votre vie personnelle. Même si ceci peut sembler politiquement incorrect, j'ai la ferme conviction que vous devez *vous* considérer comme étant la personne la plus importante dans votre vie. Les gens réagissent promptement à ce conseil, comme un réflexe rotulien, en considérant que cet encouragement est égoïste et asocial. Je vous dis que c'est tout le contraire.

Je suis certain que vous êtes conscient de situations dans votre vie où vous avez pris des décisions qui semblaient aller d'elles-mêmes. Et tout fonctionna pour le mieux. Cela semblait évident à ce moment-là ; par conséquent, tout fonctionna et cela apparut d'autant plus correct avec le temps. Mais comme la vie n'est pas parfaite, ce ne sont pas toutes les décisions que vous prenez ou que vous avez prises qui seront nécessairement gagnantes. Incorporez à votre philosophie de gestion de vie que vous prenez parfois de bonnes décisions, mais que *parfois vous devez rendre bonnes, ces décisions.*

Les pauvres choix sont ceux qui testent votre maturité et vos décisions. Ce sont ceux qui devraient vous pousser à dire : « Je rendrai cette décision juste », c'est à dire que vous travaillerez à éliminer les défauts, que vous travaillerez à trouver une solution et que vous vous y engagerez jusqu'à la fin. Je parle ici de maturité. Il est si facile, particulièrement au début d'une vie, de laisser tomber les choses qui ne marchent pas du premier coup. Mais des décisions concernant le mariage et les enfants ne sont pas aussi faciles à annuler. Admettez-le, vous ferez un effort concerté afin de rendre bonne une mauvaise décision que vous avez prise.

Ne perdez jamais de vue les enjeux. De pauvres stratégies de vie peuvent vous mener au désastre ou à des déceptions qui vont, éventuellement, vous briser le moral. Ce n'est pas votre comportement qui détermine quel résultat sera le vôtre. Si la question à laquelle vous faites face est insignifiante, les conséquences sur votre stratégie de vie se révèlent insignifiantes. Lorsque la question est importante, les résultats deviennent importants. Mais la réalité est que les enjeux sont presque toujours élevés, s'ils ne sont pas immédiats.

Vos enjeux sont votre qualité de vie, vos espoirs, vos rêves et vos buts. Que vous le vouliez ou non, vous êtes, vous aussi, un stratège de vie ; si vous êtes un piètre stratège, personne ne pourra sauver votre client, c'est-à-dire vous-même. Le problème que vous tentez de résoudre est votre vie tout entière, vos relations avec votre famille, votre carrière, votre santé et votre bien-être émotionnel. Vous faites face à des défis substantiels, sinon vous ne liriez pas ce livre. La question est : avez-vous les compétences nécessaires, pas seulement pour survivre, mais pour réussir ? Si vous ne les avez pas, vous devez décider de les acquérir. Allez-vous être encore une autre victime de cette silencieuse épidémie qui détruit des vies ?

La vie que vous gérez est la vôtre. La vie émotionnelle, la vie sociale, la vie spirituelle et la vie physique que vous gérez sont toutes sous votre responsabilité. Gérez-les significativement et gérez-les avec savoir-faire. Vous faites les choix qui créent votre état émotif. Faites ces choix d'une manière informée et significative, vous obtiendrez ce que vous voulez.

Rappelez-vous ce que vous a enseigné la Loi de la Vie n° 4 : *Vous ne pouvez pas changer ce que vous ne reconnaissez pas.* Vous devez identifier les défis majeurs que comporte votre vie. Prenez le temps d'identifier ces choses qui peuvent et qui doivent être les éléments sur lesquels vous devez concentrer vos efforts de gestion. Lorsque nous commencerons à construire votre stratégie personnelle de vie au chapitre 12, savoir ce que sont ces défis sera d'une importance primordiale.

CHAPITRE NEUF

Nous influençons la manière dont les autres se comportent avec nous

Personne ne peut vous faire sentir inférieur sans votre consentement.
— Eleanor Roosevelt

Loi de la Vie nº 8 : Nous influençons la manière dont les autres se comportent avec nous
Votre stratégie : Déterminez la manière dont les autres vous traitent, plutôt que de vous en plaindre. Apprenez à renégocier vos relations pour obtenir ce que vous voulez.

Les Lois de la Vie que vous avez apprises jusqu'à maintenant se concentraient sur le pourquoi et le comment vous obteniez tel ou tel résultat dans votre vie. Cette Loi ne fait pas exception. Elle traite spécifiquement de la façon dont vous définissez vos relations et de la façon dont vous obtenez des résultats. Mais elle y ajoute une importante dimension. Cette Loi soutient que, en plus de produire des résultats, vous êtes un résultat et, par conséquent, que vous modelez le comportement de ceux avec qui vous interagissez. Parce que les gens apprennent par l'obtention de résultats, si vous les récompensez, les acceptez ou endossez leurs comportements, cela a un impact sur leur conduite et influencera leurs choix subséquents. La façon dont vous interprétez et dont vous réagissez à leurs comportements détermine s'ils répéteront ou non ces comportements. Vous participez donc activement à la définition de vos relations.

Dès lors, si vous vous demandez pourquoi les gens vous traitent de telle ou telle manière, référez-vous à la Loi de la Vie n° 3 : *Les gens font ce qui fonctionne.* Ils agissent de cette manière parce que, en fonction des résultats obtenus, vous leur avez enseigné quels comportements leur procurent une gratification et quels comportements ne leur en procurent pas. S'ils obtiennent ce qu'ils veulent, ils conservent ce comportement dans leur répertoire. S'ils n'obtiennent pas les résultats escomptés, ils éliminent ce comportement et en acquièrent un autre. Vous devez comprendre que, comme dans tous les aspects de votre vie, les résultats, et non les intentions, influencent les gens avec qui vous interagissez. Vous pouvez vous plaindre ou pleurnicher ou menacer de leur donner des résultats négatifs, mais si en bout de ligne vous récompensez le comportement en procurant une réponse qu'ils considèrent comme gratifiante, ces personnes se diront : « Eh, cela fonctionne. Je sais comment obtenir ce que je veux. »

Si les personnes dans votre vie vous traitent d'une manière indésirable, vous voudrez comprendre ce que vous faites pour renforcer, obtenir et permettre ce traitement. Si vous êtes impliqué dans une relation où quelqu'un est constamment abusif, exploiteur ou insensible envers vous, identifiez ce que vous faites pour encourager ce comportement afin de pouvoir réajuster votre relation vers une direction plus saine.

Les relations sont réciproquement définies : chaque participant contribue grandement à leur définition. Dès le tout début, c'est une négociation « je donne, je reçois » entre les participants. Ensemble, vous et votre partenaire, forgez les termes, les règles et les lignes directrices de votre relation. Ainsi, si vous n'aimez pas la donne, ne blâmez pas seulement votre partenaire. Vous êtes responsable de cette relation tout autant qu'elle ou lui. Voici comment cela fonctionne :

La personne A approche la personne B d'une certaine manière qui détermine le ton de la relation. La personne B réagit alors aux définitions originales en renvoyant une réponse d'acceptation ou de rejet de la définition de la personne A. Si c'est un rejet, B se rétractera peut-être complètement ou s'accordera avec la définition de A. Si la réponse de B change la définition de la relation, alors A, à son tour, acceptera ou rejettera cette nouvelle définition en répondant à B. Cela continue jusqu'à ce que la définition de la relation soit acceptée et adoptée par les deux parties. Ainsi, vous avez été un participant actif à la création de chacun des termes et de chacune des conditions de cette relation.

J'ai, à une certaine époque, conseillé un couple dans la cinquantaine qui était marié depuis vingt-sept ans. John était un entrepreneur électricien ; Kay était une réceptionniste médicale très expérimentée. Tous deux venaient d'une famille nombreuse et avaient, eux-mêmes, élevé quatre enfants qui étaient désormais tous grands et se débrouillaient seuls. Tout en affirmant qu'ils s'aimaient beaucoup, ils reconnaissaient être venus me voir parce que la communication entre eux était très difficile.

Ils arrivèrent à mon bureau, le lendemain d'une fête, en disant qu'ils avaient eu la pire dispute de toutes leurs années de mariage. Kay fulminait, mais ne disait pas un mot, pendant que John décrivait les événements qui avaient mené à la dispute. John m'expliqua qu'il avait adopté la tradition de rester éveillé la veille du « Tanksgiving » afin de cuire la dinde pour la grande réunion de famille qui avait toujours lieu à leur domicile. Pour ce « Thanksgiving » en particulier, ils attendaient vingt-six membres de la famille. John ne buvait qu'occasionnellement de l'alcool. Il m'a ainsi relaté le déroulement de son rituel du « Thanksgiving » :

« Dans la nuit de chaque mercredi avant le « Thanksgiving », je me procure une carafe de « Jack Daniel's » et j'attends que Kay et les convives arrivent, ensuite je commence à cuisiner. »

« J'aime faire cuire la dinde tranquillement. Donc, aux alentours de minuit, je mets l'oiseau dans le four, j'ouvre la carafe de whisky et je commence ma veillée. Après avoir ingurgité, en général, un quart de « Jack Daniel's », la dinde et moi-même sommes cuits. »

Ce rituel n'avait pas semblé embarrasser Kay pendant toutes ces années. Mais malheureusement, cette année-là, John avait apparemment pris de l'avance sur la dinde pour ce qui est de la consommation de whisky et oublia d'allumer le four. Lorsqu'il s'aperçut du problème, il était six heures du matin et il avait vingt-huit livres de dinde à la température du réfrigérateur. Par un raisonnement qui n'aurait pu germé ailleurs que dans un esprit baignant dans le « Jack Daniel's », il prit la seule décision logique : frire la dinde, morceau par morceau. Lorsque Kay entra dans la cuisine et y trouva des taches de graisse décorant tous les murs, des morceaux de dinde en train de frire dans huit ou neuf poêles et casseroles, et John avec de la farine jusqu'aux sourcils, elle n'était pas contente. Et selon le dicton : « Lorsque maman n'est pas contente, personne ne l'est. »

Cette crise avait froissé John et Kay au-delà de toute mesure. Ils ne s'étaient que rarement adressé la parole depuis dix jours. Chacun blâmait l'autre pour l'état désastreux de leur relation. Pour John, la raison pour laquelle leur mariage n'était pas satisfaisant était que Kay ne parlait presque jamais. Kay affirmait, pour sa part, qu'ils avaient une piètre relation parce que John parlait sans arrêt et qu'il n'écoutait jamais. Comme la plupart des couples, John et Kay n'étaient pas venus me voir pour chercher de l'aide, mais bien pour avoir la présence d'un arbitre ou d'un juge qui déclarerait lequel des deux avait raison et lequel avait tort.

Évidemment, je ne pouvais pas accéder à leurs demandes parce que ni l'un ni l'autre n'avait raison. Ils avaient mutuellement défini leur relation. John avait appris à Kay qu'il était acceptable qu'elle le traite passivement, avec peu ou pas de communication, parce que durant des années il avait accepté ce comportement. Kay avait appris à John qu'il pouvait dominer leur relation et qu'il pouvait tenir seul toutes les communications parce qu'elle lui avait permis de le faire pendant vingt-sept ans. En acceptant réciproquement leurs problèmes comportementaux, chacun avait appris à l'autre que son comportement était acceptable.

Lorsqu'ils eurent atteint le point dans leur vie où ils étaient laissés à eux-mêmes dans leur maison, sans les enfants qui leur servaient d'élément tampon, leurs problèmes comportementaux se retrouvèrent au premier plan. Finalement, en faisant face à ce qu'ils considéraient être une crise majeure, la débâcle du « Thanksgiving », les fondations de la relation qu'ils avaient mutuellement définie s'étaient mises à fissurer. Il était temps pour eux de reconnaître qu'ils s'étaient réciproquement appris comment se traiter et que le traitement de l'un comme de l'autre n'était pas sain. Lorsque John et Kay arrêtèrent de renforcer le comportement inacceptable de l'autre, ils commencèrent à développer une meilleure capacité à communiquer, une plus grande intimité et un plus grand sentiment de confiance. (Bien que je croie que John n'a plus eu la tâche de faire cuire la dinde, seul.)

Comme l'histoire de John et Kay le démontre, même un modèle de relation vieux de trente ans peut être redéfini. Si vous avez la capacité d'apprendre aux autres comment vous traiter dès le départ, vous pouvez également leur réapprendre comment vous traiter par la suite. C'est dans le donnant, donnant des relations et des résultats que les relations interpersonnelles se négocient avec succès. Vous n'étiez peut-être pas conscient que vous négociez et que vous créiez dans vos relations, mais vous le faisiez. Vous le savez maintenant : être dans une négociation significative et ne pas en être conscient peut s'avérer très dangereux.

La bonne nouvelle, c'est que, parce que vous êtes responsable, vous pouvez déclarer votre relation « réouverte aux négociations » quand vous le désirez et pour aussi longtemps que vous le désirez. C'est ce qu'ont fait John et Kay après presque trente années de vie commune. Peu importe si votre relation est récente ou vieille, vous êtes responsable de l'état de celle-ci. Comprenons-nous, s'il vous plaît, je parle de votre responsabilité dans le sens le plus littéral du terme et même de votre responsabilité dans les situations qui vous semblent injustes.

Je me souviens d'un exemple plus sérieux et plus tragique de cette Loi : un jour, lorsque je commençais ma carrière, j'ai été demandé à la salle d'urgence d'un hôpital local par un neurochirurgien avec qui je travaillais sur une base régulière. Parce que je m'étais spécialisé dans la pratique qui comprend le diagnostic et le traitement de traumatismes crâniens et de désordres mentaux, il m'a demandé de l'aider à établir un diagnostic fonctionnel pour une dame souffrant d'un traumatisme aigu au cerveau et à l'épine dorsale et peut-être même d'une blessure interne au cerveau. Je n'étais qu'à quelques pâtés de maisons de l'hôpital lorsque j'ai reçu l'appel sur mon télé-avertisseur, alors je suis arrivé avant que les infirmiers n'aient fini de nettoyer les plaies de la patiente et avant qu'ils n'aient pu recueillir les détails de son histoire.

Dolorès était semi-consciente lorsque je rentrai dans la salle, mais elle était tout sauf bavarde. Son cuir chevelu avait été lacéré à la naissance des cheveux et la chair était renversée sur dix centimètres sur presque toute la largeur de son front. Son oreille gauche pendait et allait devoir être rattachée chirurgicalement. Les dents de sa mâchoire inférieure saillaient de sa lèvre et juste en haut de son menton. Son nez était sévèrement brisé, déplacé et lacéré. Cet hôpital était situé non loin d'une importante autoroute nationale où les accidents graves étaient fréquents et communs. Les blessures de Dolorès correspondaient à celles de quelqu'un éjecté de son véhicule en fracassant le pare-brise : elle s'était probablement ensuite écrasée sur le pavé. Plus pour tester son niveau de conscience que pour recueillir de l'information, j'ai commencé à lui poser des questions. Ma première question fut : « Dolorès, dites-moi où c'est arrivé ? » Ce serait significatif pour établir un diagnostic et déceler si elle souffrait d'amnésie, de vérifier si elle se souvenait précisément des personnes impliquées, de l'heure et de l'endroit où les événements s'étaient déroulés. Je voulais également tester sa mémoire à court terme en découvrant si elle était capable d'identifier l'autoroute ou l'intersection où l'accident s'était produit.

Dire que la réponse de Dolorès m'abasourdit serait un euphémisme. D'une voix douce et avec une articulation un peu confuse, elle me répondit : « C'est arrivé chez moi, dans ma chambre. » Elle avoua à contrecœur que son mari l'avait battue. J'étais dérouté ; j'étais dégoûté ; j'étais en colère. Toutes les grotesques blessures que je voyais étaient le travail de son partenaire de vie. Dans un effort pour la réconforter, je lui ai dit alors : « Je suis terriblement désolé que cela vous soit arrivé. Vous devez être si bouleversée. »

En me regardant avec des yeux enflés et tachés de sang, Dolorès fit un mouvement qui ressembla à un haussement d'épaules. Puis elle me dit : « Eh bien, j'étais bouleversée la première fois, mais je crois que je ne le suis plus. »

Je dois vous avouer que mon attitude changea immédiatement. D'accord, je n'étais pas moins horrifié par l'étendue et l'intensité de sa souffrance. Rien ne pourra effacer ma conviction que son mari était vicieux, mauvais et malade. Mais à ce moment, j'étais confus. Comment ces gens pouvaient-ils vivre ainsi ? Selon moi, on appelle cela une tentative de meurtre. J'ai immédiatement pensé : « Dolorès, peu importe les circonstances, peu importe l'emprise qu'il a sur vous, vous devez vous enfuir. Ce n'est *vraiment pas* correct. »

En examinant son dossier médical, j'appris la triste histoire de ses précédentes visites à la salle d'urgence : son mari lui avait cassé quatre côtes ; il lui avait mis les mains sur un four brûlant ; il l'avait frappée deux fois jusqu'à la rendre inconsciente ; au cours des trois dernières années elle avait eu besoin de points de suture à plusieurs reprises. Elle l'avait toujours protégé ; elle mentait à chaque fois et, finalement, elle retournait toujours avec lui.

Il était indéniable que cette situation était extrêmement triste, mais je maintiens que la responsabilité de Dolorès dans cette relation était également indéniable. En restant avec son mari et en ne portant pas plainte à la police, elle lui avait, par conséquent, appris : «Tes comportements sont corrects. Tu n'as rien à craindre. Je te laisserai me battre ; je te laisserai me tuer. »

Vous voudriez peut-être me dire : « Docteur McGraw, vous ne comprenez pas. C'est très difficile pour une femme dans cette situation, particulièrement si elle ne travaille pas à l'extérieur de la maison, d'avoir les moyens de s'enfuir. » Je sais que cela est vrai et que le sentiment d'impuissance est grand lorsqu'on est pris au piège, sans possibilité de fuite. Il est difficile de partir si cela met la sécurité des enfants en jeu. Mais protéger votre vie et votre corps doit être primordial. Vous enseignez aux autres de vous traiter avec dignité et respect ou vous ne le faites pas. En restant dans une telle situation, ils s'en sortent indemnes. Vous méritez davantage.

Dolorès n'était pas à blâmer ; Dolorès était victime de crimes terribles, *mais* elle et elle uniquement pouvait se mettre à l'abri du danger ou mettre l'autre hors d'état de nuire. Selon moi, son mari était trop malade et jamais elle ne devrait ni ne pourrait lui faire confiance, jamais. Elle ne pouvait se fier qu'à elle-même. Il n'y a pas de demi-mesure ; il n'y a pas de circonstances atténuantes ; il n'y a aucune excuse ; il n'y a qu'une seule alternative. Si l'on vous bat, vous devriez fuir et chercher de l'aide immédiatement. Notre système de santé procure peu d'aide. Mes collègues et moi-même avons appelé la police. Finalement, le mari de Dolorès a obtenu une probation. Mais la dernière fois que j'ai entendu parler d'eux, ils étaient revenus vivre ensemble.

Peu importe votre partenaire, vous lui avez appris les règles et vous lui avez appris les limites de cette relation. Il a appris et incorporé vos modèles de réponse à ses actions. Si vous reconnaissez votre rôle dans ces « transactions », vous vivez et vous pensez donc en cohérence avec la Loi de la Vie n° 2 : être responsable. Vous reconnaissez également avoir créé votre propre expérience et si vous acceptez certains comportements de votre partenaire, vous choisissez les conséquences de vivre avec ses comportements. Vous êtes en train de reconnaître que, si votre partenaire fait certaines choses avec vous, pour vous ou à votre personne, il ou elle le fait parce que vous avez réciproquement établi le fonctionnement de cette relation. Votre partenaire devra réapprendre ce qui fonctionne et ce qui ne fonctionne pas avec vous dans votre relation.

J'espère ardemment, si vous vivez dans une relation négative, que votre relation est loin d'être aussi maladive et dramatique que celle de Dolorès. Mais les règles ne changent pas. Vous enseignez aux gens ce qu'ils peuvent vous faire et ce qu'ils ne peuvent pas vous faire. Vous leur enseignez, soit activement en récompensant leurs comportements destructeurs, soit passivement en leur permettant de persister dans ces comportements. Si vous reconnaissez ou lorsque vous reconnaîtrez cette Loi de la Vie, vous commencerez à analyser vos comportements dans vos relations. Vous ne vous demanderez pas pourquoi votre relation en est au stade où elle en est, mais pourquoi elle n'est pas rendue plus loin. Vous réaliserez que votre relation est comme elle est parce que vous l'avez programmée ainsi. Comme *vous* êtes celui ou celle qui détermine ce qui fonctionne ou non avec vous, vous pouvez donc changer cette relation à partir de maintenant. Je n'affirme pas que cela sera facile. Vous devez décider si vous en valez la peine.

Il est clair que je tente en ce moment de vous manipuler. J'ai dit que les partenaires déterminaient leur relation ; et il n'y a aucun doute, j'en suis convaincu, ils le font. De toute évidence, je veux vous inciter et vous habiliter à définir toutes vos relations avec une limite minimale de traitement afin que physiquement, mentalement et émotionnellement, chaque partenaire soit traité avec dignité et respect. Mais, pour que cette limite prévale, vous devez vouloir contrôler vos réactions. Parce que vous ne pouvez changer ce que vous ne reconnaissez pas, concentrons-nous spécifiquement sur la manière dont vous avez appris aux gens comment vous traiter. Alors, vous serez en mesure de cibler les modèles de réaction que vous devez changer.

La question fondamentale, bien entendu, est de savoir si vous récompensez ou non votre partenaire pour ses comportements indésirables. Je ne dis pas que les récompenses ne devraient pas faire partie d'une relation. Si votre partenaire vous traite avec dignité et respect, il va de soi que vous le ou la récompensez pour ce comportement positif. Par ailleurs, si votre partenaire est insensible à votre égard ou s'il vous traite cruellement et que vous le ou la récompensez pour ce comportement, vous devez éliminer cette récompense. Lorsque les gens sont agressifs, autoritaires ou s'ils contrôlent à l'excès, et que cela fonctionne, c'est-à-dire qu'ils ne rencontrent pas de résistance, vous les avez récompensés pour leurs comportements inacceptables. Votre défi dans cette situation sera d'identifier les récompenses qu'ils obtiennent de vous en réponse à leur comportement négatif.

Ces récompenses devraient être faciles à identifier. Par exemple, si votre partenaire boude lorsque vous ne vous conformez pas à ses désirs, et que vous vous conformez parce qu'il ou elle boude : hourra ! récompense pour avoir boudé. Ils savent maintenant comment se comporter avec vous pour obtenir ce qu'ils désirent. Mais il est fort possible que les récompenses que vous devez identifier soient beaucoup moins apparentes. Quelquefois, nous trichons avec nous-mêmes en n'exigeant pas de nos partenaires qu'ils supportent leur part du fardeau, leur permettant ainsi de s'en tirer avec un minimum de performance. Ils en retirent une récompense spécifique : ils atteignent leur but sans trop d'efforts. Peut-être couvrez-vous constamment l'impuissance de votre partenaire ou, l'aidez-vous en portant un fardeau mental, émotionnel ou financier excessif. La récompense spécifique est évidente : il ou elle récolte les fruits de votre labeur. Il existe des comportements encore plus insidieux : peut-être vous empêchez-vous d'atteindre un niveau plus élevé de performance pour ne pas menacer votre partenaire. Vous en retirez une récompense spécifique : un faux sentiment d'égalité et de sécurité.

Il arrive que certaines personnes maternent leur partenaire en les supportant et en les protégeant comme s'il était l'un de leurs enfants. Récompense spécifique : aucune appréhension d'adulte. Peut-être supportez-vous littéralement votre partenaire avec de l'argent et une maison. Récompense spécifique : un tour gratuit. Votre partenaire se sent peut-être menacé par une intimité authentique et vous permettez alors à cette relation d'exister à un niveau confortable pour lui ou elle, mais qui n'est pas satisfaisant pour vous. Récompense spécifique : aucune exigence émotionnelle et un haut niveau d'égocentrisme. Inutile de vous dire que, peu importe les comportements que vous permettez à votre partenaire, cette seule tolérance est une récompense subtile mais significative.

Avant de rouvrir les négociations, vous devez vous engager à le faire dans une position de force et de pouvoir, non pas de peur et de doute. Atteindre cette position demande le savoir et la résolution dont nous avons discuté jusqu'à maintenant. Le savoir que vous avez accumulé depuis que vous avez ouvert ce livre, qui inclut la résolution de se faire traiter avec dignité et respect, doit être inébranlable. Vous devez prendre cette décision de vie : vous êtes bien mieux seul que mal avec quelqu'un. Prendre cette décision signifie que vous ne jouez pas un jeu, que vous ne bluffez pas et que vous ne prenez pas cette position pour dominer. Cela signifie que vous aimeriez davantage être seul, vous traitant dignement et respectueusement, vivant joyeusement et en santé, que d'être avec un partenaire à qui vous ne pouvez pas faire confiance. Vous pouvez être dépendant de cette personne et vous pouvez être très attaché à elle ou à lui, mais si cette personne ne veut pas vous traiter raisonnablement, dites-lui : « Change tes comportements ou je m'en vais. »

En évaluant vos relations, prenez garde de ne pas vous leurrer vous-même. Il est dur d'accepter que vous êtes même partiellement responsable des mauvais traitements que vous subissez. Comme nous l'avons vu, il est bien plus facile, naturel et commode d'être une victime et de blâmer quelqu'un d'autre. Mais j'espère vous avoir convaincu, et vous le savez au fond de votre cœur, que vous êtes, en fait, responsable. Si vous refusez d'accepter votre responsabilité dans la manière dont les gens vous traitent, quel genre d'engagement allez-vous prendre pour changer ?

La pire chose que vous puissiez faire serait de clamer sur tous les toits que vous allez changer des choses seulement pour retourner vers vos vieux et familiers comportements destructeurs. De parler de changement et de ne pas en effectuer enseigne à votre partenaire de prendre à la légère vos déclarations. Vous lui apprendrez à être patient et confiant que tout rentrera dans l'ordre, dans son ordre. Votre engagement à changer doit se prendre au niveau de vos décisions de vie dont nous avons parlé plus tôt. Lorsque les limites de votre relation sont en jeu, engagez-vous, même s'il peut s'avérer difficile d'effectuer des changements, à ne pas faire de compromis. Faire des compromis sur ses décisions de vie, c'est vendre à perte votre meilleure marchandise : vous.

Comme pour tous les éléments de votre stratégie de vie, il sera important d'effectuer de manière significative, réfléchie et constructive ces changements dans vos relations. Pour ce faire, il est d'une importance capitale que vous déterminiez où vous en êtes vraiment dans telle ou telle relation afin de savoir quels changement spécifiques effectuer. En d'autres mots, vous devez faire attention de ne pas « réparer ce qui n'est pas brisé, mais bien ce qui l'est ». Vous devez avoir une conversation profonde sur l'état de toutes les relations auxquelles vous désirez apporter des changements.

Exercice n° 12 : *Comme cette partie du livre traite de la façon d'apprendre aux autres comment vous traiter et de le* *faire dans toutes vos relations, nous travaillerons sur une relation qui se prête bien à ce petit questionnaire : votre relation avec votre partenaire amoureux. La liste de questions suivantes peut vous aider non seulement à diagnostiquer l'état actuel de votre relation, mais également les raisons de cet état.*

Questionnaire relationnel :

1 — En toute honnêteté, sentez-vous que vous donnez pendant que votre partenaire prend ?

Oui Non

2 — Votre relation est-elle une relation parent-enfant plutôt qu'une interaction entre deux adultes ?

Oui Non

3 — Est-ce que vous et votre partenaire vous disputez à une fréquence et (ou) avec une intensité qui augmentent ?

Oui Non

4 — Est-ce que vous vous excusez fréquemment ?

Oui Non

5 — Ressentez-vous le besoin d'avoir plus d'espace et de passer plus de temps seul ?

Oui Non

6 — En examinant la dernière année de votre relation, sentez-vous que vous avez fait tous les sacrifices et tous les changements ?

Oui Non

7 — Trouvez-vous souvent des excuses à votre partenaire, à vous-même ou aux autres ?

Oui Non

8 — Sentez-vous que vos besoins émotionnels ne sont pas comblés ?

Oui Non

9 — Si vous avez répondu par un oui à la question no 8 : Croyez-vous que cela vous prive d'une importante partie de votre vie ?

Oui Non

10 —Êtes-vous frustré physiquement dans votre relation ?
Oui Non

11 —Sentez-vous que votre relation passe après le travail de votre partenaire, après les enfants ou toute autre priorité ?
Oui Non

12 —Avez-vous des secrets significatifs pour votre partenaire ?
Oui Non

13 —Vous sentez-vous utilisé ?
Oui Non

14 —Sentez-vous que cette relation devrait apporter davantage à votre vie ?
Oui Non

15 —Observez-vous des modèles comportementaux, développés ou utilisés dans votre relation, que vous avez déjà remarqués chez les parents de l'un ou l'autre ?
Oui Non

16 —Vous sentez-vous trop menacé pour prendre le risque d'obtenir une vraie intimité dans votre relation ?
Oui Non

17 —Sentez-vous que vous êtes la seule personne qui travaille sur votre relation ?
Oui Non

18 —Est-ce que la culpabilité a une grande place dans votre relation ?
Oui Non

19 —Sentez-vous que vous ne suivez que la vague dans votre relation ?
Oui Non

20 —Votre partenaire est-il davantage quelqu'un avec qui vous partagez une maison plutôt qu'un partenaire amoureux ?
Oui Non

21 —Fantasmez-vous de ne plus être dans cette relation ?
Oui Non

22 — Pour qu'il y ait paix et harmonie dans votre relation, sentez-vous que vous êtes obligé de ne pas être vous-même ?

Oui Non

23 — Votre partenaire et vous, avez-vous arrêté de travailler sur votre relation et l'acceptez-vous telle qu'elle est ?

Oui Non

24 — Avez-vous cette relation aujourd'hui simplement parce que vous l'aviez hier, et non parce que vous voulez vraiment la maintenir ?

Oui Non

Compilez les questions auxquelles vous avez répondu « oui ». Évidemment, plus vous avez répondu de « oui », plus votre relation est problématique. Peut-être que ces « oui » pourraient vous servir de sujet de discussion entre vous et votre partenaire pour la réouverture des négociations de votre relation.

En exigeant davantage de vous-même et de votre partenaire, vous êtes en quelque sorte en train de « changer l'entente » de votre relation. Ne vous méprenez pas : ceux avec qui vous avez présentement des relations n'aimeront pas cela. *Ils résisteront à vos tentatives de changer le statu quo.* Vous leur avez enseigné les règles, vous les avez récompensés pour leur conduite et, tout comme vous, ils sont confortables dans la présente entente. Si la mise du poker augmente, il serait juste de les informer des changements avant de réagir différemment à leurs comportements. Si vous avez enseigné à quelqu'un qu'il devait arrêter son véhicule sur une lumière rouge et de circuler sur une lumière verte, et que maintenant, vous changez les règles, il a le droit d'être informé de ces changements.

Je dis que votre partenaire résistera généralement à vos changements, et particulièrement à ceux qui exigent davantage de lui ou d'elle, mais ne sous-estimez pas la vigueur de cette résistance. Cette résistance peut prendre la forme de remarques comme : « Tu ne te soucies vraiment plus de moi » Et elle peut aller jusqu'au chantage émotif. Le chantage émotif peut prendre la forme de menaces de vous quitter si vous ne vous rétractez pas ou peut prendre la forme de menaces de suicide. Vous pourrez peut-être entendre un discours ressemblant à ceci :

« Je ne peux pas croire que tu me fais ça ! ... Cela fait combien de temps que tu me hais ? ... J'ai tenté de te rendre heureux ; je t'ai donné et donné. ... Tu sais comment me blesser et tu le fais. ... Il y a quelqu'un d'autre, n'est-ce pas ? ... Tes soi-disant amis sont jaloux et ils te bourrent le crâne avec ces bêtises, ne t'en rends-tu pas compte ? ... Et qu'est-ce qui te fait croire que tu es si parfait, toi ? ... Tu n'as pas à parler ; te rappelles-tu ce que tu as fait l'année dernière ? ... Je préfère mourir plutôt que de te perdre. »

Examinons de plus près ce discours. Premièrement, ce discours est totalement intéressé et manipulateur : « Je ne peux pas croire que tu me fais ça » est un discours de victime. Ce sont des tentatives pour vous faire sentir coupable et vous mettre sur la défensive. Cela implique que vous êtes blessant ; qu'il y a quelqu'un d'autre dans votre vie ou que c'est la faute de vos amis. Ce discours est également rempli d'attaques : «Tu me fais ceci », « j'ai essayé, mais non... », « tu n'es pas parfait », « tu t'en balances. » Et finalement, ce discours contient la menace ultime : « Je vais me suicider. »

Suite à ce discours, votre partenaire prétendra peut-être que rien ne s'est passé et tentera de reprendre ses activités habituelles ; ou peut-être vous couvrira-t-il de « gentillesses et d'affection » à court terme. Votre partenaire contactera peut-être vos amis ou des membres de votre famille afin de les recruter pour qu'ils vous dissuadent de ces « folies ». De toute manière, le cheval de bataille de cette attaque et de toutes les autres dans votre relation sera la culpabilité.

La culpabilité est une arme puissante et destructive dans les relations et vous devez vous mettre à l'abri de son pouvoir de manipulation. La culpabilité vous paralyse et vous éteint. Aucun progrès ne peut être réalisé lorsque vous vous traînez dans la culpabilité. La bonne alternative est de reconnaître tous les problèmes comportementaux, de comprendre pourquoi le problème comportemental survient et de faire un plan pour changer. L'univers récompense l'action ; la culpabilité, c'est la paralysie.

Restez sur votre voie. Ne déviez pas de votre résolution. Si votre partenaire menace de vous quitter ou de se suicider, généralement il bluffe. Si vous croyez que la menace d'attenter à sa vie est authentique, votre relation et votre partenaire sont beaucoup plus instables que vous ne le croyiez. Dans tous les cas, si vous le croyez capable de se blesser, appelez la police et laissez des professionnels s'en occuper, *mais ne cédez pas.* Si vous cédez, vous enseignerez à votre partenaire qu'il peut vous manipuler.

Finalement, par souci de justesse et pour compléter notre discussion sur la Loi de la Vie n° 8, nous devons considérer cette Loi d'un point de vue extérieur. Quels sont les gens dans votre vie qui *vous* laissent les traiter indignement et irrespectueusement ? Vous ont-ils appris qu'ils acceptaient que *vous* agissiez ainsi ? Vous ont-ils enseigné que *vous* pouviez fonctionner dans votre relation avec un niveau de qualité inférieure ?

Rappelez-vous ce principe de la réciprocité : vous obtenez ce que vous donnez. Ne demandez pas aux autres de faire ce que vous ne voulez pas faire vous-même. Jetez un regard sérieux sur vos comportements dans vos relations. Quelles récompenses obtenez-vous pour vos comportements malsains ? Êtes-vous non seulement prêt à les identifier, mais également à les éliminer ? En étant honnête sur vos propres comportements, vous pouvez extraordinairement gagner en crédibilité et favoriser un environnement propice aux changements. Ne jugez pas les autres si, au préalable, vous ne vous êtes pas jugé vous-même.

CHAPITRE DIX

Il y a du pouvoir dans le pardon

Tout ce qui débute dans la colère se termine dans la honte.
— Benjamin Franklin

Loi de la Vie nº 9 : Il y a du pouvoir dans le pardon
Votre stratégie : Ouvrez les yeux sur ce que votre colère et votre ressentiment vous font subir. Reprenez votre pouvoir de ceux qui vous ont blessé.

De toutes les émotions du répertoire humain, la haine, la colère et le ressentiment sont les plus puissantes et les plus destructives. Ils naissent en vous lorsque vous percevez les actions de ceux qui vous ont blessé ou les actions de ceux que vous aimez. Vous croyez peut-être qu'il est juste de haïr, de nourrir une rage envers quelqu'un qui vous a blessé assez profondément pour créer ces émotions. Vous croyez peut-être qu'il le mérite et qu'il doit souffrir de votre haine. Vous pouvez, à certains moments, considérer votre haine comme une malédiction mythique pour punir la cible de votre mépris. Mais pour ce faire, pour traîner et ressentir cette haine, vous devez payer un prix incroyablement élevé, parce que, en vérité, ces émotions transforment votre personne. Elles changent votre cœur et votre esprit.

Tel un feu qui dévore une forêt sèche, ces émotions intenses peuvent devenir si envahissantes qu'elles étouffent vos autres émotions, vous consument en provoquant des comportements qui se manifestent par des agressions vicieuses ou internes, ou encore par une profonde amertume. Pensez-y. Lorsque vous rencontrez une personne qui est envahie par ce genre d'émotion et lorsque vous voyez l'expression de son tourment intérieur, il n'est pas nécessaire d'avoir beaucoup d'imagination pour deviner ce que cette personne ressent à l'intérieur d'elle-même. La haine, la colère et le ressentiment se nourrissent du cœur et de l'âme, de l'essence même de ceux qui les ressentent.

J'affirme cela au sens le plus littéral. Rappelez-vous, je vous ai dit que pour chaque pensée et pour chaque sentiment, une réaction physiologique se produit : le simple fait de penser à manger un cornichon à l'aneth provoque une véritable réaction physiologique. Ces réactions ne sont jamais plus évidentes que lorsque vous ressentez ces intenses émotions négatives. Lorsque vous nourrissez de la haine, de la colère et du ressentiment, la chimie de votre corps est dramatiquement perturbée. Vos réactions de « combattre ou fuir » restent en éveil vingt-quatre heures par jour, sept jours sur sept. Cela signifie que la haine, la colère et le ressentiment sont complètement incompatibles avec la paix, la joie et la détente.

Si vous traînez avec vous ces mauvaise émotions, il est fort probable que votre corps soit presque constamment dans un état appelé « hétérostasie », un état de désordre physiologique ; simplement dit, c'est un état où vous avez trop de ceci, en termes de chimie naturelle, et pas assez de cela. Les gens qui restent trop longtemps dans cet état extrêmement stimulant souffrent souvent de troubles du sommeil tels que les cauchemars, de fatigue et d'une très faible capacité de concentration. Il n'est pas rare qu'ils développent des maux de tête dus à la tension nerveuse, des migraines, des ulcères, des spasmes dorsaux et même des maladies cardiaques. Les gens ne sont pas faits pour être à la fois heureux et tristes en même temps. Il nous est impossible de ressentir simultanément la tranquillité et l'agitation. Ainsi, parce que ces puissantes émotions étouffent et éliminent de votre expérience leurs contreparties positives, votre état physique sera misérable.

Je vous ai expliqué les effets de ces émotions sur votre corps. Vous devez également reconnaître que ces sentiments sont faits des matériaux avec lesquels on construit des prisons émotionnelles. Lorsque vous choisissez de nourrir de la haine, de la colère et du ressentiment envers autrui, vous érigez des murs autour de vous. Vous devenez prisonnier d'un complexe émotionnel d'une telle douleur que l'énergie négative commence à dominer votre vie entière.

En plus de vous emprisonner, ces émotions se répandent : elles ne demeurent pas spécifiques à une relation dans laquelle vous avez été blessé. Rappelez-vous que vous apportez vos pensées, vos sentiments et vos convictions dans toutes les relations que vous avez. Affirmer que vous avez la capacité d'activer ou de désactiver vos sentiments serait naïf. Je crois que vous savez déjà que cela ne fonctionne pas ainsi. L'amertume et la colère ont une influence si puissante que lorsqu'elles entrent dans votre cœur, elles se retrouvent dans toutes vos relations. Elles vous transforment véritablement en quelqu'un d'autre. La personne que vous étiez disparaît et vous êtes maintenant défini par la colère et l'amertume. Finalement, ce qui rend ces émotions si puissantes, c'est qu'elles vous redéfinissent. Elles transforment ce que vous faites et contaminent ce que vous avez à offrir.

Pensez à cela. Cela signifie que ceux qui vous aiment ne vous ont plus, ils ont une coquille amère de ce que vous étiez. La colère et l'amertume qui couvent défigurent complètement votre perception et, par conséquent, la manière dont vous approchez, vous recevez et filtrez le monde. La réalité n'existe pas : il n'y a que la perception. Et la vôtre est déformée par ces mauvaises émotions. Ne prétendez pas qu'elles peuvent être cachées derrière un masque. Le stimulus que vous offrez, c'est-à-dire votre visage, est indéniablement un stimulus d'amertume, de rage ou de retrait. Vous donnez aux gens, avec le temps, peu d'alternative sur la manière de réagir avec vous.

Vous m'avez entendu dire que vous contribuez ou vous contaminez toutes les relations dans votre vie. Si vous traînez les chaînes de la haine, de la colère et du ressentiment dans d'autres relations, alors, indéniablement, vous les contaminez. Il est évident que vous érodez votre qualité de vie émotionnelle et relationnelle. Votre tâche consiste à vous libérer de ces chaînes afin de ne plus traîner avec vous ces émotions dans vos autres relations. Pour le bien de votre mari ou de votre épouse, de vos enfants, de ceux que vous aimez et pour vous-même, vous devez avoir le courage de briser ces liens et de laver votre cœur et votre esprit du poison de la haine. Apprenez ceci : que votre colère soit justifiée ne justifie pas que vous soyez en colère.

Si vous insistez pour maintenir votre propre colère, vous devez également considérer ceci : *vous ne pouvez pas donner ce que vous ne possédez pas.* Pensez à cela dans son sens le plus littéral. Peu importe si vous voulez par-dessus tout donner à quelqu'un un million de dollars, si vous ne l'avez pas, vous ne pouvez pas le donner. De même, vous ne pouvez pas offrir un amour pur venant d'un cœur pur, si vous ne possédez aucun des deux. Ce serait donner ce que vous ne possédez pas. Si l'amour qui existe dans votre cœur est contaminé, si dans cet amour prolifère le cancer de la haine, de la colère et du ressentiment, le seul amour que vous avez à offrir est de cet acabit. Si votre cœur est devenu froid et dur à cause de votre haine, votre colère et votre ressentiment, ce cœur ne peut produire d'autres émotions. Cela est le cœur que vous offrez à vos enfants, à votre partenaire, à vos parents, à vos frères et sœurs et à tous les autres êtres humains. La haine, la colère et le ressentiment vous transforment véritablement. Ils vous empêchent d'être capable de donner à ceux que vous aimez ce que vous voulez leur offrir.

Les sentiments dont nous parlons ici sont les plaies ouvertes de relations émotionnelles qui n'ont pas été réglées avec quelqu'un, en temps et lieu : peu importe la cible de toutes ces émotions négatives. Les gens qui traînent le fardeau de leur haine disent invariablement qu'ils le font parce qu'ils n'ont pas pu guérir de vieilles blessures, parce qu'ils n'ont pas réglé leur compte émotionnel par rapport aux traitements qu'ils ont subis. Ils me disent qu'ils s'accrochent à ces émotions parce que la personne qui leur a fait subir un mauvais traitement n'était pas désolée, et n'admettait même pas ou ne comprenait pas qu'elle avait fait des choses terribles. En me parlant de ces gens qu'ils haïssaient, ils m'ont dit : « Je ne peux pas pardonner parce qu'ils ne sont pas désolés et ils ne méritent pas et ne veulent probablement même pas de mon pardon. » Selon cette logique, il existe beaucoup de gens qui manifestement ne sont pas éligibles au pardon. Il y a des gens qui font des dommages et qui persistent une vie entière, sans le moindre égard pour l'impact de leurs actions. Il y a des gens qui se fichent complètement d'avoir blessé, laissé une personne seule ou détruit son cœur.

Rappelez-vous que la deuxième Loi de la Vie, *Nous créons notre propre expérience*, sous-entendait que, en choisissant un comportement, nous en choisissons les conséquences. Vous devez appliquer cette vérité à la haine et à l'amertume que vous nourrissez envers autrui, et ce, immédiatement. Reconnaissez que *vous* êtes celui ou celle qui choisissez votre comportement et que vous créez, donc, les conséquences. De plus, une *pensée est un comportement* et devrait être traitée comme tel.

Ajoutez à ce principe, la Loi de la Vie n° 6 : vous voyez et vous expérimentez ce monde par la perception que vous avez créée. Vos perceptions sont le fruit de votre interprétation du monde. Ces deux Lois fonctionnent dans un accord puissant pour déterminer la qualité de votre vie émotionnelle. Vous, et seulement vous, choisissez la manière dont vous vous sentez. Les autres peuvent apporter un événement ou un comportement auquel vous pouvez réagir, mais *c'est à vous de choisir comment vous vous sentez* par rapport à ce comportement ou à cet événement. Si vous décidez de nourrir de la haine, vous savez que vous choisissez de voir le monde au travers d'un filtre sombre qui, avec le temps, dictera une perception sombre du monde.

Finalement, ceci peut être extrêmement difficile à accepter, mais pardonnez à ceux qui ont commis des transgressions à votre égard ou à ceux que vous aimez, ce n'est pas pour *eux* ; c'est pour *vous*. Rappelez-vous l'histoire de Jennie, dans le chapitre 3, qui en pardonnant à son grand-père s'est libérée de sa prison. Pardonner, c'est faire tout ce qu'il faut pour préserver votre pouvoir de créer votre propre état émotionnel. Pardonner, c'est être capable de dire : « Vous ne pouvez pas me faire du mal et donc, vous ne me contrôlez pas, même dans votre absence, en me glaçant le cœur, en me transformant et en changeant ce qui a de la valeur pour moi. Je suis la personne qui a le pouvoir de faire ces choix. Vous ne pouvez pas choisir à ma place et je ne vous donnerai pas ce pouvoir. »

Ce qui est le plus important, c'est que vous devez volontairement dire et le dire avec votre cœur : « Vous ne pouvez pas m'emprisonner dans un lien avec vous, ce lien où vous devenez partie intégrante de mon être, de ma pensée, de mes sentiments et de mes actions quotidiennes. Je ne me lierai pas à vous par de la haine, de la colère ou du ressentiment. Je ne me lierai pas à vous dans la peur. Je ne vous permettrai pas de m'entraîner dans un monde sombre. En vous pardonnant, ce n'est pas vous que je libère, mais c'est moi-même qui deviens libre. Vous devez vivre avec vous-même tous les jours. Vous devez vivre avec la noirceur dans votre cœur. Mais je n'ai pas à le faire, je ne le ferai pas. »

Quelques-unes des vies les plus tragiques que j'ai connues étaient celles de gens qui permettaient à la haine, la colère et le ressentiment, de les consumer, mais à l'intérieur d'eux-mêmes, derrière les fragiles couches de souffrance et d'hostilité, ils étaient des personnes gentilles et aimantes.

David Kelly était l'une de ces personnes. Il était le plus âgé des fils d'un père dur et sévère. David s'était toujours battu pour plaire à son père, mais rien de ce qu'il faisait était assez bon pour lui. Que David travaille aussi fort et aussi longtemps qu'il le pouvait sur le ranch, ce n'était jamais assez. Peu importe avec quelle efficacité il remplissait ses responsabilités, qu'il propose son aide pour des tâches qui ne lui étaient pas assignées, il n'arrivait jamais à satisfaire son père.

Au cours de la vie de David, son père ne lui avait jamais dit qu'il faisait du bon travail ou qu'il était une bonne personne. À aucun moment, son père ne lui avait dit qu'il l'aimait. Et jamais il ne l'avait touché physiquement sauf pour le frapper, le pousser ou le brutaliser. Et peu importe ce qui lui arrivait, même lorsqu'il était tout petit, David n'avait pas le droit de pleurer ; il ne lui était pas permis d'être un pleurnichard.

David se rappelait le jour où, à l'âge de dix-sept ans, en s'accotant sur le pot d'échappement d'un gros tracteur, il s'était sévèrement brûlé le derrière du bras droit et l'épaule. Les brûlures étaient si sévères qu'il allait devoir être hospitalisé et il aurait besoin de greffes cutanées. Se tenant devant son père, dans des souffrances atroces, on lui ordonna d'arrêter de pleurer ; son père se moquait de lui en le traitant de bébé, de « fillette » qui devrait avoir honte de ses larmes. Lorsque David ne put plus endurer la douleur, il tomba à genoux, en sanglots. Son père le tira brusquement à ses pieds et le fouetta avec une corde servant dans les champs.

David apprit à être stoïque et il apprit à endurer. C'était devenu un but dans sa vie de prouver à son père qu'il était un homme, qu'il était assez fort et assez endurant pour tout faire. Il se donna complètement à son labeur en prenant souvent des risques incroyables durant ses journées de travail, juste pour impressionner son père.

Un après-midi d'automne, peu de temps après le mariage de David, son père labourait les champs ; lorsqu'il s'arrêta pour savoir pourquoi le moteur du tracteur avait calé, le tracteur réembraya soudainement et il se retrouva coincé sous celui-ci. L'engin lui roula sur le corps, lui déchiqueta un bras le laissant se vider de son sang, seul dans le champ.

David était scandalisé. Il était frustré que son père se soit tué parce que, en mourant, son père lui avait volé sa chance de faire ses preuves. Sa haine, sa colère et sa confusion surpassaient tout entendement.

Lorsque David est venu me voir, c'était pour répondre à la volonté de sa femme. Elle s'inquiétait de la façon dont David traitait leur fils de quatre ans. Elle s'était rendu compte que David traitait leur enfant de la même façon que le père de David avait traité son fils. Il ne permettait pas à son fils de pleurer et il ne lui permettait pas d'être un enfant.

Lorsque, finalement, je réussis à amener David à donner des mots à ses sentiments, il me parla de la rage qu'il entretenait envers son père pour lui avoir volé la chance de s'éprouver et de se faire valoir. Avec des larmes de frustration et une colère grinçante, il dit que cet enfant de p... était mort sans jamais lui dire qu'il était un homme ou qu'il l'avait aimé. David déclara qu'il allait haïr son père jusqu'à son dernier jour pour la façon dont il l'avait traité et pour lui avoir volé sa chance. La laideur de ses émotions ne laissait pas beaucoup de place à l'imagination. David était un homme rongé par la souffrance et décidé à se détruire.

Il était évident que David devait se libérer de ses émotions. S'il ne pardonnait pas à son père et ne mettait pas un terme à cette relation de haine, non seulement il continuerait à en payer le prix pour le reste de sa vie, mais son jeune fils et sa femme devraient payer également.

Bien sûr, j'ai dit à David tout ce que vous venez de lire dans ce chapitre, mais dans son cas, je devais aller plus loin. David devait agir pour obtenir un règlement émotionnel définitif avec ses sentiments. Il se sentait pris au piège, sans moyen de s'en sortir, parce que la mort de son père l'avait privé de ses chances de faire la paix avec lui-même. Lorsqu'il comprit que son père le retenait prisonnier d'un lien de haine et de ressentiment qui dominait sa vie présente, David devint très motivé : il lui était très désagréable de penser qu'il perdait son pouvoir. L'idée qu'un homme le contrôlait de sa tombe le rendait malade. Il voulait récupérer son pouvoir. Il le voulait pour lui et pour sa famille.

Ce qui déclencha le changement chez David fut qu'il comprit qu'il n'est pas nécessaire d'obtenir l'accord et la coopération de l'autre pour lui pardonner. L'autre personne n'a même pas besoin de le savoir. Elle n'a pas à être désolée. Elle n'a pas besoin d'admettre ses erreurs. Le pardon, c'est à vous que vous l'accordez, pas à elle.

Cela a également aidé David d'apprendre que, dans la gestion de notre vie, nous devons parfois nous donner ce que nous souhaitons obtenir des autres. Le père de David n'était pas capable de lui dire qu'il l'aimait. Il était incapable de lui dire qu'il était un homme bon qui méritait le meilleur dans la vie. Il était incapable de lui dire puisqu'il était mort. David pouvait attendre aussi longtemps qu'il le désirait, il pouvait bouder et rager pendant des années, cela ne changerait rien.

J'ai convaincu David qu'il devait se donner ce qu'il avait espéré obtenir de son père. Il devait se regarder volontairement dans un miroir et se dire les choses qu'il aurait voulu entendre son père dire. Il devait littéralement dire : « Tu es un homme bon. Tu as toujours été bon. Tu mérites les sentiments et les récompenses d'une vie saine et équilibrée. Et tu les auras parce que tu le mérites. Parce que ton père n'a pas choisi de voir ces qualités ne signifie pas qu'elles ne sont pas là. Il ne les a pas vues à cause de son filtre, non pas à cause de tes lacunes. »

Lorsque David put se regarder honnêtement dans un miroir et lorsqu'il se donna ce qu'il avait souhaité obtenir de son père, il trouva la force et le courage de pardonner à son père. Il savait que, s'il était véritablement un homme, il devait surmonter l'insurmontable. Il savait comment il était torturant de se sentir comme il se sentait et il pouvait deviner que ce sentiment avait probablement torturé son père lui-même. Il pardonna à son père parce qu'il ne voulait pas vivre comme lui et subir la souffrance et la douleur qui avaient fait tellement partie de sa relation avec son père.

Lorsque David se donna tout cela et qu'il pardonna à son père, il fut libre de choisir sa propre façon de vivre dans le monde. Il décida qu'il ne serait plus prisonnier de cet héritage parental. Dans l'une de nos dernières rencontres, il m'a regardé droit dans les yeux et il m'a dit : « Cela ne peut plus durer ainsi. Cela doit arrêter ; cela doit arrêter immédiatement, sinon mon fils paiera le même prix que moi. » En ayant cette réflexion et en agissant ensuite de la manière que j'ai décrite, David fut capable de briser ses liens et d'obtenir la liberté que seul le pardon peut apporter.

Exercice nº 13 : *Je vous mets au défi d'identifier ce genre de sentiments dans votre vie. Je vous mets au défi de les identifier et de faire une liste dans votre journal personnel des personnes qui vous gardent prisonnier avec des liens de haine, de colère et de ressentiment. Souciez-vous assez de vous-même et de ceux que vous aimez pour briser ces liens et pour vous libérer de l'existence torturante qui est créée en nourrissant ces terribles émotions.*

En utilisant cette approche et en redéfinissant le sens du pardon, vous pouvez et vous allez vous libérer de la souffrance qui a été causée par des personnes dans votre vie. Si vous ne le faites pas, votre haine, votre colère et votre ressentiment engloutiront tout le reste et ils deviendront partie intégrante de toutes vos heures d'éveil. Ces émotions vous rendront cynique et elles vous rendront méfiant. Elles vous pousseront à ériger des murs autour de vous et à extorquer un prix d'entrée de ceux dont le seul crime est de vous aimer. Si vous permettez aux gens qui vous ont blessé de vous enfermer dans ce rôle, *ils auront gagné*. Comprenez cela. Si vous leur permettez de vous rendre haineux à leur égard, s'ils réussissent à vous faire entretenir une rage envers eux et si vous acceptez d'éprouver de la rancœur face à ces gens, *ils auront gagné*.

Faites-moi confiance lorsque j'affirme que votre seule porte de sortie, votre seul salut, votre seul espoir, c'est le pardon. La seule façon de s'élever au-dessus des aspects négatifs de cette relation dans laquelle vous étiez blessé consiste à atteindre un niveau moral supérieur et à pardonner à la personne qui vous a blessé. Tout ce qu'ils vous ont fait subir, ils l'ont déjà fait subir à eux-mêmes. Ils seront jugés par une plus grande puissance et non par vous.

Une dernière note : la seule chose pire que d'être blessé par quelqu'un dans votre vie, c'est de garder cette souffrance vivante après qu'elle soit passée. Pensez-y. Très souvent, les gens qui vous ont blessé ne sont plus là pour que vous puissiez régler les comptes de manière ferme, constructive ou autrement. Peut-être, comme dans le cas de David, est-ce un père, mort depuis longtemps. Peut-être est-ce un ami qui a déménagé et que vous ne reverrez plus. Allez-vous vraiment accepter de nourrir cette haine, cette colère et ce ressentiment pour le reste de votre vie ?

Ne le faites plus une autre journée. Vous avez la capacité de pardonner à ces gens, non pas pour leur offrir un cadeau, mais plutôt pour vous faire un cadeau. Peu importe les efforts qui seront nécessaires pour surmonter cette souffrance et cette douleur, vous méritez ces efforts. Mais rappelez-vous, vous créez votre propre expérience. Vous devez être résolu à créer ce que vous voulez et à vous débarrasser de ce que vous ne voulez pas. Si la personne tire profit de votre pardon, eh bien, qu'il en soit ainsi. La personne à sauver, c'est vous. La personne qui doit s'évader de sa prison émotionnelle, c'est vous.

Le pouvoir du pardon est le pouvoir de vous libérer des liens de haine, de colère et de ressentiment. Utilisez ce pouvoir et surmontez la souffrance. Vous le méritez, et tous ceux que vous aimez le méritent également.

CHAPITRE ONZE

Il faut d'abord savoir identifier ce que l'on veut, pour ensuite le réclamer

J'ai toujours voulu devenir quelqu'un,
mais j'aurais dû être plus spécifique.
— Lily Tomlin et Jane Wagner

Loi de la Vie nº 10 : Il faut d'abord savoir identifier ce que l'on veut, pour ensuite le réclamer
Votre stratégie : Définissez clairement ce que vous voulez, puis prenez votre place.

Le bon sens suggère que la façon la plus simple d'obtenir ce que vous voulez de la vie, c'est de « placer votre commande », de vous lever et de déclarer ce que vous désirez. Rien ne peut être plus loin de la vérité. Je suis convaincu que, si le génie sortait un jour de sa lampe et disait : «Faites un vœu », la plupart des gens bégayeraient, balbutieraient et feraient face à un terrible dilemme parce qu'ils ne sauraient pas quoi demander.

Ce n'est pas une bonne chose de ne pas savoir précisément ce que vous voulez. Il faut prendre cette Loi de la Vie au pied de la lettre. Si vous ne pouvez nommer, si vous ne pouvez pas identifier spécifiquement ce que vous désirez, vous ne pourrez pas le réclamer. L'objectif de ce chapitre est de vous faire réaliser la nécessité de vous concentrer sur ce que vous désirez et de vous apprendre comment l'identifier et le décrire, afin que vous puissiez le reconnaître et le réclamer. Si vous avez intégré les neuf autres Lois de la Vie à votre pensée, c'est-à-dire si vous avez accumulé les connaissances nécessaires à l'obtention de ce que vous désirez, apprendre cette Loi de la Vie devrait être excitant et amusant pour vous.

Avoir la capacité d'identifier et de réclamer ce que vous désirez est probablement plus pertinent pour vous en ce moment que cela ne l'a jamais été dans votre vie. Ce n'était peut-être pas d'une importance capitale auparavant, puisque vous n'aviez sans doute pas une réelle chance d'obtenir ce que vous désiriez même si vous saviez ce que c'était. Ce n'est plus vrai. Néanmoins, s'il vous est difficile d'articuler et de reconnaître ce que vous désirez véritablement, sachez que vous n'êtes pas le seul.

La plupart des gens ne savent pas comment décrire ce qu'ils désirent parce qu'ils ignorent ce qu'ils veulent vraiment. Pensez à toutes les situations où vous vous êtes retrouvé à un point mort à cause d'une simple décision que vous deviez prendre. Si vous n'êtes pas capable de choisir le film que vous voulez voir, quoi commander dans un restaurant ou ce que vous allez porter aujourd'hui, il n'est pas surprenant qu'il soit difficile pour vous d'identifier vos buts et vos objectifs. L'indécision crée l'inaction. L'inaction vous mène à des résultats indésirables. Elle fait du voyage de votre vie un périple sans destination précise. Cette approche ne fonctionnera tout simplement pas.

Ce que vous savez sans l'ombre d'un doute, c'est ce que vous *ne désirez pas*. Parce que vous avez déjà vécu des situations déplaisantes, parfois même durant des années, vous êtes capable de les reconnaître et lorsqu'elles surviennent, vous éprouvez un sentiment désagréable de déjà-vu. Ne pas avoir beaucoup ou pas du tout d'expériences de situations déplaisantes rend beaucoup plus difficile l'identification de ce que vous désirez.

Ne pas savoir ce que vous désirez est un problème majeur pour différentes raisons. Vous vivez dans un monde où vous ne pouvez pas espérer obtenir davantage que ce que vous demandez. Cela est vrai pour vos objectifs majeurs autant que pour vos désirs quotidiens. Supposez que vous placiez une annonce dans le journal afin de vendre une voiture d'occasion à 7 000$. Quelles sont les chances, selon vous, que quelqu'un regarde l'annonce et dise : « Mon Dieu ! C'est vraiment une voiture superbe. Je crois que vous n'en demandez pas assez ! Laissez-moi vous en donner 9 000$ » ? Cela vous semble ridicule, n'est-ce pas ? Cela semble ridicule parce que c'*est* ridicule. De même, lorsque vos objectifs de vie sont en cause, vous n'obtiendrez jamais *plus* que ce que vous demandez. Après avoir identifié votre destination, lorsque vous aurez tracé un itinéraire pour vous y rendre et que vous aurez travaillé suffisamment fort, alors vous pourrez obtenir quelque chose d'assez *proche* de ce que vous désirez. Par ailleurs, si vous ne savez même pas ce que vous voulez, il est évident que vous ne pouvez pas le réclamer. Que ce soit vous ou une autre personne qui puisse vous donner ce que vous voulez, vous devez être capable de l'identifier. Même si j'étais maître du monde, je ne pourrais pas vous donner ce dont vous avez besoin si vous ne pouvez pas me dire ce que c'est.

S'il vous est déjà arrivé d'être dans la même pièce qu'un bébé qui a mal et qui pleure, vous savez comment il peut être frustrant de se sentir impuissant. Vous voulez aider le bébé ; vous voulez lui donner ce dont il a besoin et ce qu'il veut, mais le bébé ne peut pas vous le dire. Si vous ne savez pas ce que vous désirez, vous n'êtes pas dans une meilleure position qu'un bébé qui ne peut pas s'exprimer. La différence, c'est que le monde n'est pas votre mère et ne mettra absolument pas autant d'efforts afin de découvrir ce dont vous avez besoin. Si vous ne pouvez pas mettre un nom sur ce que vous désirez, vous serez condamné à passer votre vie à crier et à donner des coups de pied.

Si vous êtes frustré parce que vous ne semblez jamais obtenir le gros lot, considérez ceci : ce gros lot peut être juste sous votre nez, mais vous ne le saurez pas si vous ne pouvez pas mettre le doigt sur ce qu'il *est* pour vous.

Il existe une autre dure vérité qu'il faut prendre en compte. Parce que nommer ce que vous voulez est le corollaire de son obtention, vous devez déterminer avec précaution votre réponse. Se tromper sur ce que vous voulez est bien pire que de ne pas le savoir du tout. Je ne peux pas compter toutes les personnes que j'ai rencontrées professionnellement (et personnellement d'ailleurs) qui ont passé plusieurs années de leur vie à travailler pour obtenir des choses qu'elles étaient convaincues de désirer. Elles avaient durement et longuement travaillé ; elles avaient fait des sacrifices. Rien n'était plus triste que de les voir finalement atteindre leur but, seulement pour être déçues. Elles n'avaient pas été inertes, elles s'étaient trompées de chemin, se dirigeant assidûment dans la mauvaise direction ; et maintenant, elles étaient loin, très loin de chez elles.

En grandissant, on m'a mis en garde « d'être prudent sur ce que je demandais par la prière, parce que je pourrais aussi bien l'obtenir ». Si ce que vous obtenez est exactement ce que vous nommez, vous devez être très prudent afin de bien le nommer. Vous ne voulez certainement pas avoir la même expérience que les gens que je viens de décrire qui, en plus de souffrir de beaucoup de frustrations dans leur quête de ce qu'ils ne voulaient pas vraiment, ont découvert que la chose qui avait le plus de valeur pour eux était à portée de main ; mais ils l'ont laissée filer entre leurs doigts en choisissant de mauvais objectifs. Ce qu'ils désiraient véritablement était probablement plus facile à atteindre que les objectifs qu'ils poursuivaient avec tant de vigueur et de frustrations. Voilà une des ironies qui résulte de la négligence de cette Loi de la Vie. Et vous serez d'accord avec moi que c'est vous qui avez créé le problème vous-même. Ne vous laissez pas tromper par la simplicité de cette Loi. Identifier ce que vous désirez est une tâche qui mérite que vous y prêtiez la plus grande attention.

Vous devez également être attentif à l'aspect temporel associé avec ce que vous désirez. Les occasions d'obtenir ce que vous voulez sont limitées par le temps. Elles ont une espérance de vie et elles peuvent mourir.

Par exemple, supposez que ce que vous voulez vraiment, c'est avoir une relation significative et intime avec vos enfants ; vous voulez avoir l'occasion de les connaître et de les influencer dans leur développement et dans leur définition en tant que personne. Mais supposez maintenant que vous avez décidé de faire cela bien longtemps après que l'occasion se soit présentée : peut-être quelqu'un d'autre a-t-il déjà rempli ce rôle ou peut-être vos enfants sont-ils rendus à un point où ils ne sont plus intéressés ou réceptifs à ce que vous jouiez ce rôle dans leur vie. Découvrir que vous avez manqué votre chance vous briserait le cœur. Voilà pourquoi je suggère que vous voyiez quelque chose d'urgent à votre réflexion et à votre planification de ce que vous voulez véritablement. Je ne vous dis pas de paniquer. Je ne vous dis pas de vous jeter imprudemment dans une course pour atteindre un but piètrement choisi. Mais vous devez agir spécifiquement et vous mettre dans un état de projet urgent pour identifier, nommer et réclamer ce que vous désirez.

Votre réflexion doit rester concentrée sur le sujet, mais elle doit également être flexible. L'une de mes plus grandes peurs dans la vie, c'est de ne pas apercevoir les signes de danger avant-coureurs qui me préviendraient que je me suis éloigné de ce qui est significatif et important. Je fais de mon mieux pour rester attentif à ces signes parce que je crains de vivre d'une manière entêtée où je serais soudainement surpris par un foudroyant son de sirène. Je garde en mémoire qu'*il y a ceux qui comprennent et il y a ceux qui ne comprennent pas*, et je veux faire partie de ceux qui comprennent avant de recevoir de durs coups. Gardez cette pensée en mémoire pendant que vous apprenez comment identifier et réclamer ce que vous désirez véritablement.

La nécessité d'être spécifique s'applique à tous les objectifs que vous vous fixerez. Vous devez savoir absolument tout sur ce que vous voulez pour que sur la route vers leur obtention, vous sachiez et vous sentiez que vous êtes sur le bon chemin. Vous devez également savoir et sentir lorsque vous faites fausse route. Vous sentirez lorsque vous serez près d'atteindre ces objectifs et, au moment propice, vous vous élancerez et vous sauterez dessus comme un aigle sur sa proie ; mais au préalable, vous devez savoir ce que c'est pour le voir. Lorsque je dis que vous devez avoir une connaissance parfaite de ce que vous désirez, je veux dire que vous devez être capable de le décrire dans ses moindres détails avec une grande variété de termes et avec différents points de vue. Si vous désirez réussir, vous devez être capable de répondre aux questions qui suivent :

Qu'est-ce que le succès pour vous ? En d'autres mots, où se trouve la ligne des buts ? Que devez-vous spécifiquement créer dans votre vie pour que vous puissiez dire : « Bingo, *ça* y est ! » ?

— Quelle est cette chose que vous désirez ?
— Qu'adviendra-t-il lorsque vous l'aurez ?
— Comment vous sentirez-vous lorsque vous l'obtiendrez ?
— Comment allez-vous vous comporter lorsque vous l'aurez ?
— Avec qui tentez-vous d'atteindre ce but ?
— Où atteindrez-vous ce but ?
— En quoi votre vie sera-t-elle différente de maintenant lorsque vous l'obtiendrez ?

Quels aspects de votre vie devez-vous surmonter ou changer afin d'obtenir ce que vous désirez ? En d'autres mots, que faites-vous ou que ne faites-vous pas présentement qui constitue encore un obstacle à vos efforts pour obtenir ce que vous voulez ?

Si vous ne pouvez pas répondre précisément à toutes ces questions, vous n'êtes pas prêt. Une des erreurs les plus communes que les gens font en déclarant ce qu'ils désirent, c'est d'être trop généraux ou abstraits. Combien de fois, par exemple, avez-vous dit ou entendu quelqu'un d'autre dire : « Tout ce que je veux dans ma vie, c'est être heureux » ? Cela semble sensé, mais comme objectif de vie, il ne sera jamais atteint, il est voué à l'échec. Mon chien, Barkley, veut être heureux. Est-ce que cela signifie que vous voulez, tous deux, la même chose ? Je ne crois pas. Je parierais tout ce que je possède que vous et Barkley n'avez pas la même définition du bonheur. Donc, sauf si vous désirez vous contenter de quelqu'un qui vous gratte le ventre et qui vous permette de dormir sous la table d'appoint, vous devrez être un peu plus précis sur ce que vous désirez en tant qu'individu unique.

Prenons une vie concentrée, dynamisée et définie en relation avec des buts ; comparons-la avec la vie d'une personne qui ignore ce qui lui manque ou ce dont elle a besoin. Identifier ce que vous désirez vraiment signifie que vous pouvez commencer à guider votre vie comme un bateau vers les lumières du quai, parce que vous avez maintenant un objectif qui est exactement, précisément et spécifiquement identifié. Une des plus grandes frustrations dans la vie se reflète dans ce vieux dicton : « On n'a jamais assez de ce qu'on ne veut pas. » La sagesse de cette observation devrait vous paraître évidente. Lorsque vous avez faim pour quelque chose de sucré, toutes les croustilles du monde ne vous satisferont pas. C'est comme essayer une douzaine de clés dans une serrure lorsque aucune ne fonctionne. Seule la vraie clé fera l'affaire. Lorsque vous savez ce que vous voulez, lorsque vous connaissez son apparence, son effet sur vous et l'expérience que cela contient, vous détenez alors la bonne clé.

Les suggestions suivantes pourront vous aider à identifier correctement et à nommer ce que vous désirez véritablement :

Premièrement, soyez courageux, mais réaliste. Ne soyez pas gêné d'admettre que vous désirez des choses et des sentiments spéciaux, des expériences hors de l'ordinaire. Ne visez pas trop bas parce qu'en le faisant, vous pourriez travailler toute votre vie pour quelque chose que vous ne désirez pas vraiment. Par ailleurs, soyez réaliste. Faites le point sur qui vous êtes et où vous en êtes. Une croyance générale aux États-Unis est que n'importe qui peut grandir et devenir président. Cela est peut-être vrai, mais vous auriez probablement dû passer par des étapes préparatoires longtemps avant de vous réveiller à cinquante ans, sans aucune expérience politique, aucune formation reconnue et sans antécédent dans le milieu. Si ce que vous désirez, c'est de jouer dans la NBA, que vous avez quarante-cinq ans et que vous n'avez la capacité de sauter que 5 centimètres, vos chances risquent d'être meilleures en choisissant un autre objectif.

Donc, en vous préparant à nommer ce que vous désirez, soyez assez courageux pour vous élancer vers un objectif qui vous comblera, sans être irréaliste. Si cela vous semble un peu décourageant, ne renoncez pas, parce que je parierais que vous n'avez pas à devenir président ou à jouer dans la NBA afin d'obtenir ce que vous voulez vraiment, comme nous allons le voir.

Deuxièmement, faites attention de ne pas confondre la fin et les moyens. Presque invariablement, les gens vont se concentrer sur l'objet ou l'événement, sans se rendre à la prochaine étape qui consiste à identifier comment nous nous sentirons par rapport à l'objet ou à l'événement. Par exemple, votre première tentative afin de nommer ce que vous voulez pourrait être : « Je veux une voiture de luxe et un travail qui paie beaucoup. » Je vous ferais remarquer que cette voiture et ce travail ne sont pas des fins en soi, mais plutôt des moyens pour atteindre une fin. Vous devez aller plus loin. Vous devez vous demander : « *Pourquoi* je veux une voiture de luxe et un travail qui paye extrêmement bien ? »

La réponse à cette question : vous les voulez à cause du sentiment que vous allez ressentir lorsque vous les obtiendrez. Dans cet exemple, la voiture et l'emploi représentent probablement pour vous un sentiment de sécurité et une qualité de vie, valeurs auxquelles vous répondez fortement. Votre véritable but, ce n'est pas la voiture ou le bon salaire de l'emploi, mais bien le sentiment spécifique que vous associez à leur obtention. Les voitures vieillissent, se brisent et rouillent. Les emplois avec de bons salaires peuvent être perdus pour cause de coupures budgétaires ou par un congédiement. Si vous croyez véritablement que c'est une voiture que vous voulez, rendez-vous chez le ferrailleur et trouvez le modèle qu'il y a cinq ans vous auriez tout fait pour avoir. Si c'est vraiment votre but, vous devrez le repenser.

Voilà une distinction importante. Si vous pouvez reconnaître que ce n'est pas l'objet ou l'événement mais plutôt les *sentiments* qui leur sont associés qui vous intéressent, alors votre but se déplace de l'objet ou de l'événement vers les émotions qui leur sont rattachées. Si vous réalisez que ce que vous désirez, c'est ce que va vous faire ressentir l'obtention d'une voiture et d'un emploi, alors votre but devient le sentiment et non la voiture ou l'emploi.

En d'autres termes, si ce que vous voulez vraiment, c'est de vous sentir fier de vous-même et en sécurité dans votre vie, il ne serait pas juste de vous limiter à ces deux moyens, c'est-à-dire la voiture et l'emploi, pour pouvoir éprouver ces sentiments. Peut-être existe-t-il dix autres façons de se rendre à la destination désirée et peut-être chacune d'entre elles fonctionnerait-elle. Vos chances d'obtenir ce que vous voulez, lorsque vous avez dix possibilités, sont nécessairement plus importantes que lorsque vous vous limitez à un ou deux moyens. Et il peut arriver que, lorsque vous déterminez pourquoi vous voulez cette voiture et cet emploi, vous vous rendiez compte que ces choses n'auraient pas fonctionné de toute façon. Vous évitez donc de gaspiller un temps précieux et de l'énergie à travailler pour ce que vous ne voulez pas.

Au cours de mes séminaires sur les stratégies de vie et sur l'habileté à vivre où j'ai rencontré des milliers de participants pendant des années, j'avais une place de choix pour observer la confusion, partagée par des gens de toutes les couches de la société, lorsqu'il s'agissait d'identifier ce qu'ils désiraient véritablement. Parce que je considère ce processus d'identification comme le facteur le plus déterminant dans l'élaboration d'une stratégie de vie, j'ai toujours inclus dans mes séminaires un exercice interactif qui guidait les participants à travers une multitude d'étapes susceptibles de les aider à identifier ce qu'ils désiraient.

Ce qui suit est une retranscription d'un dialogue de l'un de ces exercices. La participante, Linda Williams, était une femme mariée de quarante-quatre ans de Los Angeles. Linda avait signalé qu'elle s'était inscrite au séminaire parce qu'elle sentait que son mariage, sa famille et sa vie personnelle se désintégraient. Elle habitait près d'un quartier défavorisé du centre-ville et elle craignait les crimes et la violence en constante progression dans son voisinage. Elle avait l'impression que ses enfants, trois garçons, dérivaient du droit chemin. Elle a également dit que, même si elle et son mari habitaient encore la même maison, ils vivaient dans ce qu'elle appelait un « divorce émotionnel » depuis plusieurs années. Notre conversation fut comme suit :

PCM : « Eh bien, Linda, dites-moi ce que vous voulez et dites-moi-le avec votre cœur et pas avec votre esprit. Ne tamisez rien ; dites-le seulement. »

LINDA : « Je veux quitter Los Angeles, je veux quitter cet horrible endroit avant que quelque chose de vraiment mauvais n'arrive. J'en ai peur et je ne veux plus y habiter, jamais. »

PCM : « Alors, que devrez-vous faire pour que cela arrive ? »

LINDA : « Je ne le sais pas. Nous ne pouvons pas déménager. Roger et moi avons des emplois et nous ne bouclons que difficilement notre budget, présentement. Nous ne pouvons pas déménager. Nous sommes prisonniers et il n'y a rien que je puisse faire. Ça ne changera rien d'en parler. Je…, je ne veux pas faire cet exercice, je ne veux pas parler de ces choses-là parce que je ne peux pas les avoir. Ce n'est qu'une perte de temps. »

PCM : « Alors comment vous sentiriez-vous si vous aviez ce que vous voulez ; comment vous sentiriez-vous si vous étiez en mesure de vous échapper de la peur et des menaces inhérentes à votre situation ? »

LINDA : « Mon Dieu, je me sentirais tellement en sécurité et heureuse et j'aurais, je ne sais pas, de l'espoir. J'aurais espoir à nouveau, de l'espoir pour moi et mes garçons. J'avais l'habitude d'être optimiste. J'étais certaine qu'ils grandiraient et qu'ils se débrouilleraient bien. Maintenant, je ne sais même pas s'ils grandiront tout court. Je ne peux plus prendre de grandes respirations, je souffre régulièrement d'hyperventilation. »

Je crois que sa dernière réponse était son premier pas sur la voie de l'identification de ce qu'elle désirait réellement. J'avais interprété son premier énoncé sur son désir de quitter Los Angeles comme rien de plus qu'une manière prudente et superficielle de dire qu'elle voulait échapper à ses présentes souffrances et à sa peur. Je savais également qu'elle était très fâchée, incapable de respirer normalement. J'ai conclu que son dialogue interne devait être très dérangeant et j'ai reconnu que je devrais l'écouter attentivement afin de déceler ses vrais sentiments. Lorsqu'elle a dit : « Je me sentirais en sécurité, heureuse et j'aurais de l'espoir à nouveau. », je savais qu'elle parlait, pour la première fois, avec son cœur.

PCM : « Donc, ce que vous voulez vraiment, c'est de vous sentir en sécurité, heureuse et de retrouver espoir en votre avenir et en celui de votre époux et de vos garçons. »

LINDA : (se mettant à pleurer) « Oui, oui, c'est ça. Je suis si fatiguée d'avoir peur, je suis si fatiguée de me sentir emprisonnée. Je ne sais tout simplement pas quoi faire et je ne sais pas vers qui me tourner. Je sais que je laisse tomber ma famille. J'ai si honte d'être incapable d'améliorer la vie des membres de ma famille. »

PCM : « Alors, que devriez-vous faire pour créer cela ? Que devriez-vous faire afin de créer une meilleure qualité dans votre vie de famille et que devriez-vous faire afin de ne plus avoir honte de ce que vous créez présentement en tant que mère ? Que devriez-vous faire afin de ne plus vous sentir perdue et effrayée ? »

LINDA : « Je ne le sais pas, je ne le sais vraiment pas. »

PCM : « Eh bien, si vous le saviez, qu'est-ce que cela serait ? »

LINDA : « Je ne sais pas ; je crois que je devrais me rapprocher de mes garçons. Je devrais sentir qu'ils ont besoin de la même chose que moi. Nous ne sommes plus réunis. Nous ne parlons plus, nous ne partageons plus, nous ne nous supportons plus les uns les autres. Je suis si fatiguée d'être seule. Je devrais reconquérir mon Roger. »

Il était clair que cette femme aimait toujours son mari. Elle s'était probablement elle-même mise à l'écart de sa famille à cause de sa peur et de sa frustration.

PCM : « Comment vous sentiriez-vous si vous étiez à nouveau près de vos garçons ? Comment vous sentiriez-vous si, comme vous le dites, vous arriviez à reconquérir votre Roger ? »

LINDA : « Je ne me sentirais pas si honteuse. Je ne me sentirais pas une mère si paresseuse et je n'aurais pas l'impression d'être une épouse qui n'est pas capable de réunir sa famille et de guider ses garçons. Je n'aurais pas honte de ne pas être capable d'être désirée par mon mari. Je veux tant lui donner ce que j'ai. C'est un homme bon et il m'a l'air si fatigué et si seul, mais je ne suis pas capable de l'aider. »

PCM : « Ne me dites pas comment vous ne vous sentiriez pas, ne me dites pas que vous n'auriez pas honte. Dites-moi comment vous vous sentiriez si vous étiez capable de mettre tout cela dans votre famille et dans votre mariage. »

LINDA : « Je ne sais pas, je ne le sais vraiment pas. J'imagine…j'imagine que je me sentirais fière de moi en tant que femme à nouveau, je me sentirais entière et complète à nouveau. J'étais comme cela avant. Je faisais en sorte que notre famille soit chaleureuse et réunie, tout comme ma mère l'avait fait. »

PCM : « Donc, ce que vous désirez vraiment, c'est de vous sentir fière de vous-même à nouveau. Ce que vous voulez vraiment, c'est vous sentir entière et accomplie dans votre rôle de femme, d'épouse et de mère. »

LINDA : « Oui, oui, c'est exactement ce que je veux. C'est comme cela que je me sentais. Si je pouvais à nouveau être comme j'étais, nous pourrions régler tout le reste sans problème. Nous pourrions faire face à Los Angeles ensemble. Je ne peux tout simplement pas le faire seule. Je ne suis même plus la personne que j'étais. Vous avez raison. Je veux être fière et accomplie à nouveau. C'est ce que je veux. Je suis une bonne mère, je le suis réellement, je mourrais pour mes garçons. Je ferais n'importe quoi pour Roger s'il me permettait de le faire. »

PCM : « Donc, que devez-vous faire pour remettre ces choses en place dans votre famille ?

LINDA : « Je dois provoquer le changement. Je dois arrêter de me sentir désolée et arrêter d'être seule. Je dois rentrer à la maison, prendre la main de Roger et lui dire : « Nous ne vivrons plus de cette manière. » Je dois faire ce qui est nécessaire afin de changer notre direction avant qu'il ne soit trop tard. Je dois m'asseoir avec mes garçons et prendre leurs précieux visages dans mes mains et leur dire : « Aidez-moi à vous aider. » Je dois absolument faire quelque chose au lieu de pleurer et de me lamenter la nuit. Je dois le faire et je dois le faire immédiatement. »

PCM : « Et comment cela vous ferait-il sentir ? »

LINDA : « Cela me ferait sentir fière, entière et accomplie à nouveau. Parce que c'est mon travail. C'est ce pourquoi Dieu m'a placée dans cette famille et je ne l'ai pas fait. C'est ce que je veux, c'est ce que je veux. Los Angeles n'a rien à voir avec mon problème. Mon problème, c'est moi et ma famille. Je dois arranger cela. »

Bien sûr, Linda avait beaucoup de travail et de planification devant elle, mais je crois que vous pouvez voir qu'elle était partie de loin pour en arriver à identifier clairement ce qu'elle désirait véritablement dans sa vie. Je savais qu'elle parlait maintenant du fond du cœur. Je savais qu'elle connaissait ce qu'elle désirait sous toutes ses coutures. Je savais qu'elle était maintenant prête à planifier une stratégie et qu'elle avait la capacité d'évaluer toutes les options possibles dans sa vie en fonction de ses limites et en fonction des priorités de son but. Je savais qu'elle ne serait pas distraite ou dissuadée dans la poursuite de son but, parce qu'elle le connaissait de fond en comble.

Exercice nº 14 : *Prenez note des questions que j'ai posées à Linda. Ces questions sont celles que vous devez vous poser à vous-même. Vous avez sûrement remarqué que ces questions étaient de nature circulaires. Il y a un modèle défini à ce dialogue. Posez-vous les mêmes questions et écrivez vos réponses. Si vous continuez de suivre le modèle répétitif, vous arriverez précisément à ce que vous désirez véritablement dans cette vie. Voici donc les questions clés :*

1 — Que voulez-vous ?
2 — Que devez-vous faire pour l'obtenir ?
3 — Comment vous sentirez-vous lorsque vous l'aurez obtenu ?
4 — Donc, ce que vous voulez vraiment, c'est...(ce que vous avez décrit à la question 3).
5 — Que devez-vous faire pour l'obtenir ?
6 — Comment vous sentirez-vous lorsque vous l'aurez obtenu ?
7 — Donc, ce que vous voulez vraiment, c'est...(ce que vous avez décrit à la question 6).

Et le cycle recommence. Soyez honnête, soyez sincère, et par-dessus tout, soyez précis. Comme Linda, si vous y mettez les efforts nécessaires, vous serez capable de nommer avec une grande précision ce que vous voulez, et le réclamer lorsque vous l'aurez créé.

Ce que vous voulez peut être décrit d'une multitude de façons et vous devez être le plus spécifique possible dans votre description. Ce que vous désirez peut être décrit en fonction de différents aspects : Comment cela sera-t-il vu par autrui ? Comment cela vous fera-t-il sentir à l'intérieur ? Quel genre de réactions et de sentiments cela générera-t-il chez autrui ? Quels comportements cela implique-t-il ?

En étant précis et en définissant exhaustivement vos buts, vous développerez une compréhension aiguë de ce que vous désirez. Parce que vous aurez défini précisément vos buts, les choix que vous ferez en cours de route seront mieux orientés vers vos objectifs. Vous reconnaîtrez plus facilement vos buts lorsqu'ils seront à portée de main, puisque vous aurez beaucoup de critères afin de les mesurer.

Maintenant, nous aborderons la deuxième partie de la Loi de la Vie nº 10 : *Réclamer ce que l'on veut*. La deuxième moitié de cette Loi peut représenter un aussi grand défi et peut constituer une tâche aussi difficile que l'identification de ce que vous désirez. Réclamer ce que vous désirez demande d'être résolu et engagé. Vous avez peut-être déjà entendu ceci : « Les gens dociles peuvent hériter de la Terre, mais aucun d'entre eux ne se lèvera pour la réclamer. » Vous devez être prêt à vous lever debout lorsque le temps sera venu pour réclamer ce que vous voulez et ce que vous méritez. Vous devez être prêt à vous lever et à dire : « Arrêtez, tous ! Mon heure est arrivée, c'est à mon tour et je réclame ceci. C'est à *moi*. »

Comprenez bien que nous vivons dans un monde de compétition. Comme on dit au Texas : « Il y a une tonne de chiens à l'extérieur qui courent après l'os. » Rien ne pourrait être plus vrai. Il y a beaucoup de gens qui sont prêts, qui sont désireux et qui sont capables de vous prendre ce qui vous revient de droit. Cela peut être votre propriété ; cela peut être votre espace ; cela peut être votre droit de penser, de ressentir et de croire d'une certaine façon. Pourquoi voudriez-vous rendre leurs tentatives faciles ? Pourquoi ouvrir vos fenêtres aux voleurs ? Lorsque vous êtes assez résolu et que vous avez la force de croire que vous méritez ce que vous désirez, à ce moment et seulement à ce moment, vous aurez assez de courage pour dire : « Mon heure est venue, c'est à mon tour ; je le fais pour moi et je le réclame, ici et maintenant. »

Vous savez par votre expérience personnelle qu'il n'y a rien de plus frustrant que de voir des gens participer à la course ou participer au combat pour ensuite décliner l'offre de réclamer la victoire. Ne soyez pas l'une de ces personnes. Vous devrez peut-être surmonter votre timidité, votre culpabilité, votre sentiment d'incompétence ou votre propre conscience. Vous méritez davantage ; vous pouvez obtenir davantage. Réclamez ce que vous désirez et ce que vous méritez parce que personne ne le fera à votre place. Personne ne peut se lever et réclamer votre place pour vous. Si vous ne le faites pas, ce ne sera pas fait.

Avoir la volonté et le courage de réclamer ce que vous voulez est un élément majeur pour appliquer avec succès cette Loi de la Vie. C'est peut-être une question spécialement importante pour vous parce qu'elle n'est pas du tout dans votre nature. Si vous avez passé la majorité de votre vie à vous contenter de ce que vous ne vouliez pas ou à vous satisfaire de peu, vous devez relever votre standard d'excellence ; parce que cela ne vous est pas naturel, il se peut que l'absence de compromis ne vous semble pas normal, c'est-à-dire que faire ce pas de la médiocrité vers la qualité dans votre vie vous demandera d'être consciemment résolu. Vous devez, en effet, vous asseoir avec vous-même et avoir une conversation qui vous mènera vers une décision de vie. Les décisions de vie, rappelez-vous, sont celles que nous prenons par conviction, qui proviennent du cœur et qui ne sont pas assujetties à un questionnement quotidien.

Comme je l'ai dit plus tôt, les gérants doivent fournir des résultats dans un monde de compétition. Vous devez exiger de vous-même ce que vous exigeriez de quelqu'un que vous auriez engagé comme gestionnaire de votre vie. En supposant que j'accepte d'être le gérant de votre vie, je me demande combien de temps je resterais votre employé si, dans votre quête pour obtenir ce que vous voulez, je commençais à douter que vous méritiez d'obtenir ce que vous désirez. Je me demande combien de temps je resterais votre employé si je vous disais : « J'ai réfléchi à votre liste de buts et je ne suis pas tellement sûr que vous méritiez ce que vous voulez. Je veux dire, pensez-y : vous n'êtes pas si spécial. C'est le genre de choses que les *autres* obtiennent. Pourquoi n'arrêtez-vous pas de faire des vagues et ne vous contentez-vous pas de ce que vous avez présentement ? Pour que *vous* obteniez ces sentiments et que *vous* ayez ces expériences, vous vous causerez plus de tort que de bien, cela pourrait aussi embarrasser certaines personnes, et je crois que vous êtes un peu égoïste. Tout le monde ne peut pas obtenir ce qu'il veut. Vous devriez vous calmer et être heureux que votre vie ne soit pas pire qu'elle l'est présentement. »

Maintenant, si je vous disais cela, vous me congédieriez sûrement et le problème serait résolu. *Mais vous ne pouvez pas vous congédier.* Cela signifie que la solution n'est pas aussi simple. Soyez le gérant de votre vie le plus efficace que vous pouvez imaginer. Prenez une résolution, maintenant : ce que vous désirez vaut la peine d'être obtenu et lorsque le temps viendra, vous clamerez votre droit de l'obtenir.

CHAPITRE DOUZE

Un tour guidé de votre vie

Y faire face, toujours y faire face,
voilà comment on y arrive. Faites-y face.
— Joseph Conrad

Créer une stratégie de vie

Vous devez admettre que vous n'avez jamais eu une meilleure occasion d'effectuer des changements réels. Je n'ai rien romancé dans cet ouvrage. Je n'ai pas fait votre éloge et je ne vous ai pas dit que le monde était une partie de plaisir, rempli d'amour et de lumière. Je vous ai dévoilé la vérité ; je vous ai montré le trajet tel qu'il est ; j'espère que maintenant vous êtes prêt à vous mettre au volant.

Créer une stratégie de vie est une habileté apprise, mais vous avez déjà acquis les fondements de cette habileté en lisant les chapitres précédents. Vous avez maintenant une compréhension générale de l'état de votre vie et de la direction que vous voulez lui donner par votre gestion personnelle. Vous êtes également familier avec les dix Lois de la Vie qui déterminent les résultats que vous allez obtenir, que vous viviez ou non selon une stratégie de vie. S'appuyant sur ces pierres angulaires, ce chapitre et le chapitre suivant vous outilleront d'une stratégie de vie qui vous est spécifique. Vous devez encore acquérir des connaissances telles qu'une conscience précise de votre situation présente et, comme nous avons convenu qu'il était essentiel d'être très précis dans l'identification de vos buts, une idée exacte de votre destination.

Un tour guidé de votre vie

Rappelez-vous, la moitié d'un problème est résolu lorsque ce problème est défini. Vous ne pouvez pas commencer à régler un problème avant de comprendre ce qu'il est. Cette vérité s'applique également ici, alors que nous nous préparons à élaborer votre stratégie de vie. La première étape à suivre, c'est de *diagnostiquer* votre vie.

Pour qu'il soit efficace, un diagnostic doit être précis. Nous avons discuté de cette question de façon exhaustive lorsque nous avons traité de la Loi de la Vie n° 10, je ne répéterai donc pas ces concepts ici. Cependant, il est important que vous compreniez que le terme *vie* peut être aussi vague et ambigu que le terme *bonheur*. Dès lors, si vous dites : « Je veux vivre le bonheur. », ce que vous dites est tellement vague que cela n'a aucun sens. Vous devez être précis en déterminant où vous en êtes *et* où vous voulez aller.

Heureusement, vous n'êtes pas restreint à une seule dimension. Il sera utile pour réaliser un diagnostic que la vie possède plusieurs dimensions. De plus, rappelez-vous la Loi de la Vie n° 7 : *La vie se gère, elle ne se guérit pas* ; ainsi, le succès est une cible mouvante qui doit être traquée et continuellement poursuivie.

La manière la plus efficace de diagnostiquer et de gérer une vie est d'aborder ces deux défis en examinant les différents aspects de la vie. Certains aspects s'enchevêtrent, alors que d'autres sont distincts, mais votre vie doit être examinée selon ses différentes facettes. Voici un minimum d'aspects que vous devrez examiner afin d'évaluer votre vie :

— Personnel
— Professionnel
— Relationnel
— Familial
— Spirituel

Bien que ces aspects de votre vie s'influencent entre eux, chacun possède une certaine dimension distincte et mérite d'être considéré séparément. Le tableau suivant pourra vous aider à fragmenter votre pensée en de plus petits compartiments plus faciles à gérer.

Ce tableau est essentiellement un aperçu des vingt-cinq ou trente dimensions, qui, mises ensemble, dresseront un portrait représentatif de votre vie. Ce sont des questions qui nous concernent tous. Vous remarquerez que ce tableau fait référence à ce que vous avez écrit dans votre journal personnel. Votre liste des cinq à dix personnes, par exemple, qui identifiait les personnes à qui vous deviez révéler vos émotions (*Exercice* nº *8, p. 164*) ; l'aspect relationnel fait référence au questionnaire que vous avez rempli au chapitre 9 (*Exercice* nº *12, p. 226*). Vous remarquerez également que, dans les cinq aspects de votre vie, il vous est demandé de tenir compte de la liste de décisions de vie (*Exercice* nº *11, p. 208*) que vous avez réalisée au cours du chapitre 6 afin d'identifier les valeurs fondamentales qui ne seront plus remises en question. En parcourant les aspects de ce tableau, référez-vous à votre liste de décisions de vie qui pourra vous indiquer les aspects où vous désirez réellement des changements.

Vous avez peut-être des buts et des objectifs pour tous les aspects de votre vie, ou vous n'en avez que pour certains aspects. Peu importe. Examinez chacun de ces aspects en vous demandant : « Où en suis-je présentement ? Qu'est-ce que je désire réellement obtenir dans ma vie ? » Vous devez examiner

Les Aspects de la Vie

Catégories

Aspect personnel	Aspect relationnel	Aspect professionnel	Aspect familial	Aspect spirituel
Estime de soi	Votre partenaire Les amis Nouvelles relations	Performance au travail Les affaires	Les parents Les enfants	Relation personnelle avec votre puissance supérieure
Éducation	La réconciliation dans des relations existantes	Les objectifs	Les frères, les sœurs	Votre chemin spirituel
	Renouer des relations	Les promotions	La famille élargie	Étude personnelle et communion
Finances	Voir votre liste des cinq à dix personnes (Exercice nº 8, p. 164)	Un changement de carrière	Voir votre liste de décisions de vie (Exercice nº.11, p. 208)	La prière
Santé	Voir votre liste de décisions de vie (Exercice nº 11, p. 208)	Voir votre liste de décisions de vie (Exercice nº.11, p. 208)		L'orientation de votre vie
Voir votre liste de décisions de vie (Exercice nº 11, p. 208	Voir le questionnaire relationnel (Exercice nº 12, p. 226)			Voir votre liste de décisions de vie (Exercice nº.11, p. 208)

chacun de ces aspects, et cela même si vous vous sentez en terrain sûr dans tel ou tel aspect. Si vous croyez être satisfait de l'état de votre vie dans cet aspect, il sera important toutefois de vérifier cette croyance avant de passer à un autre aspect.

Où en êtes-vous rendu dans votre vie ?

En travaillant avec ce tableau, vous commencez la tâche importante de vous connaître réellement. Je vous expliquerai bientôt un processus en sept étapes qui vous permettra d'évaluer où vous en êtes dans chaque aspect du tableau et vous permettra de concevoir ce que serait votre vie si vous aviez ce que vous désirez. Je ne mettrai jamais assez d'emphase sur l'importance d'appliquer *chacune* des sept étapes à *chaque* aspect de votre vie et d'avancer dans ce processus avec attention et minutie. Que vous ayez suivi une thérapie individuelle ou non, je suis certain que personne n'a jamais investi autant de temps, d'énergie et de réflexion avec vous que dans ce tour guidé. Cette évaluation de votre vie sera la plus organisée jamais réalisée, si, bien sûr, vous prenez le temps nécessaire pour la faire. Si vous prenez vraiment le temps que ce tour guidé nécessite, vous atteindrez un niveau de conscience et de compréhension qui, j'en suis certain, changera complètement votre vie. Vous vous connaîtrez en profondeur comme peu de gens se connaissent.

Malheureusement, pour l'instant, vous êtes probablement la personne que vous connaissez le moins. Je dis malheureusement parce que je crois que ne pas se connaître est une lacune tragique. Ne pas se connaître, c'est ne pas être capable de comprendre ses propres besoins. Cela veut dire que vous ne comprenez pas ce qui est le plus important pour vous. Vous êtes la personne avec laquelle vous passez le plus de temps ; vous êtes la personne pour laquelle vous vous investissez le plus. Vous ne devez donc pas sous-estimer la gravité et l'importance de *vous* connaître.

Vous n'avez peut-être jamais vu les choses de cette façon, mais vous êtes le seul *vous* qui existera dans l'histoire du monde. Il n'en existe pas d'autre, il n'en a pas existé d'autre et il n'y en aura pas d'autre. Vous êtes né, vous vivez, vous mourrez et il n'y aura pas, au grand jamais, un autre vous. Vous êtes une personne unique, différente de toutes les autres personnes qui ont foulé cette terre. Permettre à cette vie de passer, sans que vous établissiez une relation intime avec cette personne, est néfaste.

Vous acceptez cela pour la simple et bonne raison que personne ne vous a appris à faire autrement ou personne n'a soulevé la question avec vous. Plusieurs cultures et plusieurs sociétés mettent l'emphase sur cet aspect de la vie, mais les nôtres ne font pas partie de ce groupe. Les civilisations de l'Est, par exemple, forment leur population par la méditation et l'éveil à eux-mêmes. La nôtre ne le fait pas. Croyez-moi, je ne tente pas de vous faire chanter un mantra (même si cela pourrait s'avérer productif), mais je veux que vous vous donniez le temps de vous connaître.

Comme je vous l'ai dit, tous les gens portent un masque social. Il n'est pas surprenant que parfois nous portions ce masque sur nous. C'est pourquoi je vous ai dit que la première condition pour que cette démarche soit productive est d'être honnête avec vous-même. Si vous devez vous connaître, il est préférable que vous connaissiez le *vrai* vous. Ne vous leurrez pas. Seule l'honnêteté de votre évaluation peut vous permettre de vous rendre à la destination désirée.

Ce qui soutient tout ce processus, c'est la Loi de la Vie n°.1 : *Il y a ceux qui comprennent, et il y a ceux qui ne comprennent pas*. Ce que vous devez comprendre ici, c'est *vous*. Comme nous l'avons vu dans cette Loi, il n'existe pas de savoir supérieur à celui que vous accumulez sur vous-même. Vous êtes le dénominateur commun de toutes les situations, de toutes les circonstances, de tous les défis et de toutes les relations dans votre vie. Vous contribuez à, ou vous contaminez chaque situation dans laquelle vous êtes impliqué. Il est temps que vous sachiez laquelle des deux actions vous faites, comment vous la faites et pourquoi vous la faites. Répondez honnêtement et ce sera une des choses les plus constructives et les plus stimulantes que vous aurez faites pour vous. Cherchez des réponses à des questions comme :

— Quelles sont les caractéristiques que je traîne avec moi d'une situation à une autre ?
— Est-ce que j'approche les situations en envisageant des résultats négatifs ?
— Est-ce que j'approche les situations avec méfiance ?
— Est-ce que je juge et je condamne d'emblée les gens dans toutes les situations ?
— Suis-je tellement en colère et rempli d'amertume que je suis mauvais avec tous ceux que je rencontre ?
— Suis-je dans une telle insécurité que je cherche et je trouve des exemples de mauvais traitements à mon égard dans toutes les situations ?
— Suis-je si passif et si dépourvu de volonté pour réclamer ma place que j'invite les gens à me regarder de haut et à ne pas me respecter ?
— Est-ce que je cache mon insécurité derrière un mur d'arrogance et de supériorité ?
— Est-ce que je veux tellement réussir que j'épuise les autres parce que je vise trop haut ?
— Est-ce que je passe la majorité de mon temps à me comparer aux autres ?
— Est-ce que je me prive de vivre certaines situations parce que je m'inquiète toujours de la façon dont les autres me voient ?
— Est-ce que j'ai ruiné des relations significatives en me jugeant et en me condamnant ou en faisant de même avec les autres ?

Ne vous occupez pas de savoir comment vous pouvez changer ; nous le verrons plus loin. Pour l'instant, dites-vous simplement que vous allez vous connaître plus clairement et plus honnêtement que vous ne l'avez jamais fait. La longueur d'avance que ce savoir vous conférera est un avantage extraordinaire. Vous connaître est crucial et apprendre qui vous êtes sera stimulant, même si vous n'appréciez pas tout ce que vous allez découvrir.

Réfléchir à ces questions plutôt que de les écrire ne fonctionnera pas. Écrire ajoute grandement à l'objectivité de l'évaluation. Les mots écrits sont comme un miroir. Tout comme il vous serait impossible d'examiner votre visage sans miroir, il vous sera impossible d'évaluer votre vie sans mettre cela sur papier. Écrire vous permettra de créer une objectivité et une distance entre vous et votre pensée. Donc, vous allez encore une fois avoir besoin de votre journal personnel, d'un crayon ordinaire et d'un stylo rouge. Écrivez.

Vous devrez répondre à des questions de base importantes. Pour ne négliger aucune catégorie d'aspects de vie, prenez l'habitude de vous référer fréquemment au tableau des aspects de vie. En abordant chaque question, soyez bien certain de « dire les choses comme elles sont réellement ».

Exercice n° 15 : *Si vous vous référez aux pages 276 à 278, vous constaterez que chacune de ces pages vous demande de vous évaluer sur un aspect de la vie. Ces pages sont des exemples de marche à suivre pour évaluer votre situation dans un aspect donné de la vie ; vous pourrez ensuite comparer l'état de votre vie actuelle à ce qu'elle pourrait être si elle était parfaite ou idéale dans cet aspect donné. En utilisant des pages se faisant face dans votre journal personnel, reproduisez ces phrases dans un format qui vous laissera beaucoup d'espace pour répondre aux questions. Sur la page gauche de votre journal (la page « idéale ») écrivez dans le coin supérieur gauche « Aspect de la vie » comme sur la page 276 ; inscrivez ensuite « A. Comportement » sur la ligne suivante. Laissez les cinq lignes suivantes vierges ; puis, inscrivez « B. Sentiment » et laissez le même nombre de lignes vierges en dessous de cette* *inscription, et ainsi de suite jusqu'à ce vous ayez inscrit les quatre sous-titres en caractères gras (Comportement, Sentiment, Aspect positif, Aspect négatif) sur la page gauche de votre journal, en prenant bien soin de laisser cinq lignes vierges sous chacun d'eux. Reproduisez dans le même format les pages 277-278 (la page « réelle ») sur la page droite de votre journal. Reproduisez-la intégralement.*

Sur la ligne où il y a écrit « Aspect de la vie », dans le coin supérieur gauche de la page « idéale », inscrivez l'aspect de la vie sur lequel vous voulez travailler. Notez que le coin supérieur gauche de la page « réelle » vous invite à vous évaluer sur une échelle qui va de 1 à 10 dans cet aspect de la vie. Comment considérez-vous vos performances dans cet aspect ? Si vous considérez votre vie comme parfaite, vous vous donnerez un 10. Si cet aspect de votre vie est un désastre total et complet, ce sera un 1. Une note de 5 signifierait que vous êtes confortable dans cet aspect, mais qu'il n'est pas particulièrement gratifiant. Les notes en dessous et au-dessus de 5 représentent la gradation entre les deux extrêmes. Soyez complètement honnête dans cette évaluation parce que la note que vous vous donnez est importante présentement et le sera davantage dans le futur. Nous avons souvent entendu dire que la note parfaite ne devait pas être utilisée. Je comprends et je reconnais que nous recherchons l'excellence plutôt que la perfection, et pour cette raison, se donner un 10, c'est de la fiction. Mais cette note est du moins utile comme point de référence à la perfection.

Comparons maintenant la page « idéale » et la page « réelle » de votre journal. Le but de cette disposition est de vous permettre de comparer aisément ce que serait votre vie, si vous transformiez avec succès l'aspect de vie sur lequel vous travaillez, avec l'état actuel de votre vie.

Regardez l'étape n° 1 sur la page « idéale » dans ce livre (p. 276). On vous demande de compléter certaines pensées :

Si je vivais cet aspect de ma vie en me donnant un « 10 » :

A — Mon comportement serait caractérisé par :
B — Mes sentiments seraient caractérisés par :
C — Les aspects négatifs qui seraient éliminés sont :
D — Les aspects positifs qui seraient présents sont :

Les questions sous chacune de ces phrases sont destinées à stimuler des pensées précises sur la dimension de l'aspect en question.

Comparez cette étape avec l'étape 2 située sur la page « réelle » de ce livre (p. 277-278). Elle aussi vous demande de compléter certaines phrases clés qui sont également accompagnées de questions destinées à encourager des réponses précises : Puisque je vis présentement cet aspect de ma vie au niveau ___ :

A — Mon comportement réel est :
B — Mes sentiments réels sont :
C — Les aspects négatifs présents sont :
D — Les aspects positifs absents, mais qui sont nécessaires sont :

Pour être sûr que vous compreniez bien, disons, par exemple, que j'ai regardé le tableau de la page 266 et j'ai choisi le premier aspect à évaluer : l'estime de soi. J'inscrirai « Estime de soi » au coin supérieur gauche de ma page « idéale », dans l'espace vierge à côté de « Aspect de la vie ». Pour l'étape 1 (page « idéale ») et l'étape 2 (page « réelle »), je complèterai les phrases A à D ainsi que chacune des questions qui leur est jointe en évaluant mon estime personnelle.

Maintenant, regardez le tableau des aspects de la vie p. 266 ; identifiez quel aspect de votre vie vous désirez attaquer en premier et complétez les étapes 1 et 2 pour cet aspect.

Étape 3 : Lorsque vous aurez complété les deux pages de votre journal pour l'aspect en évaluation, relisez toutes les réponses que vous avez données dans l'étape 2 (page « réelle ») en portant une attention particulière aux endroits où vous vous êtes critiqué ou aux endroits où vous avez exprimé des convictions qui vous limitent. Rappelez-vous que les convictions qui vous limitent sont des traits de caractère négatifs que vous croyez faire partie intégrante de vous-même : par exemple, « Je suis ennuyeux de nature » ou « Je ne finis jamais ce que je commence ». Lorsque vous remarquez la présence de ces critiques ou de ces convictions qui vous limitent, encerclez-les en rouge. Ce repérage vous servira plus tard, il est donc important que vous soyez certain de les avoir toutes repérées et identifiées en les encerclant de rouge.

Étape 4 : Vous êtes maintenant prêt à faire une liste des obstacles que vous devrez surmonter afin de passer du Réel à l'Idéal dans cet aspect de votre vie. Prenez note de tous les obstacles qui se dressent sur le chemin menant à la destination désirée. Pour élaborer cette liste, il vous sera utile de retourner voir dans votre journal personnel les exercices suivants :

— La liste des convictions qui vous limitent (Exercice no 5, p. 92)
— La liste de comportements négatifs (Exercice no 6, p. 123)
— La liste de gratifications malsaines (Exercice no 6, p. 123)
— Les réponses au test du bourbier (Exercice no 7, p. 156)

Vous devriez également réfléchir à toutes les circonstances qui vous empêchent d'avancer sur le bon chemin et les écrire dans votre journal. Voici quelques exemples :

— Un manque d'argent
— Un conjoint qui mine votre confiance en vous-même
— Les arrangements de votre vie
— Un manque d'éducation

Élaborez une seule liste compréhensible de toutes les choses qui vous bloquent le passage, internes ou externes.

Étape 5 : Contrairement à l'étape 4, cette démarche vous demande de considérer les « atouts » dont vous disposez pour passer du Réel à l'Idéal dans cet aspect de votre vie. Quelles sont vos ressources ? Quelles sont les meilleures choses sur lesquelles vous pouvez vous appuyer afin de passer de la réalité à vos objectifs ? Voici quelques exemples :

— Une famille qui vous supporte
— Un bon emploi
— L'intelligence
— Une résolution claire
— La souffrance engendrée par la situation présente
— La prise de conscience que vous n'avez plus rien à perdre

Étape 6 : L'échelle SUSI / *SUDS* (p. 279) qui fait référence au système d'unité subjective d'inconfort / *Subjective Units of Discomfort System* est un outil commun en psychologie, permettant de quantifier le degré de souffrance associé à l'état actuel d'un aspect de vie en particulier. Supposons que votre note pour l'aspect « estime de soi » soit de l'ordre de 6 en regard de l'idéal 10. La question est : *à quel degré* cette disparité vous affecte-t-elle ? Quel degré de souffrance associez-vous à l'écart entre votre estime de vous actuelle et votre estime de vous idéale ? Exprimez ce degré de souffrance en fonction d'une échelle allant de 0 (aucun inconfort) à 10 (la souffrance est telle que vous ne pouvez plus l'endurer un autre jour). Écrivez ce chiffre.

Étape 7 : Choisissez la catégorie qui reflète le mieux vos priorités dans les changements que vous voulez apporter à cet aspect de votre vie et écrivez-le.

1— *Urgente :* La nécessité et le désir de changement dans votre vie sont extrêmement sérieux. L'état présent engendre probablement une grande souffrance chez vous et cette souffrance est tellement prédominante qu'elle vous laisse peu de temps et peu d'énergie pour penser à autre chose.

Effectuer des changements dans cet aspect de votre vie est crucial.

2 — *Élevée :* La priorité élevée occupe vos sentiments, vos émotions et votre énergie sans toutefois atteindre le même degré que la priorité urgente. C'est une préoccupation qui s'élève au-dessus des autres défis et problèmes généraux auxquels vous faites face dans votre vie. Mettre un aspect de vie dans cette catégorie signifie que vos préoccupations ne sont pas une grande source de souffrance pour vous, mais elles perturbent indéniablement votre vie. Cet aspect de votre vie mérite donc une attention sérieuse.

3 — *Moyenne :* Une préoccupation de priorité moyenne mérite un changement, même si elle ne domine pas votre pensée. Même si cet aspect mérite votre attention, il existe d'autres aspects dans votre vie qui ont besoin de votre énergie et de vos efforts avant que vous vous occupiez d'une préoccupation moyenne. Lorsque vous effectuerez des changements dans les aspects classés dans les catégories urgente et élevée, ces préoccupations moyennes se retrouveront éventuellement dans ces catégories supérieures.

4 — *Faible :* Ce sont des préoccupations avec lesquelles vous pouvez aisément vivre. Vous en êtes conscient et vous voudriez bien effectuer des changements, mais, pour le moment, ces préoccupations sont secondaires. Elles ne vous poussent pas à vous mettre en « état de projet ».

Aspect de vie **Idéal = 10**

Étape 1 : Si je vivais cet aspect de ma vie en me donnant un « 10 » :

A — Mon comportement serait caractérisé par :
* Qu'est-ce que je ferais ?
* Où le ferais-je ?
* Avec qui le ferais-je ?
* Comment les autres percevraient-ils mes actions et mon attitude ?
* Quels mots les autres utiliseraient-ils pour décrire la façon dont je vis ?

B — Mes sentiments seraient caractérisés par :
* Comment me sentirais-je ?
* Quel genre de messages me donnerais-je ?
* En me levant le matin, comment me sentirais-je en pensant à la journée qui vient ?
* Lorsque je ferai face aux inévitables défis et problèmes, quels indices émotionnels confirmeraient que je vis toujours cet aspect en me donnant un « 10 » ?

C — Les aspects négatifs qui seraient éliminés sont :
* À quelles conséquences indésirables je n'aurai plus à faire face ?
* Quelles situations frustrantes, dangereuses, irritantes et souffrantes ne se présenteront plus ? Quels événements de ma routine n'arriveront plus ?
* Parmi les réactions des autres à mon égard, lesquelles ne se reproduiront plus ?
* Comment saurai-je que ces aspects négatifs sont éliminés ? Si, par exemple, mon surplus de poids est l'aspect négatif, il sera éliminé lorsque ma balance démontrera que je n'ai plus d'excès de poids. Comment se mesure la disparition des aspects négatifs ?

D — Les aspects positifs qui seraient présents sont :
* Quelles réponses venant d'autrui m'informeraient que je vis cet aspect de ma vie à « 10 » ? Quels encouragements me donneraient les autres ?
* Quelles améliorations pourrais-je observer dans ma vie quotidienne ?
* Quelles parties de ma routine trouverais-je agréable ?
* Quelles améliorations physiques pourrais-je observer ? Quels seraient les changements dans mon corps, ma posture, mon expression faciale, ma pression artérielle, ma respiration, qui montreraient aux autres et qui me prouveraient à moi-même que je vis cet aspect à « 10 » ?
* Sur quelles ressources mettrais-je l'emphase ?

Auto-évaluation réelle = (1 à 10)

Étape 2 : Puisque je vis actuellement cet aspect de ma vie à :

A — Mon comportement réel est :

* Quels sont les comportements que je regrette d'avoir ?
* Quels sont les détails précis de mes actions qui font que je vis cet aspect au niveau inscrit en haut de la page ? Comment sais-je que j'ai des lacunes dans cet aspect ?
* Qu'est-ce que je dis aux autres afin de camoufler mes lacunes dans cet aspect ? Quelles excuses invoqué-je ? En mettant de côté les excuses verbales, quelles sont les actions précises que j'utilise pour camoufler mes lacunes ?
* S'il y a des gens en particulier qui déclenchent ces comportements indésirables, que font-ils pour les déclencher ? Lorsqu'ils agissent de cette façon, quelle forme ou quel modèle prend ma réponse : quelles sont les étapes négatives nécessaires pour en arriver à ces comportements négatifs ?
* Y a-t-il des gens significatifs dans ma vie qui agissent de manière à ce que je comprenne que j'ai des problèmes dans cet aspect ou qui me le disent carrément ?

B — Mes sentiments réels sont :

* Quelle est ma réponse émotionnelle immédiate envers cet aspect de ma vie ? Lorsque je pense à cet aspect, quelle est ma réaction instinctive ?
* Lorsque je dois faire face à des difficultés dans cet aspect de ma vie, quels signaux émotionnels me disent que c'est pénible pour moi ?
* Quels sentiments émergent lorsqu'une crise survient dans cet aspect ?
* Quelles excuses invoqué-je pour mes lacunes dans cet aspect ? Comment est-ce que je rationalise ces problèmes afin de diminuer leur importance ?

C — Les aspects négatifs présents sont :

* Quels sont les signes physiques qui prouvent que j'ai des problèmes dans cet aspect de ma vie ? Quelle est la nature de la souffrance engendrée par cet aspect ?
* Quelles sont les réactions négatives qu'il me semble presque toujours recevoir d'autrui ?
* Est-ce que j'ai l'impression de porter un « masque » dans cet aspect de ma vie ? Quel est ce masque ? Est-ce un aspect de ma vie où je ne suis pratiquement jamais « moi-même » ?
* Quelles raisons expliquent ma notation de cet aspect ? Comment est-ce que je contribue aux problèmes auxquels je fais face dans cet aspect de ma vie ?
* Quels sont les obstacles qui m'empêchent d'avancer ?

D — Les aspects positifs absents, mais qui sont nécessaires sont :
* Qu'est-ce qui me manque qui, si je l'avais, ferait remonter drastiquement ma note dans cet aspect de ma vie ?
* Qu'est-ce que j'ai besoin d'entendre les autres dire, qu'est-ce que j'ai besoin de sentir vis-à-vis des autres que je n'entends pas et que je ne ressens pas présentement ?
* Quelles choses ai-je besoin que les gens arrêtent de faire ou de dire ?
* En quoi consisteraient ma satisfaction et mon accomplissement dans cet aspect de ma vie ?

Étape 3 : Encerclez en rouge toutes les critiques et les convictions qui vous limitent dans l'étape 2.

Étape 4 : Faites une liste des obstacles que vous devez surmonter afin de passer du réel à l'idéal dans cet aspect de votre vie.

Étape 5 : Faites une liste des ressources qui vous aideront à passer du réel à l'idéal dans cet aspect de votre vie.

Étape 6 : Notez (de 0 à 10) votre unité subjective d'inconfort (SUSI). Et expliquez-la.

Étape 7 : Ma motivation à changer cet aspect de ma vie est (qualifiez cette motivation : urgente, élevée, moyenne ou faible) :

Vous devez maintenant progresser dans le tableau des aspects de vie en les examinant un par un. Pour chacun des aspects de vie méritant des changements, reproduisez les pages d'évaluation 276 à 278. Prenez le temps de bien faire cet exercice. Ne vous sentez pas obligé d'accomplir tout le travail dans une seule séance. Je vous suggère d'ailleurs de répartir ce travail sur plusieurs jours, si nécessaire. Mais, fixez-vous une date où vous aurez complété votre évaluation. Ce serait une bonne idée de vous allouer une période de temps précise à un moment particulier de la journée pour faire cet important travail.

Exercice nº 16 : *Une fois que vous aurez terminé cette évaluation de toutes les catégories d'aspect de vie, regardez le sommaire des priorités à la page 281. Ce sommaire est constitué de quatre colonnes, chacune d'elles identifie un degré de priorité : urgente, élevée, moyenne et faible. Supposons que vous considérez que cinq des aspects de votre vie se positionnent dans la colonne urgente parce qu'ils ont un besoin spécialement urgent de changements : vous devrez les inscrire par ordre d'importance. Donc, des cinq aspects de votre vie qualifiés d'urgents, quels aspects méritent les changements les plus urgents ? L'aspect choisi sera mis en première position. En dessous de cet aspect, vous inscrirez vos deuxième, troisième, quatrième et cinquième aspects, en fonction de leur degré d'urgence. S'il vous plaît, classez tous les aspects de votre vie qui méritent des changements de sorte qu'ils se retrouvent tous inscrits dans le sommaire.*

Sommaire des priorités

Urgente	*Élevée*	*Moyenne*	*Faible*

Maintenant, afin que vous puissiez avoir une vue d'ensemble de votre dur labeur, reproduisez cinq fois « Le sommaire du profil de vos aspects de vie » (un pour chacun des cinq aspects) qui est situé à la page 282. Ce sommaire doit être rempli uniquement après avoir effectué toutes les étapes de votre évaluation personnelle pour chaque aspect de vie inclus dans le tableau à la page 266. Vous remarquerez que « Le sommaire du profil de vos aspects de vie » (p. 282) comporte une graduation de 1 à 10 pour chaque aspect de vie dans la catégorie « Personnel ». Sur chaque graduation, indiquez le résultat de votre auto-évaluation, effectuée au préalable, pour chaque aspect de vie, sous chacune des cinq catégories d'aspect. Au bas du sommaire, vous retrouverez une graduation *moyenne* qui représente la note pour la catégorie en général. Inscrivez sur cette graduation la *moyenne* des résultats du sommaire. Ainsi, si vous avez encerclé 4 sur la graduation de l'estime de soi et sur celle des finances, et si vous avez encerclé

8 sur celle de l'éducation et celle de la santé, alors vous devrez additionner *4+4+8+8* et diviser ce total, 24, par le nombre de résultats, 4, afin d'obtenir une moyenne de 6 dans la catégorie « Personnel ».

Sommaire du profil de vos aspects de vie

Catégorie : Personnelle

L'estime de soi Votre note	1	2	3	4	5	6	7	8	9	10
L'éducation Votre note	1	2	3	4	5	6	7	8	9	10
Finances Votre note	1	2	3	4	5	6	7	8	9	10
La santé Votre note	1	2	3	4	5	6	7	8	9	10
Catégorie générale Votre note	1	2	3	4	5	6	7	8	9	10

Ce « sommaire du profil de vos aspects de vie » vous permet d'avoir une vue d'ensemble de la manière dont vous vous êtes noté dans tous les aspects et il vous montre comment ces notes se combinent pour définir une note générale signifiant le degré de changement nécessaire dans cette catégorie d'aspect.

Maintenant, en haut d'une page vierge de votre journal personnel, inscrivez ceci : « Critiques et Convictions qui me limitent ». Retournez voir votre évaluation et recopiez sur cette nouvelle feuille toutes les critiques et les convictions que vous avez encerclées en rouge. Lorsque vous aurez terminé cette liste, vous aurez une vue d'ensemble de tout ce que vous croyez et, par conséquent, de tout ce qui vous empêche d'avancer parce que vous entretenez à ce propos un dialogue interne négatif.

Comme étape finale, portez votre attention sur les priorités de votre vie actuelle. Je vous parle de ce que vous chérissez, de ce qui a de la valeur à vos yeux et dans votre cœur. Ces priorités sont sûrement différentes des changements précis que vous avez mis en priorité tout à l'heure. Ici, vous ne vous préoccupez pas des changements désirés, mais plutôt de ce qui vous tient à cœur. Commencez par écrire sur la ligne 1 du tableau qui suit, la chose la plus importante dans votre vie. Puis inscrivez sur la ligne 2 la chose que vous considérez comme la deuxième plus importante dans votre vie, et ainsi de suite jusqu'à la ligne cinq. Je comprends qu'il peut être difficile de discerner quelle chose est plus importante que l'autre, mais efforcez-vous de les classer par ordre d'importance. Réfléchissez-y bien et cherchez dans votre cœur ce qui est important pour vous.

Vos priorités

1.

2.

3.

4.

5.

Nous n'avons pas tout à fait terminé cet exercice. En utilisant l'espace ci-dessous, faites une liste, en ordre décroissant, du temps alloué à chacune de vos activités. En première place, inscrivez l'activité pour laquelle vous allouez le plus gros pourcentage de vos heures d'éveil. Soyez honnête et précis dans cet exercice. Par exemple, il y a vingt-quatre heures dans une journée. Si vous dormez huit heures par jour, cela vous laisse seize heures à diviser entre vos différentes activités. S'il y a, dans ces seize heures, dix heures associées au travail, c'est-à-dire se rendre au travail, travailler et retourner à la maison, en calculant un peu, le travail est l'activité qui absorbe le plus de votre temps. Il vous reste six heures à allouer à d'autres activités. Si vous passez trois de ces heures devant la télévision, cette activité est donc la deuxième en importance. Ce ne sont que des exemples ; prenez un instant pour remplir votre propre liste de répartition du temps ; faites-le honnêtement et précisément dans l'espace ci-dessous.

Profil de répartition du temps

Activité	**Pourcentage du temps alloué**
1.	1.
2.	2.
3.	3.
4.	4.
5.	5.

Vous avez effectué toutes les étapes de votre tour guidé ; considérez ce que vous avez accompli. Vous avez complété et structuré une évaluation totale de votre vie, en évaluant toutes les catégories d'aspect qu'elle comporte. Selon toute probabilité, ce que contient présentement votre journal personnel est la plus objective et la plus complète évaluation que personne ait jamais faite. Et si vous vous sentez perdu dans une telle masse de pures informations, vos sommaires peuvent toutefois vous donner une idée d'ensemble.

Alors, qu'est-ce que je fais avec cette tonne d'informations ? La première chose à faire avec ces informations, c'est de les réviser afin d'identifier certains thèmes dans votre vie. Par exemple :

— Demandez-vous quelle est la distance qui sépare votre situation actuelle et votre situation désirée. Est-ce que ces degrés d'ajustement divergent grandement, moyennement ou infiniment ?
— Est-ce que vos problèmes se concentrent dans une ou deux catégories d'aspect de votre vie ou sont-ils éparpillés dans toutes les catégories ?
— Quels sont les thèmes de vos critiques et des convictions qui vous limitent ? En d'autres mots, y a-t-il une logique ou une cohérence dans ce que vous vous dites, peu importe les situations ?
— Doutez-vous de vous-même ? Ressentez-vous une aversion envers vous-même ?
— Quelles émotions vous définissent ? Est-ce la colère, la peur ou une autre émotion ?
— Existe-t-il des choses qui drainent votre énergie physique, émotionnelle et spirituelle ?
— En examinant à nouveau vos sommaires, faites-vous des parallèles entre les notes que vous avez mises dans différentes catégories ? Par exemple, est-ce que les choses que vous avez mises dans la liste des urgences concernent surtout la performance ou sont-elles plutôt personnelles et privées ?
— Est-ce que vos priorités tendent à impliquer les autres personnes ou sont-elles largement et entièrement concentrées sur vous ?

— Qu'en est-il de l'élément temporel ? Vos priorités urgentes sont-elles réalisables à court terme ou à long terme ?

Répondez à ces questions et à toutes celles qui pourraient vous venir à l'esprit afin de mieux réaliser où vous en êtes dans votre vie et dans quel laps de temps vous désirez atteindre vos buts. Avoir ce genre de conscience et cette vue d'ensemble vous sera extrêmement utile afin de diriger votre vie dans la bonne direction.

Exercice n° 17 : *Puisque vous avez maintenant transféré les résultats de votre évaluation dans les sommaires et que vous avez tenté d'identifier des thèmes dans vos réponses, vous êtes prêt à entreprendre la dernière démarche du processus de votre diagnostic. Dans toutes choses, il y a du bon et il y a du mauvais. La bonne partie est de vous évaluer étape par étape, ce que vous venez de terminer. C'est une bonne façon d'analyser parce qu'autrement cette tâche serait difficile et écrasante. Le mauvais côté de cette analyse, c'est qu'en fragmentant votre vie en catégories, vous pouvez perdre la saveur de ce que vous fragmentez. Imaginez que vous mangez les ingrédients d'un gâteau un par un au lieu de le savourer tout entier. Un morceau de gâteau a une saveur et une texture qui seraient complètement perdues si nous prenions une bouchée de sucre, une bouchée de beurre, et ensuite une bouchée de farine. En fragmentant votre vie, vous l'avez rendue facile à évaluer et à comprendre, mais il est important que vous mainteniez la saveur et la texture de votre vie en créant ce que vous désirez.*

Donc, votre dernière démarche, mais non la moindre, afin de diagnostiquer votre vie, c'est d'écrire le profil de la personne que vous désirez être. Sans vous embourber dans les détails, les comment et les pourquoi, il est important pour vous d'être très familier avec la vie que vous désirez et ce que vous voulez ressentir lorsque vous atteindrez vos buts. Ce profil peut devenir votre « Étoile du Nord ». Il peut devenir une image qui vous rappelle la bonne direction à suivre. Nous avons parlé de ce que sera votre vie lorsque vous obtiendrez ce que vous désirez dans un aspect donné. Je parle maintenant de votre vie dans un sens plus large ; je vous parle de ce que votre vie aurait l'air à dix mille pieds d'altitude comparé à ce que vous voyez dans le miroir.

Je suggère que vous élaboriez ce profil comme si vous écriviez le rôle principal d'une pièce. La pièce dramatique dans le cas présent, c'est votre vie et vous en êtes la vedette. Si vous écrivez un texte pour un personnage principal de façon à ce qu'un comédien puisse comprendre le ton, l'ambiance, l'attitude et la texture de la personnalité et des comportements du personnage, vous auriez à décrire à cet acteur ce que ressent le personnage à l'intérieur et comment il se comporte à l'extérieur. Une fois de plus, vous ne devez pas vous embourber dans les comment et les pourquoi ; tout ce que vous devez écrire c'est l'apparence du personnage, ce qu'il ressent et comment il se comporte.

Cet exercice requiert de l'imagination et une pensée audacieuse. L'imagination, dans cet exercice, peut être un outil appréciable. Lorsque je dis de décrire, par ce profil, comment vous allez vous sentir en atteignant vos buts, je suis conscient que cela fait appel à la spéculation. Mais c'est exactement ce que vous devez faire. Si, par exemple, vous avez rêvé de courir et de gagner un marathon, je vous demande de me décrire ce que vous ressentirez en franchissant la ligne d'arrivée, sachant que vous avez gagné la course et vaincu tous ses participants. Comment vous sentirez-vous sous les acclamations de la foule ? Cet exercice vous demande de vous imaginer dans ce genre de position pour que vous puissiez identifier ces sentiments afin de les utiliser comme une partie de votre « Étoile du Nord ». Ceci est une des rares occasions où il s'avère constructif de visualiser une vie imaginaire et fantaisiste. Profitez de cette fantaisie en devenant plus familier avec votre destination.

Il y a quelques années, une femme avec qui j'ai déjà beaucoup travaillé a exceptionnellement bien effectué cet exercice et elle m'a donné la permission d'inclure dans mon livre des extraits de son travail. L'exemple de Carol n'est pas fait pour vous donner une suggestion de contenu pour votre profil, mais il propose certaines questions que vous devriez probablement aborder dans votre profil. Lisez cet exemple en gardant cela en mémoire et ensuite faites-vous plaisir en vous donnant le premier rôle d'une comédie dramatique qui est votre vie. Voici le travail de Carol. Notez que, pour des raisons descriptives, elle écrit à la troisième personne, comme si elle n'en était pas l'auteur.

Moi et mon futur

Carol a trente-huit ans mais elle paraît plus jeune parce qu'elle sourit toujours et qu'elle a de beaux yeux brillants. Elle semble optimiste et enthousiasmée par ce qui se passe dans sa vie. Elle prend soin d'elle mentalement, physiquement et émotionnellement en portant une attention quotidienne à ces aspects de sa vie. Elle n'accumule pas de souffrances, de colère ou de ressentiment, mais fait face aux problèmes qui surviennent. Elle fait de l'exercice régulièrement mais elle n'est pas excessive ; elle l'apprécie lorsqu'elle le fait.

Carol se lève une demi-heure avant le reste de la famille pour passer du temps avec elle-même. Elle prie quelques minutes, lit la Bible quelques minutes et elle organise ensuite sa journée afin d'avoir un quelconque plan sous la main. Carol réveille son mari et ses deux enfants en les embrassant à chaque matin, qu'ils le veuillent ou non. Carol commence sa journée avec une fraîcheur et un optimisme qui sont stimulants pour elle et pour ceux qui l'entourent. Elle salue les gens qu'elle croise au travail. Carol est détendue et à l'aise avec les gens qu'elle rencontre durant sa journée. Elle essaye d'avoir des contacts privilégiés avec les autres, mais ne force pas les choses et n'est pas dérangée si certaines personnes ne sont pas enthousiastes à interagir avec elle. Elle n'a pas besoin d'être le centre d'attention, mais elle ne se fond pas entièrement dans la masse. Carol a confiance en elle-même et est bien dans sa peau et avec les autres.

Carol s'est libérée des liens avec son passé et s'est libérée de sa colère, de sa haine et du ressentiment qui s'étaient accumulés au fil des années envers ceux qui l'avaient blessée. Même si elle n'a pas fait la paix avec toutes les personnes dans sa vie, sa porte est ouverte et elles le savent. Si elles décidaient d'entrer par cette porte, elle les accueillerait, serait réceptive et juste. Si elles décidaient de ne pas entrer par cette porte, elle serait en paix avec elle-même parce qu'elle sait que ces personnes maintiennent une barrière, non pas elle.

Carol est activement impliquée avec ses amis et a des passe-temps à nouveau. Même si elle est profondément engagée dans son mariage et envers sa famille, elle a également une vie en tant qu'individu. Comme toutes les choses dans sa vie, Carol maintient un équilibre juste entre sa famille, ses amis, ses devoirs et ses temps libres.

Ces extraits proviennent du profil général caractérologique de Carol et représentent environ un tiers de ce qu'elle a écrit. Les sujets qu'elle a abordés, en plus de ceux contenus dans le texte, sont :

— L'estime de soi
— La culpabilité
— La motivation
— La gestion financière
— L'humour
— L'assurance
— La tolérance
— La critique excessive
— L'engagement
— La discipline

Je le répète, utilisez cela comme un guide dans la description de ce que sera votre vie lorsque vous l'aurez assemblée à votre manière. C'est une partie importante de l'élaboration de votre stratégie de vie. Faites-le bien.

Prise en charge

Vous êtes maintenant prêt à apporter, étape par étape, des changements significatifs dans votre vie. En relevant ce défi, vous agirez davantage dans une position de force que de faiblesse, parce que vous serez informé plutôt qu'ignorant. Vous possédez un savoir significatif des dix Lois de la Vie et un savoir significatif sur vous-même.

Si vous avez complété tout le travail que vous aviez à faire dans la section précédente, vous devriez vous sentir organisé plutôt que désorienté. ; vous devriez vous sentir concentré sur ce qui est le plus urgent à changer dans votre vie. Vous n'aimez peut-être pas les choses que vous avez découvertes à votre propos, mais au moins vous les connaissez. Et il est réconfortant de savoir que la Loi de la Vie n° 4 : *On ne peut pas changer ce qu'on ne reconnaît pas*, a un principe contraire : On *peut* changer ce que l'on reconnaît.

Les rêves versus les buts

Parlons maintenant de la question des buts. Vous devez premièrement comprendre la différence qui existe entre vos rêves et vos buts. Lorsque vous aurez fait cette distinction, nous pourrons transformer vos rêves en buts.

Tous les gens ont, ou ont eu à une certaine époque, des rêves sur ce que leur vie sera dans le futur. Rêver peut être sain : les rêves peuvent nous inspirer, nous inviter à aller plus loin dans notre vie plutôt que d'être emprisonné par notre passé. Le rêve est un processus entièrement mental et émotionnel, seulement limité par l'imagination. Rêver requiert peu d'énergie et aucune action. Le rêve n'est pas restreint par la vérité ou par les limites du monde réel. Certaines personnes rêvent jusqu'à s'inventer une vie fantastique remplie de moments excitants, aventureux et même exotiques.

Le rêve peut être beaucoup, mais considérez ce qu'il n'est *pas* : ce n'est pas le monde où vous vivez au jour le jour et il ne crée aucun résultat tangible sauf une évasion de courte durée. En fait, le rêve peut vous distraire, ou même vous soulager d'une pression que vous auriez pu utiliser pour changer votre vie actuelle.

Rêver, c'est facile, mais transformer ses rêves en réalité ne l'est pas. Comprenez-moi bien. Rêver à ce que vous désirez que votre vie soit et construire un monde fictif, animé et détaillé est souvent le premier pas vers un changement bénéfique. Mais si vous ne voulez que rêver, il vous suffit d'avoir un esprit créatif et une volonté de fantaisie. Par ailleurs, si vous désirez transformer ces rêves en réalité, vous aurez besoin de bien plus. Vous aurez besoin d'énergie, d'une stratégie, d'être résolu, d'habiletés précises et de connaissances adéquates. J'appelle ces multiples éléments « planification stratégique d'une vie (PSV) ».

Il est maintenant temps d'apprendre précisément comment transformer vos rêves en buts. Parce que ce sont les buts et non les rêves que vous devez poursuivre et atteindre. La poursuite de buts réalistes comporte sept étapes clés. Apprenez ces étapes et utilisez-les dans la poursuite de vos buts stratégiques, alors vous les atteindrez.

CHAPITRE TREIZE

Votre stratégie en sept étapes

Ceux qui plient le mieux le parachute
sont ceux qui sautent eux-mêmes.
— Anonyme

Sept étapes pour atteindre vos buts

Étape n° 1 : *Exprimez vos buts par des événements ou des comportements précis.* Contrairement aux rêves, qui atténuent ou omettent complètement certains détails, les buts ne laissent aucune place à la confusion sur ce qui est désiré. Pour qu'un but soit accessible, il doit être *défini de façon opérationnelle.* En d'autres mots, il doit être défini par des événements ou des comportements qui constituent ce but.

Par exemple, dans le langage des rêves, le désir de voyager peut s'exprimer simplement par « Je veux voir le monde ». Par ailleurs, dans le langage réel, pour atteindre vos buts, il vous serait nécessaire d'exprimer ce désir en décrivant les opérations et les comportements qui définissent ce que veut dire « voir le monde ». L'énoncé de votre but pourrait être : « J'ai l'intention de voyager dans trois régions et dans un pays étranger à chaque année pendant cinq ans. » Une fois ce désir défini par des étapes, il peut être réalisé et satisfait plus directement que le vague rêve « d'évasion ».

Conclusion : Pour qu'un rêve devienne un but, il doit être défini avec précision par des opérations concrètes, c'est-à-dire par *ce qui va être fait*. Donc, décidez ce que vous voulez faire. Identifiez et définissez vos buts avec une grande précision. Sachez les réponses à ces questions :

— Quels sont les opérations et les comportements précis qui forment votre but ? Qu'allez-vous faire ou ne pas faire lorsque vous « réaliserez votre but » ?
— Comment reconnaîtrez-vous votre but lorsque vous l'atteindrez ?
— Comment vous sentirez-vous lorsque vous l'aurez atteint ?

Vos réponses à ces questions, exprimées par des détails concrets, deviendront des balises qui vous dirigeront vers vos buts et vous informeront s'il est nécessaire de faire des changements de cap en cours de route. Rappelez-vous, « être heureux » n'est pas un but clair : ce n'est ni un événement, ni un comportement. Lorsque vous voulez identifier un but, vous devez éviter le vague et l'ambigu. Si vous désirez être heureux, *définissez* ce qu'est être « heureux » pour vous.

Étape n° 2 : *Exprimez vos buts par quelque chose de mesurable*. Contrairement aux rêves, les buts doivent être exprimés par des résultats mesurables, observables et quantifiables. Pour qu'un but soit considéré comme accessible, vous devez pouvoir mesurer vos progrès. Vous devez pouvoir savoir où vous en êtes rendu dans la poursuite de ce but. Vous devez avoir une façon de déterminer si vous avez effectivement atteint votre but. Dans le monde des rêves, vous pourriez dire « Je veux une vie merveilleuse et gratifiante ». Dans le monde des buts réels, vous définiriez ce qui est *merveilleux* et *gratifiant* avec la précision évoquée à l'étape n° 1, mais vous le définirez par des termes mesurables. Vous le déterminerez d'une manière qui vous permettra de savoir combien votre vie est « merveilleuse » et combien elle est « gratifiante ». Voici des questions auxquelles vous devriez répondre :

— Pour que votre vie soit merveilleuse, où vivrez-vous ?
— Pour qu'elle soit merveilleuse, avec qui passerez-vous votre vie ?
— Combien d'argent aurez-vous ?
— Vous serez impliqué dans quel genre de travail ou d'activité ?
— Comment vous comporterez-vous ?
— Combien de temps allouerez-vous à certaines activités ?

Il existe une multitude d'autres détails qui pourraient servir d'exemples de résultats mesurables, mais je crois que vous avez saisi.

Conclusion : Exprimez vos buts par des résultats mesurables qui vous informeront sur la distance qui vous sépare de ces buts et qui vous informeront si vous les avez atteints ou non. Testez vos buts en vous posant des questions comme celles énoncées.

Étape n° 3 : *Fixez-vous un laps de temps pour atteindre vos buts.* Contrairement aux rêves, qui sont vagues à la fois dans leur définition *et* dans l'aspect temporel, les buts requièrent un horaire et un calendrier. Dans le monde des rêves, vous pourriez dire « Je veux être riche un jour ». Dans le monde réel, l'énoncé se lirait comme suit : « Je veux atteindre un salaire de 100 000$ par année avant le 31 décembre 2000. » En mettant un horaire ou une date limite, vous vous imposez un état de projet pour atteindre ce but : cette date limite génère un état d'urgence qui peut s'avérer une puissante motivation. Les buts doivent être munis d'un aspect temporel pour éliminer l'inertie et la procrastination.

Peu importe la durée de cette limite de temps, choisissez une date où vous pourrez atteindre votre but. Si votre but est de perdre soixante livres en vingt semaines, votre date limite sera vingt semaines après que vous avez commencé. En vous basant sur votre date, vous pouvez savoir où vous devriez être rendu après cinq jours, cinq semaines, quinze semaines et ainsi de suite. L'utilisation d'un calendrier vous permet d'évaluer le réalisme de votre plan et vous permet de déterminer avec quelle intensité vous devez travailler afin d'atteindre votre but.

Conclusion : Vous atteindrez vos buts uniquement si vous vous engagez à les atteindre à une date précise. Lorsque vous savez ce que vous voulez, vous devez décider d'un délai pour son obtention.

Étape n° 4 : *Choisissez un but que vous pouvez contrôler.* Contrairement aux rêves, qui vous permettent d'imaginer des événements sur lesquels vous n'avez aucun contrôle, les buts doivent impliquer des aspects de votre vie que vous pouvez contrôler et, par conséquent, que vous pouvez manipuler. Un énoncé du domaine du rêve pourrait être : « Je rêve d'avoir un Noël blanc cette année. » Un énoncé plus réaliste serait : « Je vais créer une ambiance traditionnelle pour ma famille cette année. » Évidemment, puisque vous ne contrôlez pas les éléments, qu'il neige n'est pas un but réaliste. En revanche, vous *pouvez* contrôler des choses comme la décoration, la musique et la nourriture que vous offrirez durant le temps des fêtes. Il est approprié de faire de ces choses votre but, parce que vous les contrôlez.

Conclusion : En identifiant vos buts, recherchez ce que vous pouvez créer et non ce que vous ne pouvez pas contrôler.

Étape n° 5 : *Élaborez une stratégie qui vous permettra d'atteindre votre but.* Contrairement aux rêves, où la réalisation relève de l'espérance, atteindre vos buts requiert une stratégie précise. Élaborer une stratégie vous permettant de partir du point A pour atteindre le point B détermine les résultats que vous obtiendrez. Pour atteindre un but, vous devez être réaliste et évaluer les obstacles à affronter et les ressources dont vous disposez ; vous pourrez, ensuite, élaborer une stratégie pour naviguer dans cette réalité.

L'un des grands avantages que procure une stratégie bien planifiée, c'est qu'elle vous libère d'une dépendance inutile et déroutante : la dépendance de la volonté. Rappelez-vous, c'est de croire qu'il est nécessaire d'avoir de la volonté. Le pouvoir de la volonté est une ressource émotionnelle sur laquelle on ne peut pas se fier : lorsque ce pouvoir est à un point supérieur, il peut vous aider temporairement dans vos efforts, mais lorsqu'il faiblit, tout s'arrête. Vous avez vécu assez de faux départs dans votre vie pour savoir qu'il existe des moments où vous n'êtes pas motivé et des moments où vous n'avez pas d'énergie. La seule manière de garantir que vous persisterez à aller de l'avant dans ces moments de fatigue, c'est d'élaborer un plan stratégique solide qui soutiendra votre engagement en l'absence d'énergie émotionnelle. Votre environnement doit être particulièrement programmé, votre horaire doit être programmé et votre responsabilité doit être programmée de telle sorte que ces trois éléments vous supportent, longtemps après que l'énergie émotionnelle soit disparue.

Supposez, par exemple, que votre but soit de faire de l'exercice physique une partie intégrante de votre vie. Il vous sera facile d'aller vous entraîner pendant que vous serez enthousiasmé par ce nouveau programme. Mais si votre source d'énergie est émotionnelle (votre volonté) et qu'elle supporte vos efforts, qu'arrivera-t-il un matin froid de février où vous vous direz que vous préférez rester couché plutôt que de faire de l'exercice physique peu utile ? La volonté a disparu, mais le besoin est toujours présent. C'est seulement en programmant votre environnement de telle sorte qu'il soit difficile ou impossible de *ne pas* faire ce que vous vous êtes engagé à faire, que vous réussirez à atteindre votre but.

Même la plus simple programmation peut être grandement efficace. Par exemple, j'ai toujours faim lorsque je rentre chez moi en fin de journée. Depuis longtemps, je rentrais dans ma maison par une porte qui menait directement à la cuisine. Je me répétais constamment que je ne grignoterais pas avant le repas. Parfois ma volonté m'empêchait de le faire, mais parfois elle s'avérait inefficace. En parcourant la cuisine des yeux, je me suis rendu compte que l'environnement était rempli de tentations : c'était parfois des biscuits sur un plateau, d'autres fois un gâteau au chocolat (ou tout autre aliment pouvant servir de collation). Alors, afin de me programmer pour le succès, j'ai commencé à entrer dans la maison par une autre porte qui ne menait pas à la cuisine. Il n'y avait aucune occasion d'échouer dans mon but sur mon parcours et j'ai réussi à surmonter cette manie qui me minait depuis si longtemps de manger par habitude. Croyez-moi, cette méthode est beaucoup plus plaisante et efficace que de se fier à une émotion volage comme la volonté.

De plus, si je peux influencer l'environnement de quelqu'un d'autre et si je peux le programmer de la manière dont je le désire, je peux significativement influencer et contrôler ses comportements. Par exemple, je peux guérir le tabagisme ; je peux faire arrêter de fumer les gens avec une efficacité de 100 pour cent, si je suis capable de contrôler leur environnement. Pensez-y. Tout ce que j'ai à faire, c'est de les placer dans un environnement où il n'y a pas de tabac. Problème résolu. Malheureusement, il faudrait probablement les envoyer en Antarctique pour qu'ils aient ce genre d'environnement. Mais toutes les démarches dans cette direction augmenteront leur chance de succès.

Supposez que vous voulez lire un livre de cinq cents pages dans un délai de trente jours. Remarquez d'abord les raisons qui font que ce but est réalisable : il est précis, il est mesurable et il a une limite de temps. Déterminer le nombre de pages que vous devrez lire par jour est un problème arithmétique simple. Le *véritable* défi sera d'élaborer un plan qui vous programmera et qui programmera votre environnement pour que ces pages soient lues. Cela nécessitera :

— L'identification du temps qui sera nécessaire par jour pour lire un nombre de pages précis.

— L'identification du moment de la journée où vous lirez ces pages. (Faire un horaire est important ici. Aborder cette tâche en vous fiant à votre volonté ne sera pas efficace. Fixer un moment précis dans la journée et le respecter vous fera réussir cette tâche.)
— L'identification de l'emplacement physique où vous pourrez lire sans être dérangé ou distrait et où vous serez certain de vous trouver au moment convenu, même si vous avez une journée chargée.

La raison pour laquelle vous devez vous programmer, c'est que la vie est remplie d'occasions et de tentations qui vous poussent à l'échec. Ces tentations et ces occasions sont en compétition avec votre comportement qui devra être constructif et orienté vers votre tâche. Sans programme, il vous sera beaucoup plus difficile de rester sur la bonne voie.

Considérez la lutte incessante que doivent livrer les alcooliques et les fumeurs afin de vaincre leur dépendance. Vous ne recommanderiez jamais à un alcoolique qui tente de demeurer sobre, de travailler comme barman ou de continuer à fréquenter le bar ou tout autre endroit où il buvait généralement. Si vous voulez programmer avec succès un alcoolique, vous le placerez dans un environnement entièrement nouveau. Vous lui recommanderez fortement de ne plus fréquenter ses amis de bacchanales. Dans les moments où il est le plus susceptible de céder à la tentation de boire, vous lui recommanderez de choisir des activités complètement incompatibles avec la boisson. Il est difficile de boire avec des amis lorsqu'on fait du jogging autour d'un lac en prenant l'air frais. De la même manière, vous pouvez également programmer votre environnement de telle sorte que vous serez obligé d'agir d'une façon qui contrecarre les résultats négatifs.

Ne pensez pas qu'il y a une sorte de manipulation environnementale insignifiante. Si vous êtes un fumeur qui désire réellement arrêter, programmez votre environnement *de toutes les manières possibles* afin d'éviter de fumer. Vous pourriez adopter une multitude de changements comportementaux qui vous évitent d'être dans des endroits où vous pouvez fumer et où vous vous procurez votre tabac. Il ne serait pas inutile de faire ce qui suit :

— Éliminez tout article de fumeur dans votre maison.
— Ne traînez pas de monnaie ou de petits billets vous permettant d'acheter du tabac.
— Demandez à vos collègues de travail ainsi qu'à vos amis de vous aider en ne vous donnant pas de cigarette, même si vous la quémandez à genoux.
— Planifiez des activités dans les moments où votre envie de fumer est la plus grande. Par exemple, en vous levant le matin, immédiatement après un repas ou en buvant de l'alcool.

Conclusion : Faites un plan, exécutez ce plan et vous atteindrez votre but. Fiez-vous à votre stratégie, à votre planification, à votre programme, mais ne vous fiez pas à votre volonté. Arrangez votre environnement de telle sorte qu'il vous pousse à l'obtention des résultats désirés. Identifiez les endroits, les moments et les circonstances qui vous poussent à l'échec. Reprogrammez ces choses pour qu'elles ne puissent pas être en compétition avec ce que vous désirez véritablement.

Étape n° 6 : *Fragmentez votre but en étapes*. Contrairement aux rêves, dont la réalisation aura lieu « un jour », les buts doivent être minutieusement fragmentés en étapes qui mèneront finalement aux résultats désirés. Un énoncé provenant du domaine des rêves pourrait se lire ainsi : « D'ici l'été, je ne porterai plus des vêtements de taille seize, mais des vêtements de taille huit. » Un énoncé réaliste serait plutôt ceci : « Je ferai les démarches afin de perdre trois livres par semaine pour les vingt prochaines semaines. » Les changements majeurs dans une vie ne s'effectuent pas du jour au lendemain ; ils s'effectuent étape par étape. En considérant le but dans son ensemble, perdre soixante livres peut sembler un défi si insurmontable qu'il vous paralysera. Mais ce but semble beaucoup plus réalisable lorsqu'il est divisé en étapes qui consistent à perdre quelques livres par semaine.

Conclusion : Votre progression sera constante si vous divisez bien votre but en étapes réalisables. Cette progression génèrera inévitablement des résultats. Connaissez ces étapes avant de les entreprendre.

Étape n° 7 : *Créez une responsabilité vis-à-vis votre progression vers votre but.* Contrairement aux rêves, qui peuvent être entretenus à volonté, les buts sont structurés de telle sorte que vous êtes responsable des résultats à chaque étape. Dans le domaine des rêves, vous pourriez décider que votre enfant devrait n'avoir que des notes B sur son bulletin après six semaines d'évaluation. Dans la réalité, ce même enfant serait responsable de ses résultats entre chaque étape, en vous informant ou en informant un professeur de ses résultats dans ses devoirs, ses quiz et ses tests. Face à cette responsabilité, l'enfant est maintenant motivé à performer et à s'ajuster, puisqu'il doit faire part de ses résultats à chaque semaine.

Sans cette responsabilité, les gens se trompent eux-mêmes, ils ne réussissent pas à reconnaître leurs piètres performances à temps pour qu'il leur soit possible de faire des ajustements et ils n'arrivent pas à combler leurs lacunes. Trouvez dans votre famille ou dans votre cercle d'amis une personne qui pourrait être votre « coéquipier ou coéquipière », une personne envers qui vous vous engagez à faire des rapports sur votre progression. Nous sommes tous plus efficaces lorsque quelqu'un nous épaule dans nos démarches et qu'il y a des conséquences à nos échecs.

Conclusion : Créez une responsabilité significative pour vos actions et vos inactions. Certains jours, vous voudrez travailler pour atteindre votre but. D'autres jours, vous ne voudrez peut-être pas. Mais, si vous savez précisément ce que vous voulez, quand vous le voulez et si l'endroit, la date et l'horaire sont fixés et respectés, *et* s'il existe de véritables conséquences à l'exécution de votre travail, vous serez beaucoup plus enclin à continuer la progression vers votre but. Créez-vous un système de responsabilité qui rendra impossible que vous n'atteigniez *pas* votre but.

Exécuter avec succès votre plan stratégique pour changer nécessite que, lors de l'élaboration de votre plan, vous incorporiez efficacement les sept étapes qui vous permettront d'atteindre chacun de vos buts.

CHAPITRE QUATORZE

Trouver votre propre formule

Avoir du potentiel signifie que vous ne l'avez pas encore fait.
— Darrell Royal, entraîneur de l'équipe de football à l'Université de Dallas

Trois événements importants sont maintenant survenus. Vous vous êtes regardé vous-même dans un face à face intime, sans mensonge, sans doute pour la première fois de votre vie. Vous avez appris le réel fonctionnement du monde grâce aux dix Lois de la Vie que vous appliquez pour obtenir vos résultats. Et vous avez acquis des informations cruciales sur la manière de vous fixer et d'atteindre des buts, informations essentielles à l'élaboration de votre stratégie de vie.

À moins que je sois totalement inconscient de la façon dont les gens se sentent lorsqu'ils prennent un contrôle stratégique de leur vie, je crois que vous ressentez présentement deux émotions parallèles. D'une part, vous ressentez probablement une réelle anxiété et peut-être même un sentiment de frayeur. Ces sentiments sont normaux. Ils sont compréhensibles parce que si vous avez fait les exercices proposés dans ce livre et si vous avez appris correctement les Lois de la Vie, les fondations et la cohérence de votre vie ont pu être ébranlées jusqu'à la moelle. En ce moment, vous questionnez probablement ou du moins vous mettez en doute presque tous les aspects de votre existence et pouvez ressentir l'urgence d'arrêter de gaspiller votre temps. Vous pouvez être en colère contre vous-même pour les décisions prises dans le passé et pour vos actions ou inactions antérieures.

Ces sentiments peuvent être constructifs, mais ils vous forcent à déployer une immense quantité de travail et de volonté pour défaire et refaire une grande partie de votre vie. L'habitude, les zones de confort ou la rigidité n'ont plus de place dans votre vie. Il peut être particulièrement menaçant et inquiétant d'éliminer de votre vie ces aspects. Mais vous savez cependant qu'il n'est plus possible de vivre avec ce genre de comportement, surtout avec un comportement rigide. Vous êtes rendu à un moment de votre vie où il vous faut être, comme on dit au Texas, « aussi flexible qu'un boyau d'arrosage ». Vous devez vouloir défier, tester et essayer presque tout ce que vous avez, jusqu'à présent, approché avec une résistance habituelle et instinctive.

D'autre part, vous ressentez probablement une grande excitation. Et si vous ne la ressentez pas, vous devriez. Comme je l'ai déjà dit, cette occasion est la meilleure que vous aurez d'améliorer votre vie. Saisissez cette chance de reprendre volontairement votre vie en main afin d'être ce que vous voulez être et faire ce que vous voulez faire.

Vous avez parcouru un long trajet en lisant ce livre, vous avez accompli le travail proposé et vous êtes parvenu à vous connaître de fond en comble. J'espère que vous avez réalisé ou que vous avez appris ou réappris plusieurs vérités importantes à propos de l'état de votre vie. Vous devriez être désormais conscient que vous êtes peut-être atteint par l'épidémie silencieuse qui décime l'Amérique, une épidémie dont les symptômes sont l'apathie émotionnelle et comportementale. Vous avez sûrement appris que votre vie est gouvernée par dix Lois de la Vie immuables qui, si elles sont incorporées à votre stratégie de vie, peuvent faire de vous un gagnant. De même, vous êtes sûrement parvenu, à juste titre, à la conclusion que, si vous violez ces Lois de la Vie, vous encourrez probablement des pénalités sévères. À travers divers tests, questionnaires et à travers un tour guidé de votre vie exhaustif, vous avez mis en perspective vos points faibles sur lesquels vous devez vous concentrer.

Si vous avez progressé à travers ce livre de façon sincère, vous vous êtes posé des questions difficiles et vous voulez dorénavant vous connaître et vous accepter avec vos lacunes. Vous vous êtes peut-être rendu compte que vous étiez tout sauf parfait et vous avez réalisé qu'il serait désastreux de ne pas vous améliorer. Si vous avez suivi méticuleusement votre tour guidé, vous avez établi les priorités et identifié les problèmes importants auxquels vous devez faire face et que vous devez résoudre pour ne pas rater vos buts. Pour ne pas gaspiller votre temps dans une méthode d'« essai-erreur », vous avez appris les étapes et les conditions nécessaires à des changements authentiques et stratégiques.

Vous êtes maintenant outillé pour construire une stratégie de vie qui vous permet de commencer à changer votre vie, une étape, un but, une priorité à la fois. En utilisant les outils à votre disposition, vous pouvez entamer votre travail sur votre première priorité et élaborer une stratégie de changement fondée sur vos connaissances et sur les résultats en posant des actions concrètes afin de vivre ce que vous voulez.

Vous allez remarquer, je crois, que la vie est un phénomène guidé par l'impulsion et l'élan. Si votre impulsion vous pousse dans une direction négative, votre élan prend de la vitesse et de l'intensité pour vous pousser vers le désastre. Si, au contraire, vous faites les efforts nécessaires pour diriger votre impulsion vers une direction positive, de même votre élan prend de la vitesse et de l'intensité et toutes les mesures que vous prendrez se révèleront, je crois, positives, peu importe leur importance. Elles entraîneront d'autres mesures positives jusqu'à ce que vos efforts constituent une masse critique qui changera votre vie à tout jamais. Vous allez atteindre un niveau d'intensité qui engendrera de lui-même des résultats positifs et des victoires significatives.

Comme je l'ai déjà dit, vous allez et vous allez toujours avoir en vous-même tous les traits, tous les outils et toutes les caractéristiques nécessaires pour créer une vie de qualité. Ce que vous n'aviez pas, c'est la conscience, le savoir-faire, la concentration et la lucidité. Vous les possédez maintenant. Vous possédez aussi l'intelligence, la motivation et la nécessité. Ce sont tous des matériaux nécessaires à la construction de votre stratégie de vie.

En dépit de tous les éléments positifs accumulés jusqu'à présent, votre préparation et votre formation ne sont pas tout à fait complètes. Il vous reste une marche importante à gravir. Cette étape, bien qu'elle soit amusante et stimulante, demeure essentielle. Elle consiste à ce que vous sachiez comment vous ferez les choses. Elle définit votre approche de la vie en général et elle définit, en particulier, votre approche des problèmes et des défis. Comme pour tous les aspects de votre vie, vous décidez de l'état d'âme, de l'énergie et de l'attitude avec lesquels vous approchez la mise en œuvre de votre stratégie de vie.

Dans ce dernier chapitre, qui constitue la préparation finale de votre stratégie de vie, vous aurez l'occasion d'acquérir plusieurs connaissances importantes qui feront de vous un gagnant. Vous aurez l'occasion d'apprendre :

— Comment trouver votre « formule » et comment comprendre et adopter votre rôle de gagnant, un rôle unique et propre à vous. Ce rôle sera fait à l'image de votre vie.
— Comment utiliser les réussites et les échecs dans l'élaboration d'une stratégie personnelle fonctionnant dans le monde réel.
— Les dénominateurs communs qui caractérisent les gagnants dans toutes les couches de la société : les

stratégies, les caractéristiques et les comportements d'authentiques gagnants reconnus mondialement.

Trouver votre propre formule : votre propre attitude gagnante

Rappelez-vous, j'ai dit au chapitre 12 que vous étiez le seul *vous* à exister ou qui existera sur la face de cette planète. Votre façon de naviguer dans ce monde est unique. Chaque personne a sa propre personnalité, sa propre attitude et sa propre façon d'être au quotidien. Chaque personne possède sa propre façon de créer des résultats. Votre tâche est de découvrir et de définir votre formule et votre attitude pour savourer le meilleur de la vie. Cette formule vous sera propre, différente de celle des autres, et c'est bien ainsi. Cette formule n'a pas besoin d'être fondée sur le sens commun ou sur le conformisme ambiant.

Alors, quelle est votre formule ? Quelles sont les attitudes, l'intensité des sentiments, les comportements et les caractéristiques qui génèrent, chez vous, le summum de votre performance ? Vous devez trouver ce qui génère cet « état de performance » et vous devez demeurer dans cet état. On constate fréquemment cet état chez les athlètes professionnels. Ils doivent trouver leur rythme ; ils doivent faire ce qui fonctionne pour eux. S'ils sortent de leur rôle, leurs performances diminuent drastiquement.

Ce qui fonctionne pour un athlète peut rendre vains les efforts d'un autre. Le contraste entre Pete Sampras, le meilleur joueur de tennis au monde, et John McEnroe, l'ex-numéro un, ne pourrait être plus frappant. Sampras, comme vous avez pu le remarquer, est une personne très pensive, réservée et qui possède une force impressionnante mais silencieuse. Sous pression, il est introspectif, concentré et calme, du moins en apparence. McEnroe, pour sa part, a un style de jeu intense, féroce et agité que plusieurs personnes considèrent comme complètement hors de contrôle, voire cinglé. Ce style ne fonctionnerait probablement pas pour aucune autre personne sur cette planète, mais il fonctionne pour lui. Sa performance est à son paroxysme lorsqu'il attaque intensivement et férocement ses adversaires.

Demander à Sampras d'adopter l'attitude de McEnroe serait absurde. Si Sampras renversait des verres, lançait sa raquette ou s'il blasphémait en parlant à l'arbitre, il perdrait probablement le contrôle, serait déconcentré et souffrirait d'une grande perte de performance. Par ailleurs, si l'on demandait à John McEnroe de refouler toutes ses émotions, d'être introverti à la manière de Sampras, il se sentirait probablement prisonnier de ses émotions et il ne serait plus aussi compétitif. Chacun de ces professionnels de classe internationale a une formule unique pour optimiser ses résultats, et il en va de même pour vous. Il est crucial que vous concentriez vos efforts pour découvrir la formule qui vous confèrera une attitude gagnante.

En plus de choisir cette formule et cette attitude, vous devez également décider que vous méritez de les vivre. Il faut décider de vous donner le droit d'être qui vous êtes et d'être comme vous êtes, pourvu que ce ne soit pas aux dépens de la dignité et du respect d'autrui. Il faut réclamer le droit à l'originalité. Si vous ne trouvez pas votre formule ou si vous ne réclamez pas le droit de la vivre, tout votre apprentissage, tout votre entraînement et toutes les connaissances que vous avez accumulées au fil de cet ouvrage seront gaspillés. Vous ne devez pas vous laisser intimider et vous ne devez pas accepter qu'on vous empêche d'être ce que vous êtes.

Alors, quelle est votre formule ? Êtes-vous à votre meilleur lorsque vous êtes sûr de vous et un peu arrogant ou êtes-vous plus performant lorsque vous êtes silencieux mais déterminé ? Vous carburez à l'énergie pure ou vous êtes plus efficace dans un style méthodique et persistant ? Vous réussissez davantage en dirigeant ou vous êtes plutôt un fervent supporter ? Fonctionnez-vous mieux avec une attitude positive et réceptive ou devez-vous rester sceptique ? Êtes-vous solitaire ou préférez-vous le travail d'équipe ? Quelle qu'elle soit, trouvez votre formule et vivez-la avec fierté.

On dit souvent qu'on doit apprendre de nos erreurs. Cet énoncé est sage et vrai. Si vous approchez une situation d'une certaine manière et que vous faites une erreur, vous devez en prendre bonne note et rayer ce comportement ou cette attitude de votre liste de possibilités. Je ne cesserai de m'étonner de voir des gens répéter des comportements et persister dans des attitudes qui ne fonctionnent tout simplement pas. Ils persistent dans le même comportement rigide, se cognant perpétuellement la tête sur le mur, encore et encore, ne semblant pas s'apercevoir qu'ils n'en retirent jamais rien. Je l'ai souvent fait remarquer à ces personnes en leur posant cette simple question : « Vous devez savoir que ce que vous faites ne fonctionne pas, peu importe la manière ou la forme que vous lui donnez. Voulez-vous bien me dire pourquoi vous insistez et persistez de cette façon ? » Leur réponse est presque toujours la même : « Eh bien, je suis comme ça. J'agis de cette manière parce que je suis comme ça. » Voulez-vous bien me dire à quoi ces gens pensent ? Quel genre de stratégie de vie est-ce ? C'est une stratégie de vie pour les perdants. C'est la stratégie de quelqu'un qui s'est fait prendre au piège dans la rigidité, dans la certitude d'avoir raison, tellement prisonnier qu'il préfère échouer plutôt que d'apprendre. Ces gens préféreraient se cogner la tête sur un mur en blâmant les autres pour leur échec plutôt que d'admettre que leur approche et leur comportement sont mauvais. Ils refusent d'apprendre de leurs erreurs et ils n'orienteront donc jamais leurs comportements dans la bonne direction. Ne reniez pas vos erreurs ; n'ignorez surtout pas vos erreurs. Étudiez-les, examinez-les, comprenez-les vraiment, sachez ce qui n'a pas fonctionné et vous ne les répéterez plus.

Bien qu'il soit judicieux d'apprendre de ses erreurs, il ne faudrait pas oublier la contrepartie : vous devez également apprendre de vos réussites. Étudiez, examinez et analysez vos réussites avec la même minutie et la même vigueur que vous avez étudié, examiné et analysé vos erreurs. Le mauvais côté de l'analyse de vos erreurs est que vous devez vous concentrer longuement sur les aspects négatifs de votre vie. Le bon côté de l'analyse de vos réussites est que vous vous concentrez sur les aspects positifs. Vous reconnaissez qu'il se produit des choses agréables dans votre vie et, en les étudiant, vous vous apercevrez qu'elles sont survenues parce que vous les avez fait survenir.

Je ne crois pas que la vie soit régie par la chance ou par le hasard. Je crois que ce qui fonctionne dans votre vie fonctionne parce que vous l'avez fait fonctionner. Je crois que les choses fonctionnent dans votre vie parce que vous avez choisi la bonne attitude et le bon comportement qui ont engendré les résultats que vous désiriez. Ce n'est qu'en étudiant ces réussites que vous augmenterez vos chances de répéter ces choix efficaces.

Si, par exemple, vous vivez une relation qui fonctionne particulièrement bien, cette relation mérite que vous preniez le temps de comprendre les raisons de cette réussite. Je ne vous suggère pas de tarir cette relation en l'analysant à outrance plutôt que d'en jouir, mais il vous sera utile de comprendre ce qui vous gratifie dans cette relation. Approchez-vous cette relation différemment des relations qui ne fonctionnent pas, et si oui, de quelle façon ? Vous comportez-vous différemment dans cette relation ? Est-ce que cette relation est prioritaire, et à cause de cela, y investissez-vous davantage d'énergie que dans les relations où vous avez moins de succès ? Recevez-vous des réponses ou avez-vous des échos de cette relation qui vous sont agréables, des réponses que vous ne recevez pas pour d'autres relations ? Qu'est-ce qui rend cette relation spéciale ? Qu'y a-t-il dans cette relation qui en fait une réussite dans votre vie ?

En analysant cette réussite, vous êtes en mesure d'identifier et de répéter les attitudes et les comportements qui vous fournissent des résultats positifs. Peut-être considérez-vous que vous partagez, avec votre partenaire, une franchise qui vous est rafraîchissante. Si vous en êtes conscient, vous pourrez reproduire cet état. Peut-être êtes-vous anormalement réceptif et impartial dans cette relation ou vous vous sentez accepté et respecté. Si tel est le cas, vous pourrez, à l'avenir, rechercher des relations où ces caractéristiques fondamentales seront présentes, augmentant par conséquent vos chances de réussite.

Que ce soit une relation, votre emploi, les sports, la résolution de vos problèmes, votre santé ou votre gestion personnelle, certains aspects de votre vie fonctionnent ; comprenez pourquoi et reproduisez ces attitudes et ces comportements. Répétez-les.

Exercice nº 18 : *Il vous serait utile de faire ce genre d'analyse maintenant, avant la mise en œuvre de votre plan stratégique de vie. En vous référant au tableau des aspects de vie à la page 266 afin de stimuler votre réflexion. Que pouvez-vous identifier dans chacune des cinq catégories d'aspect qui fonctionne pour vous ? Si vous avez déjà réussi, vous le pouvez à nouveau.*

En plus d'étudier vos réussites, il vous serait grandement bénéfique d'imiter les stratégies gagnantes d'autrui. Ne vous empêchez pas d'identifier des traits et des caractéristiques de personnes que vous admirez et de les assimiler à votre propre personnalité, de les incorporer à votre propre stratégie de vie. Je ne vous dis pas de singer quelqu'un. Il n'y a rien de mal à être ce que vous êtes. Cependant, si vous connaissez quelqu'un ou si vous avez l'occasion d'observer des gens qui obtiennent de grands résultats, incorporer à votre stratégie les caractéristiques de personnes que vous admirez, étudier et faire de ces personnes des modèles vous sera certainement bénéfique. Vous n'admirez pas nécessairement tout de ces personnes, mais vous pouvez choisir d'imiter leurs comportements gagnants.

L'étude du succès d'autrui m'a toujours grandement intrigué. Cette fascination s'exprima d'abord dans un passe-temps et se transforma par la suite en passion. Dès mon tout jeune âge, le succès me fascinait. Même si je pratiquais des sports, je ne suis jamais devenu obsédé au point d'en étudier les statistiques et les classements, mais j'étais plutôt intéressé par ce qui faisait que les meilleures équipes et les meilleurs joueurs se distinguaient des autres.

Dans le sport professionnel, par exemple, je savais qu'il n'existait qu'une infime différence entre les joueurs au sommet de l'échelle et ceux au dernier rang. Je savais que les « stars » multimillionnaires ne courent pas plus vite, ne sautent pas plus haut et n'accomplissent pas des exploits vraiment différents de ceux qui arrivent à peine à faire l'équipe. Je savais qu'il devait exister une différence les distinguant et je voulais savoir en quoi elle consistait.

Qui admirez-vous dans votre vie ? Qui génère des résultats gagnants ? Peut-être est-ce un collègue de travail ou un employeur. Peut-être s'agit-il d'une personne de renommée nationale que vous connaissez seulement par les médias et les livres. Peut-être est-ce un membre de votre famille. Qui que ce soit, il vous serait bénéfique d'étudier, d'examiner et d'analyser leur formule de succès tout comme vous l'avez fait pour vos propres réussites. Ont-ils adopté une philosophie que vous admirez et qui semble être la cause de leur succès ? Ont-ils une manière d'approcher les relations et une manière de résoudre les problèmes qui les distinguent de la foule ? Ont-ils une éthique de travail ou une volonté de s'engager, que vous admirez ? Sont-ils des personnes qui prennent des risques pour obtenir ce qu'elles veulent ? Quelles que soient ces caractéristiques, vous vous aiderez en les identifiant et en les imitant.

Après avoir passé ma vie à étudier le succès, je peux vous donner une bonne idée de ce que vous découvrirez en étudiant les gagnants. Durant les nombreuses années où j'ai étudié des histoires de succès et les personnes qui en sont les vedettes, j'ai découvert que le succès n'était pas soumis aux lois du hasard. Si quelqu'un réussit dans le domaine des finances, par exemple, il possède des caractéristiques communes avec les champions sportifs ou avec les vedettes artistiques. Les gens qui réussissent constamment ne sont pas chanceux ; ils engendrent la réussite. Ils font des choses qui sont remarquées et admirées par le monde. Ainsi, le monde les récompense. Ils peuvent avoir des buts et des stratégies propres à eux, mais en comparant leurs stratégies, vous découvrirez qu'elles ont une fondation similaire et des conditions requises identiques. Sans elles, vous échouerez. Je vais vous informer de la nature de ces traits et de ces caractéristiques que vous incorporerez, je l'espère, à votre stratégie de vie. Vous n'avez qu'à les choisir ; ces caractéristiques vous sont accessibles et sont accessibles à tous.

Ces qualités sont les importantes « épices » qui donneront du goût à votre soupe stratégique. Soyez très attentif, car apprendre et assimiler cette information peut faire toute la différence. Voici les dix éléments constamment présents dans le succès des gens que j'ai étudiés :

Être visionnaire : Les gens qui réussissent constamment obtiennent ce qu'ils désirent parce qu'ils savent ce qu'ils veulent. Ils le voient, le ressentent et le vivent dans leur esprit et dans leur cœur. Ils envisagent leur destination si clairement qu'ils peuvent se projeter à ce moment précis et en faire une description détaillée, comme s'ils y étaient. La majorité des gens ont peur de s'enthousiasmer devant l'objet de leur désir parce qu'ils croient que cela porte malchance ou parce qu'ils ont peur d'être déçus. Les visionnaires ne se laissent pas décourager par cette peur. Ils prennent le risque d'être enthousiastes et peuvent vous décrire leur victoire par des détails animés et presque palpables. Ils savent ce qu'ils ressentiront et ils savent comment cette victoire changera leur vie. Leurs visions sont leur « Étoile du Nord », étoile qui les garde motivés et qui indique la bonne direction à suivre.

Être stratégique : Les gens qui réussissent constamment possèdent une stratégie claire, définie et réfléchie pour obtenir ce qu'ils désirent. Ils possèdent une carte, une charte de progression et une période de temps définie pour l'obtention de ce qu'ils envisagent. Ils savent quoi faire, quand le faire et l'ordre dans lequel tout doit se faire. Chose importante, ils écrivent leur stratégie. Vous verrez ces gens munis de calendriers, de chartes de progression, de dossiers et d'autres éléments écrits qui constituent l'ancrage de leur stratégie. Leur stratégie comprend l'évaluation des ressources, ainsi qu'une expertise des obstacles à surmonter. Cette stratégie écrite, associée à une vision claire d'un but, leur permet de garder la bonne direction. Ils ne s'aventurent pas dans certains sentiers simplement parce que ces sentiers ne figurent pas sur leur carte. En gardant leurs yeux rivés sur l'« Étoile du Nord », ils évitent toute alternative qui ne les rapproche pas de la ligne d'arrivée.

Être passionné : Les gens qui réussissent constamment jouent passionnément le jeu. Ils sont enthousiasmés par ce qu'ils font. Ils retirent une grande quantité d'énergie de ce qu'ils font. Ils s'investissent passionnément dans la poursuite de leur but et cela les rend prospères. Pour ces gens, la poursuite de leur but n'est pas du travail ; ce n'est pas épuisant. Cette poursuite est amusante et intrigante. Ces gens vont dormir à contrecœur et ils se précipitent hors du lit dès le lever du jour pour recommencer la poursuite de ce qu'ils désirent. Leur passion est contagieuse : les gens autour d'eux partagent leur enthousiasme et leur passion.

Être vrai : Les gens qui réussissent constamment n'ont pas de place dans leur vie pour le reniement et la fiction. Ces gens se « disent les choses comme elles sont » et en font part aux autres. Ils sont critiques, ils ne se leurrent pas et ils se sont donné des défis élevés mais réalistes. Ils n'ont pas la manie de se défendre pour un rien lorsqu'ils font face à des réponses et des échos plus ou moins flatteurs ; ils trouvent toujours une quelconque valeur à chaque information. Ces gens ne sont pas nés au troisième but en pensant qu'ils feront un triplé. Ils se connaissent et bâtissent à partir de cette vérité. Ils ne se leurrent pas quant à l'envergure et aux exigences de leur défi. Ils font face à la vérité, puisqu'ils reconnaissent qu'elle seule rendra leur vision accessible. Leur attitude est : « Si je sais où est le fond du trou, je m'en charge. Si je l'ignore, je ne peux pas résoudre le problème. »

Être flexible : Les gens qui réussissent constamment savent que la vie n'est pas un voyage couronné de succès sur toute la ligne. Ils comprennent que même les plans les mieux élaborés doivent parfois être modifiés ou changés. Ces personnes ne sont pas restreintes par la rigidité d'un seul comportement ou d'un seul modèle de pensée. Elles sont ouvertes à toutes contributions et considèreront toutes les alternatives viables. Si A fonctionne ; elles font A. Si B fonctionne ; elles font B. Elles se plient, mais ne se cassent jamais. Parce qu'elles se mesurent par leurs résultats et non pas par leur apparence, leur ego ou leurs intentions, elles sont prêtes à avouer qu'elles ont tort, elles changeront et recommenceront à zéro.

Risquer : Les gens qui réussissent constamment prennent volontairement des risques. Cela ne veut pas dire qu'ils sont imprudents et cela ne veut pas dire qu'ils se mettent en danger si cela n'est pas nécessaire. Cela veut dire qu'ils consentent à sortir de leur zone de confort pour tenter de nouvelles choses. Je veux dire qu'ils sont prêts à plonger dans l'inconnu si nécessaire et à laisser derrière eux leur existence sécuritaire et familière afin d'obtenir davantage de la vie. Cela signifie qu'ils avouent volontairement que ce qu'ils ont présentement dans leur vie n'est pas assez, même si admettre ce manque crée une pression pour changer et peut engendrer un échec.

Le noyau : Les gens qui réussissent constamment ne sont pas des solitaires. Les gagnants reconnaissent qu'ils s'entourent de gens qui veulent leur réussite. Ils reconnaissent que, dans la vie, nous construisons un noyau de gens autour de nous avec qui nous interagissons sainement. Ils choisissent de créer des liens avec des gens qui ont des habiletés et des talents qu'ils ne possèdent pas eux-mêmes. Ils aiment assez ces gens pour leur dire la vérité et ils sont fiers de le faire d'une manière constructive et obligeante. Former un noyau d'amis de confiance et d'alliés est crucial et les gagnants le font en donnant autant qu'ils reçoivent : ils font également partie du noyau d'autres gens.

L'action : Les gens qui réussissent constamment font des actions significatives, réfléchies et dirigées. Ce ne sont pas des gens qui remodèlent le monde dans leur tête et qui ne passent jamais aux actes. Parce qu'ils n'ont pas peur de prendre des risques, ces gens agissent de façon volontaire. Ils agissent constamment et ils persistent dans ces actions. Si leurs actions initiales échouent, ils ne se découragent pas et persistent dans leur quête de résultats parce qu'ils savent que le monde ne récompense pas facilement les efforts. S'ils réussissent au premier effort, excellent. S'ils doivent revenir à l'attaque dix fois, ce n'est pas grave.

Avoir des priorités : Les gens qui réussissent constamment organisent leurs défis selon une hiérarchie et des priorités. Ils attribuent des priorités et ils les respectent. Ils s'engagent à gérer leur temps de manière à ne pas allouer plus de temps à leur deuxième, troisième ou quatrième priorités si la première demande leur attention. S'ils se rendent compte au milieu de la journée qu'ils ne travaillent plus sur la priorité la plus urgente, ils arrêtent ce qu'ils font pour se remettre à travailler sur elle. Ils choisissent minutieusement leurs priorités parce qu'ils organisent leur vie autour d'elles. Ils ne se perdent pas à explorer des petits sentiers et ils restent concentrés sur ce qui est le plus important avant d'entreprendre d'autres défis.

La gestion personnelle : Même si les neuf précédents dénominateurs communs au succès comportent tous la notion d'autogestion, celui-ci est plus spécifique. Les gens qui réussissent constamment prennent consciemment soin de leur personne. Ils sont la plus importante ressource à leur disposition pour atteindre leurs buts. Ils gèrent activement leur santé mentale, physique, émotionnelle et spirituelle. Ils maintiennent un équilibre qui les met à l'abri du « burnout ». Ils ne sont pas consumés par leur passion d'un but en particulier ; ils ne sont pas obnubilés au point d'oublier le reste de leur vie. Ils concentrent de l'énergie également dans l'exercice, le divertissement et la famille. Vous ne les verrez pas languir dans un emploi ou dans une relation malsaine épuisante : soit ils se fixent la priorité de résoudre les problèmes, soit ils se retirent de la situation. Ils ne se détruiront pas. Ces personnes prennent soin d'elles-mêmes, parce qu'elles sont le cheval qu'elles doivent monter si elles veulent se rendre à la destination désirée.

Ces dix éléments clés, constamment retrouvés dans la vie des personnes qui réussissent, sont des exemples d'attributs que vous devriez incorporer à votre vie. Faites votre propre étude du succès de ces éléments afin de valider leur importance cruciale. Qu'elle soit une vedette sportive ou le curé de votre paroisse, si cette personne est un gagnant, je vous le garantis, vous retrouverez des traces de ces éléments dans l'exécution de leur stratégie de vie.

Je vous en supplie, ne soyez pas intimidé par l'aspect hautain de ces qualités. Elles ne sont pas seulement réservées ou accessibles aux personnes célèbres. Ces personnes ne sont pas différentes de vous et elles sont célèbres uniquement parce que *vous* en avez décidé ainsi. Vous retrouverez ces attributs autant chez des enseignants que chez des vedettes de la NBA. Vous les retrouverez chez des infirmières, des employés de bureau et chez des vedettes d'opéra. Vous les retrouverez dans votre propre demeure puisque je l'ai fait.

Je vis avec une championne de classe internationale. Robin, mon épouse depuis vingt-deux ans, vit une existence sans coup d'éclat, anonyme, mais rendue significative par les mêmes qualités et le même engagement du cœur et de l'esprit qu'on trouve chez un Michael Jordan ou une Cheryl Swopes. Robin est au moins aussi excellente dans ce qu'elle fait que ces champions peuvent l'être. La différence entre eux consiste en ce que Michael Jordan crée sa magie devant des millions de spectateurs tandis que Robin crée sa magie dans le privé, c'est-à-dire pour moi et ses deux fils. Elle n'est jamais apparue à la télévision et n'a jamais joué dans une partie de championnat, bien que j'aie constaté ses actes de dimension héroïque.

On entend dire des Jordan et des Swopes de ce monde qu'ils « sont allés chercher tout ce qu'il leur restait de force » pour le dernier quart de la joute. J'ai également vu mon épouse rassembler toutes ses forces lorsque ce n'était pas une joute qui allait se terminer dans quelques instants. Je l'ai vue plonger et trouver le courage nécessaire pour soigner son père dans un combat douloureux contre le cancer qui persista jusqu'à sa mort. Malgré toute sa souffrance et sa fatigue, elle a veillé quatre-vingt-dix heures sans se plaindre au chevet de notre premier né qui était atteint d'une méningite éventuellement mortelle.

Elle est une mère, une épouse et elle remplit ces rôles avec passion et engagement. Bien qu'elle mesure à peine un mètre soixante et qu'elle pèse 52 kilos, vous connaîtriez de sérieux problèmes si vous embêtiez l'un de ses enfants. Elle s'attaquerait à un ours même s'il était armé d'une scie circulaire. Les mots « abandon » et « fatigue » ne font pas partie de son vocabulaire. Cette femme est une gagnante. Cette femme est une championne. Bien que personne ne lui décerne un trophée ou lui demande une entrevue à la fin de la journée, elle joue le match avec la même passion, avec la même ferveur et la même intensité que n'importe qui dans n'importe quel match, peu importe l'endroit et le sport.

Tandis que Jordan et Cheryl empruntent les voies rapides, Robin fait du covoiturage. Tout comme Jordan est le cœur et l'âme de son équipe, Robin, épouse et mère aimante, est le cœur et l'âme de sa famille. Que les temps soient durs ou bons, elle vit avec dignité et qualité. Elle a un plan pour notre famille, elle est une inspiration pour nos fils. Elle prend soin d'elle-même pour prendre soin de sa famille. Elle fournit un environnement rempli d'amour, chaleureux et propice à une bonne éducation, donc au succès.

Ce sont là les vraies caractéristiques et qualités d'un champion. Reconnaissez-les dans votre vie au jour le jour. Vous n'avez pas à chercher ces champions dans la NBA. Je suis certain qu'il y en a présentement dans votre vie. Vous ne les avez peut-être pas identifiés ainsi, mais c'est uniquement parce que vous ne les avez pas reconnus ; ils n'en demeurent pas moins des champions. Nous pouvons tous devenir des vedettes, nous pouvons tous être des champions dans notre propre vie : c'est cet état que vous devez réclamer et vivre. Ne laissez personne vous convaincre que vous ne pouvez ou que vous n'êtes pas un champion seulement parce que vous n'êtes pas sous les projecteurs, devant les caméras ou parce qu'il n'y a pas de journalistes désireux de faire connaître votre personnalité et vos actions. Prenez un moment pour vous observer et pour observer ce qui vous entoure. Vous êtes peut-être plus proche de l'excellence que vous ne le croyez.

De peur que vous ne croyiez que « l'excellence au quotidien » n'existe pas et de peur que vous croyiez que j'attribue une telle chose à Robin seulement parce que nous sommes mariés depuis vingt-deux ans, laissez-moi vous parler d'Andy.

Un de mes plus proches associés et un de mes plus grands amis, Bill Dawson, nous a impliqués, moi et ma firme, dans une dispute corporative en Californie qui avait pris des proportions ahurissantes. Nous représentions plusieurs compagnies « *Fortune 100* » dans une poursuite d'un milliard de dollars. Le procès dura plus de cinq mois. Pour une telle période, la vie d'hôtel devient épuisante et ne fournit pas des conditions favorables au travail.

Bill Dawson, étant l'un des meilleurs avocats en Amérique, était le conseiller principal dans cette affaire. Lorsqu'il s'occupe d'une affaire, il travaille inlassablement afin d'être mieux préparé que la partie adverse. Cela consiste à faire des réunions avant la séance du procès, pendant la séance et des réunions préparatoires à la séance du lendemain qui s'éternisent jusqu'aux petites heures du matin.

Les transports dans cette ville étaient cauchemardesques. J'ai rencontré Andy lors de ma première nuit dans cette ville. Il m'embarqua dans son taxi peu après minuit et me mena de l'aéroport à mon hôtel.

J'ai voyagé dans plusieurs taxis et ce, dans plusieurs villes. Certains sont propres, la plupart ne le sont pas, mais ils sentent généralement tous mauvais. J'ai su que ce taxi était différent dès que j'y suis entré. Même s'il était passé minuit, le taxi d'Andy était d'une propreté remarquable. Andy était vêtu d'une chemise, d'une cravate et était soigné, à l'image de son taxi. Sur la banquette arrière étaient soigneusement pliées les éditions du jour des journaux locaux, le *USA Today* et *The Wallstreet Journal.* Ils avaient probablement été lus une dizaine de fois dans la journée, mais chaque page était à sa place. Il n'y avait aucun doute dans mon esprit, Andy était fier de ce qu'il faisait et de la façon dont il le faisait. Sa grammaire n'était pas parfaite et sa chemise était un peu défraîchie, mais il était propre et il était fier de sa personne.

Le jour suivant, en me déplaçant dans la ville, j'ai utilisé trois ou quatre taxis différents qui m'ont tous donné envie de laver mes vêtements dès que j'en sortais. J'ai trouvé mon reçu de la veille et j'ai appelé Andy. Je lui ai expliqué que six à huit personnes de mon équipe auraient besoin de ses services afin de se déplacer dans la ville sur une base régulière et pour des aller-retour à l'aéroport pour les mois à venir. J'ai demandé à Andy s'il pouvait s'occuper de nos transports pendant notre séjour. Heureusement, il a accepté.

Pendant les quatre mois et demi qui suivirent, j'ai appris à connaître un homme simple avec peu de moyens, mais qui avait une vision d'avenir et une passion à la réaliser. Andy s'est occupé de nous avec soin. Il arrivait à l'avance, non pas quelquefois, mais toutes les fois. Il lui est arrivé de prendre des personnes de mon équipe à six heures le matin et de venir tout de même me chercher à l'aéroport bien passé minuit. Son taxi était toujours propre ; il était toujours propre. C'était un professionnel ; un professionnel engagé à bien faire son travail.

En parlant avec Andy lors de mes déplacements, il partagea avec moi sa philosophie : si vous faites bien les choses et que vous travaillez fort, vous serez récompensé. Il m'expliqua que son but était d'avoir sa propre compagnie de taxis d'ici cinq ans. Il était, sans aucun doute, très stimulé par son projet. Un vendredi soir, il m'avait conduit à l'aéroport. Comme mon vol était retardé à cause des mauvaises conditions climatiques, Andy me demanda si je ne voulais pas regarder son plan d'affaires pendant mon attente. Andy n'était pas pressé parce qu'il ne voulait pas partir tant qu'il ne serait pas certain que je prenne mon avion et que je n'aie plus besoin de lui. J'étais très intrigué de voir ce que cet homme, généreux mais peu sophistiqué et éduqué, avait élaboré.

Je fus abasourdi. Les mots étaient mal écrits et son plan était écrit à la main, mais il était très sensé. Il avait fait ses devoirs ; son plan possédait des critères définissant les résultats qu'il désirait obtenir. Andy avait un plan. Il a également fait partie de la logistique qui a supporté l'une des plus grandes poursuites judiciaires intentées en Amérique cette année-là. Il nous a supportés, moi et mon équipe, les témoins et les avocats d'une façon ponctuelle, efficace et professionnelle. On voyait qu'il était fier d'en faire partie. Il suivit le déroulement du procès à tous les jours dans les journaux et devint très au courant des faits.

Lors de ma dernière journée dans cette ville, Andy me conduisit à l'aéroport et me demanda la permission de m'accompagner jusqu'à l'entrée des passagers. Chemin faisant, il m'a dit : « Doc, je voulais juste vous remercier de m'avoir permis de faire partie de cette affaire parce que je sens que j'y ai apporté quelque chose. J'ai aussi appris beaucoup et si je ne vous revois pas, je veux vous remercier de m'avoir donné une chance. » Quelle classe ! J'ai remercié Andy pour son aide et je lui ai dit que je croyais en lui. Je lui ai dit que son plan était bon et que je croyais sincèrement qu'il allait fonctionner. Andy était un visionnaire et un véritable homme de passion.

Je remercie Dieu qu'il existe des gens comme Andy, qui font un travail comme celui d'Andy parce que ceux d'entre nous qui croient être des gros bonnets se retrouveraient avec de gros ennuis. En m'assoyant dans l'avion qui me ramenait chez moi, je pensais bien plus à Andy qu'à la poursuite judiciaire. C'était évident, Andy était au moins aussi bon dans son domaine que je pouvais l'être dans le mien. Andy était un champion et un gagnant. Il était fier de sa situation et il prospèrerait partout où il s'installerait. Les politiciens, l'Amérique corporative, apprendraient beaucoup d'Andy. Je le sais.

Je pourrais vous donner une multitude d'autres exemples similaires, mais je crois que vous avez déjà compris le message. Où que vous soyez, quoi que vous fassiez, peu importe votre niveau de scolarisation, en vivant en accord avec les Lois de la Vie et en incorporant les éléments clés de votre formule gagnante dans votre personnalité, vous réussirez. Vous serez un gagnant. Le choix vous incombe.

transcontinental
IMPRESSION
IMPRIMERIE GAGNÉ